무덤 자료로 본 청동기시대 사회

平郡 達哉 _ 히라고리 타츠야

1976年 日本 大阪市 生
花園大學 文學部 史學科(考古學專攻) 卒業
滋賀縣立大學 人間文化學部 地域文化學科 修士課程 卒業
韓國政府 招請 外國人獎學生으로서 韓國에서 修學
木浦大學校 大學院 考古人類學科 碩士課程 卒業
釜山大學校 大學院 考古學科 博士課程 卒業
現在 釜山大學校 人文大學 考古學科 專任待遇講師

• 論文

『全南地域 支石墓 社會 展開過程에 대한 一考察』(2004)
「日本 九州地方 고인돌과 保存現況」(2005)
「慶南地域 無文土器時代 棺外 副葬行爲에 관한 一考」(2006)
「嶺南地域 '劍形 磨製石器' 副葬의 意味에 대한 考察」(2008)
「日本 支石墓를 둘러싼 諸問題」(共著, 2009)
「有節柄式石劍으로 본 無文土器時代 埋葬儀禮의 共有」(共著, 2009)
「南韓地域 出土 가지무늬토기에 대한 基礎的 硏究」(2011)

무덤 자료로 본 청동기시대 사회

초판인쇄일 2013년 1월 15일
초판발행일 2013년 1월 20일
지 은 이 平郡達哉
발 행 인 김선경
책 임 편 집 김윤희, 김소라
발 행 처 도서출판 서경문화사
        주소 : 서울 종로구 동숭동 199 - 15 (105호)
        전화 : 743 - 8203, 8205 / 팩스 : 743 - 8210
        메일 : sk8203@chol.com
등 록 번 호 제 300-1994-41호

ISBN 978-89-6062-104-6 93910

정가 20,000원

무덤 자료로 본
청동기시대 사회

平郡 達哉

서경문화사

서문

　나의 한반도의 고고학에 대한 관심의 시작은 학부시절, 일본 주구묘의 기원에 대한 관심에서부터 시작되었다. 일본 주구묘의 기원에 대한 관심, 그 연장선에서 彌生文化의 기원지인 한반도의 고고학에 대한 흥미가 자연스럽게 생겨, 학부 3학년 때 定森秀夫 선생님의 한국 고고학 개설을 수강하게 되었다. 강의도 재미있었지만, 실제로 유적이나 유물을 보고 싶다는 충동에 휩싸이게 되어, 그 해의 여름방학에 처음으로 한국을 방문하게 되었다. 그리하여 定森 선생님의 도움으로 한국의 여러 선생님을 소개 받고, 혼자서 서울·공주·부여를 돌아다닌 것이 첫 번째 한국 방문이었다. 국립박물관, 송산리고분군, 공산성, 부소산성, 정림사지 등등 보는 것 모두가 신선하여 감동받았던 것을 지금도 기억한다. 지금 생각하면, 너무 돌발적이고 충동적인 행동이었지만, 당시엔 가고 싶게 만드는, 혹은 사람을 끌어당기는 무엇인가가 있었던 것 같다. 어쨌든 그 때 여행이 계기가 돼서 본격적으로 한국 고고학을 공부하고 싶다는 마음이 생긴 것은 틀림없다.

　학부논문은 일본 주구묘의 기원을 주제로 썼지만, 한국고고학에 대한 흥미와 관심이 갈수록 더 커졌다. 그래서 일본의 석사과정에서는 주제를 한반도의 지석묘로 했다. 하지만 한국고고학 전반에 대한 이해 부족, 자료 실견의 어려움 등등 일본에 있으면서 한국고고학을 공부하는 것의 한계와 답답함을 느끼게 되었다. 결국 현지에서 공부하고 싶다는 마음이 나날이 강해졌는데, 그때 마침 운 좋게도 유학할 기회를 얻을 수 있게 되었고, 2001년 8월 말 드디어 한국에 입국하게 되다. 이것이 아주 긴 해외생활의 시작이 되었다.

그 길고 충실한 해외생활의 결과 중 하나가 이 책이다. 이 책은 필자의 박사학위 논문을 단행본으로 간행한 것이다. 지금까지 발표해 온 내용을 정리한 것인데, 오로지 나의 능력 부족과 鈍才를 통감한 뿐이다. 아직 부족함을 통감하므로, 과연 이 책을 간행해도 되는지에 대해 고민을 많이 했지만, 많은 분의 기탄없는 의견과 비판을 청하기로 했다.

보통 해외생활은 힘들고 외로운 것이겠지만 필자는 극히 편하고 즐거운 날들을 지낼 수 있었다. 그리고 필자와 같은 鈍才가 어떻게든 박사논문 제출까지 이루게 된 것은 다름이 아닌 따뜻한 마음을 가진 많은 사람들의 은혜와 배려 덕분이다. 좀 길어지겠지만 感謝의 마음을 전하고 싶다.

李榮文 교수님, 申敬澈 교수님께서는 아무 인연이 없었던 필자를 弟子로서 흔쾌히 받아 들여 주셨다. 아버지와 같은 두 분 밑에서 공부할 수 있었던 것은 행복한 일이었다. 그리고 연구를 비롯한 모든 면에서 저의 달팽이와 같은 늦은 걸음을 따뜻한 마음으로 지켜봐주시고 늘 공부할 수 있는 기회를 주셨다. 말로 도저히 표현할 수 없는 恩情을 베풀어주셨다.

목포대에서 崔盛洛, 李憲宗, 金建洙 교수님께서 조사, 연구를 하는 데 있어 많은 지도와 편의를 주셨다. 그리고 당시 학과 조교였던 姜振表 선생님께서는 公私 모든 부분에서 많은 도움을 주셨고, 이에 대해 각별히 감사의 마음을 전하고 싶다.

釜山大에서는 鄭澄元, 金斗喆, 梁銀景, 林尙澤, 裵眞晟 교수님께서 연구자, 교육자로서의 모습을 행동으로 보여주시고 가르쳐주셨다. 바쁘신 와중에도 論文審査를 快諾해주시고 유익한 지도를 해주신 李淸圭 교수님께 감사드린다. 또 河仁秀, 張龍俊 양 선생님께서는 늘 새로운 아이디어와 연구에 대한 동기부여를 주신다.

그리고 필자가 한국고고학을 공부하게 되는 계기를 주신 崔完奎 선생님의 學恩도 잊을 수 없다. 능력이 없는 필자에게 항상 공부할 기회를 주신 武末純一 교수님, 안재호 교수님, 金武重 선생님, 尹昊弼 선생님, 한국청동기학회의 여러 선생님께도 감사드리고 싶다.

목포대박물관, 부산대박물관, 그리고 동북아지석묘연구소의 여러 선생님께도 연구하는 데 있어 많은 편의와 도움을 주셨다. 또 외롭고 심심한 외국인을 즐겁게 해준 목포대, 부산대의 후배 여러분에게도 감사드리고 싶다. 또 책 간행하는 데 있어 필자의 오타 많은 惡文을 꼼꼼하게 교정해주신 李恩璟 선생께 존경과 감사에 마음을 전한다.

이 책에서 다루었던 자료 중 필자가 참여한 발굴조사에서 얻어진 자료는 극히 일부밖에 없다. 나머지 그 대부분은 酷寒・酷暑 속에서 발굴조사에 종사하신 연구자들의 피나는 노력으로 이 세상에 알려진 자료이다. 또 유적의 견학, 유물의 열람을 快諾해주신 연구자들에게 깊은 감사와 경의를 표하고 싶다.

그리고 필자가 고고학을 시작하는 계기와 계속할 수 있는 동기와 환경을 주신 故 伊達宗泰, 菅谷文則, 定森秀夫, 田中俊明, 吉井秀夫, 辻本宗久 선생님께 깊이 감사드린다. 유학 후에는 木下亘, 大竹弘之 양 선생님을 통해 전국 각지의 선생님들을 알게 되었고, 많은 유적들을 답사할 수 있었던 것은 둘도 없는 재산이 되었다. 篠原啓方, 山本孝文 양 선생님께는 공적으로나 사적으로는 말로 표현할 수 없는 신세를 졌다. 동일한 시기에 동일한 시대를 연구하러 온 宮里修, 庄田慎矢, 端野晋平, 中村大介 씨에게는 열등감을 느낄 정도의 자극을 계속 받았다. 또 임지영 선생님, 諫早直人, 松永悦枝 씨의 도움도 잊을 수 없다. 다시 생각하면 자신 이외의 사람들의 우수함에 낙담하면서도 자극을 받아 분발하고, 조금이라도 따라붙으려고 왔을지도 모른다. 정말로 많은 사람들의 배려와 도움 덕분에 잘 살아 온 것을 통감한다. 모든 분에게 감사드린다.

학부시절 지도교수이셨던 伊達宗泰 교수님께서는 졸업생 한명 한명에게 「격언」을 종이에 묵서로 써 주시는 것을 통례로 하셨다. 내가 받은 격언은 「탐구(探求)」였다. 받은 당시에는 왜 「탐구」인가 솔직히 그 깊은 뜻을 이해하지 못했지만, 시간이 흐르면서 탐구하는 마음을 가지는 것의 중요성과 탐구로부터 오는 고고학연구의 재미를 느끼게 되었다. 그 종이는 지금도 필자의 책상 위에 올려져 있다. 부족함과 비판, 初心을 잊지 않고, 연구를 지속하면서 한반도 청동기시대 문화 나아가서 동북아시아 청동기시대 문화를 '탐구' 해나가고자 한다.

　　그리고 전하고 싶은 가장 중요한 것이 있다. 나같이 신분도 불안정하고 수입도 일정하지 않은 불량외국인을 만난 탓에 많은 고생을 했지만 늘 밝고, 지금까지 한번도 나약한 소리도 하지 않고 힘든 내색 없이 지지해준 아내 상희와 나를 늘 미소짓게 만들어 주는 딸 유나에게 진심으로 감사한다. 주말에도 집에 있지 않고 놀지도 못했던 이유를 딸이 언젠가 이 글을 읽고 이해해주기를 바랄 뿐이다. 마지막으로 해외생활을 하는 필자를 늘 걱정하시고 아껴주셨던 돌아가신 할머니와 외할아버지께, 그리고 지금까지 항상 필자가 희망하는 길을 걷게 해주시는 일본과 한국의 부모님께 무한한 감사를 드리며 이 책을 바치고 싶다.

　　갑자기 출판을 요청했음에도 불구하고 快諾해주신 서경문화사 김선경 사장님과 관계자 여러분께 깊이 감사드린다.

2012年 12月

釜山에서

平郡 達哉

목차

●　Ⅰ

序論

1. 硏究目的

한반도 청동기시대 문화를 구성하는 요소로서는 주거지·수혈·구 등 日常生活空間을 구성하는 것, 논·밭·함정 등 生業과 관련된 生産空間, 그리고 사람의 마지막 通過儀禮인 葬儀·埋葬 등을 행하는 埋葬空間 등을 들 수 있다. 그리고 當時 사람들이 生活을 경영한 자연지리환경도 당시의 문화를 이해하는 데 있어 중요한 요소가 될 것이다.

본 硏究에서는 그러한 다양한 자료 중 무덤자료에 대한 분석을 통해 南韓地域 靑銅器時代 文化의 성격이나 특징을 밝히는 것을 목적으로 한다.

청동기시대가 되면서 본격적인 농경사회가 시작되었고, 점차 사회의 복합도가 높아진 것은 모두가 인정하는 바인데, 여기서는 그러한 農耕社會의 形成·發展이 무덤資料에 어떤 형태로 가시적으로 나타나는지에 대해 접근하고자 한다.

청동기시대 무덤자료에 대한 연구의 역사에 대해서는 나중에 자세히 언급하겠지만 그 시작은 20세기 초의 고인돌에 대한 관심에서 찾을 수 있고, 긴 역사를 가진다. 그 중에서도 고고학연구의 기초작업인 고고자료의 수집이라는 측면에서 보면, 1980년대 후반 이후 국토개발에 따른 대규모 발굴조사의 증가와 함께 무덤자료도 폭발적 증가의 일로를 걸었다. 그 결과 청동기시대 묘제의 중심을 이루는 고인돌 자료의 증가는 물론, 석관묘·옹관묘·주구묘·구획묘와 같은 다양한 형태를 가진 무덤들이 존재하는 것이 밝혀졌다.

이와 같이 청동기시대의 무덤은 그 형태와 구조에 있어 상당한 多樣性이 확인되었고, 그 자료 수도 방대하다. 지금까지 당시 사회의 성격이나 사람들의 정신세계가 반영된 묘제에 대한 뛰어난 선구적 연구들[1]이 있

---

1) 金載元·尹武炳, 1967, 『韓國 支石墓 研究』國立博物館古蹟調査報告 第6冊, 國立博物館.

甲元眞之, 1973, 「朝鮮支石墓の編年」, 『朝鮮學報』66號, 朝鮮學會.

석광준, 1979, 「우리나라 서북지방 고인돌에 관한 연구」, 『고고민속논문집』7.

崔夢龍, 1981, 「全南地方 支石墓社會와 階級의 發生」, 『韓國史研究』35輯, 韓國史研究會.

田村晃一, 1990, 「東北アジアの支石墓」, 『アジアの巨石文化 -ドルメン·支石墓考-』, 六興出版.

河仁秀, 1992, 「嶺南地域 支石墓의 型式과 構造」, 『伽倻考古學論叢』1, 駕洛國史蹟開發研究院.

李榮文, 1993, 『全南地方 支石墓社會의 研究』, 韓國敎員大 博士學位論文.

李相吉, 2000, 『靑銅器時代 儀禮에 관한 考古學的 研究』, 大邱曉星가톨릭大學校 大學院 博士學位論文.

李盛周, 2000, 「支石墓 : 農耕社會의 記念物」, 『韓國 支石墓 研究 理論과 方法 -階級社會의 發生-』, 周留城.

河仁秀, 2000, 「南江流域 無文土器時代의 墓制」, 『晉州 南江遺蹟과 古代日本』.

武末純一, 2002, 「遼寧式銅劍墓와 國의 形成 -積良洞遺蹟과 松菊里遺蹟을 中心으로-」, 『淸溪史學』16·17合輯, 韓國精神文化研究院.

金賢, 2006, 「慶南地域 靑銅器時代 무덤의 展開樣相에 대한 考察」, 『嶺南考古學』39.

는데, 무덤자료가 급증해가고 있는 현재 상황을 감안하면 무덤자료를 다시 정리하여 여러 각도에서 분석·해석해가는 작업이 필요하다고 생각된다.

이러한 무덤자료 즉 '죽음'을 둘러싼 여러 행위·활동 등에 대해 葬制, 墓制, 葬法, 葬送儀禮 등의 용어가 사용되어 왔다. 각 연구자가 사용하는 용어와 그 개념에 대해서는 이미 정리된 바가 있다.[2]

즉 개념적으로 葬制가 시·공간적으로 가장 크고 긴 것이고, 그 안에 墓制 즉 死者·生者를 둘러싼 葬送儀禮, 무덤 축조, 시신 처리·매장, 무덤의 관리, 반복적 제사의 거행 등이 포함된다. 그리고 잔치 개최도 이 묘제에 포함된 것으로 생각되는데, 물질자료로서 확인하기가 어렵다.

이 연구에서는 葬制, 墓制를 구성하는 요소들 중 개별무덤들이 모여서 형성한 墓區 구조, 그리고 부장유물 및 부장행위에 대해 검토하겠다. 구체적으로는 첫 번째, 청동기시대의 墓區 구성이 어떻게 변천해갔는지, 두 번째, 당시 사람들의 정신세계가 반영된 장송의례는 어떤 프로세스를 걸쳐 이루어졌는지를 밝힌 후, 墓區 구조·장송의례의 변천에서 청동기시대 사회의 성격을 논하고자 한다.

그리고 墳墓築造와 그 과정에서 베풀어진 제사·의례행위가 청동기시대 사회의 전개에 있어 어떠한 역할을 담당한 것인지에 대해서도 고찰하겠다.

裵眞晟, 2007, 『무문토기문화의 성립과 계층사회』, 서경문화사.
金承玉, 2007, 「분묘자료를 통해 본 청동기시대 사회조직과 변천」, 『계층사회와 지배자의 출현』, 한국고고학회.
2) 金東淑, 2008, 「원시와 고대의 장송의례 연구」, 『제51회 全國歷史學大會 考古學部 發表資料集』.

2. 研究方法 -葬制 · 墓制에 대한 視角-

인류사에서 가장 오래된 무덤 혹은 매장행위는 異論이 있지만 구석기
시대부터 찾을 수 있다. 어쨌든 죽은 사람을 묻는 행위는 다른 靈長類나
포유동물에는 보이지 않는 것이어서, 죽음을 인식하고, 사람을 매장하는
행위는 인류의 특징의 하나라고 말할 수 있다. 그 중에서도 구조물로서
의 무덤을 구축하고, 그것들을 여러 기 집합시키는 행위 즉 死者와 生者
의 영역분리적 지연관계로서의 묘지가 마련되는 것은 정주생활이 시작
한 후의 일로 생각된다.[3] 그 이유로서는 다음과 같은 요인을 상정할 수
있다. 유동생활에서는 사람의 죽음에 따른 사체 처리를 임시거주지로부
터 이동함으로서 해결해 왔지만, 정주생활을 시작한 후에는 예전과 같이
시신을 방치 · 기피하는 방법으로는 해결할 수 없게 된 것이다. 여기서
死者와 生者는 죽음을 계기로 완전히 관계가 끊긴 생활로부터 죽음을 둘
러싼 여러 행위를 통해 양자 간의 관계를 구축하고 유지해 가는 활동이
행해지게 되었다. 그러한 행동의 물질적 결과가 무덤의 축조나 거기에
남겨진 유물이라고 할 수 있다.

과거 사회 특히 그 생업방식에 있어 공동작업이 요구되는 稻作農耕社
會에서는 어떤 개인의 죽음(Death)은 단순한 私的인 것이 아니라 한 취
락 내에서의 노동력의 상실이나 그 개인이 가지고 있었던 능력 · 경험의
상실이기도 한다. 그러한 문제들을 해소 · 해결하기 위해 남은 사람들에
게 죽음을 인식시키고, 죽음을 儀禮化시킴으로 사회 안전장치(Stabilizer)
로서의 기능을 가지게 한다.[4] 즉 사자가 살았던 취락공동체에서는 취락

---

3) 西田正規, 1986, 『定住革命 -遊動と定住の人類史-』, 新曜社.
　　西田正規, 2007, 『人類史のなかの定住革命』, 講談社.
4) 山田康弘, 2007, 「繩文時代の葬制」, 『繩文時代の考古學9 死と弔い 葬制』, 同成社.

구성원의 죽음에 따른 손실을 보완하기 위해 죽음을 의례화시키게 된다.[5]

그리고 죽음에 대해 자기 경험을 가지고 이야기할 수 없다는 점도 죽음의 특징이라고 할 수 있다. 따라서 당시의 사람들의 세계관이나 내세관을 반영한 상상력에 의해 죽음에 대한 이야기가 만들어지고, 그러한 세계관을 반영한 행동 즉 무덤의 축조나 제사행위가 이루어지게 된다.

민족사례에도 보이듯이 장례가 이루어지는 장소에서는 장례식의 거행뿐만 아니라 그 후에 식사 제공이 행하여지는 것이 일반적이다.[6] 가족 · 친족 혹은 취락구성원들이 모이고 식사나 대화를 하면서 사자의 추도 혹은 사자에 대한 회고를 매개로 그들의 유대를 강화하고, 생활의 지혜 · 지식 등을 전수하는 기회가 되었을 것이다.

한편 매장과 관련된 의례를 장송의례로 한다면 여기에는 生者로부터 死者로 이행한다는 의미를 가지는 통과의례라는 성격이 고려되고, 장송의례가 가지는 二面的 기능 즉 사자를 위한 기능과 생자를 위한 기능의 존재가 상정된다.[7]

사자를 위한 기능으로서는 사자의 신체로부터 영혼을 확실히 이탈시키는 기능, 사자가 저승으로 가는 것을 돕거나 사자가 저승에서 행복해지는 것을 확보하는 기능 등을 상정할 수 있다. 생자를 위한 기능으로서는 취락 내에서의 인간관계를 재편성하는 기능, 집단구성의 균형을 조정하는 기능, 생자에 대한 죽음의 통지 · 홍보 기능, 장례식에 참가함으로서 죽음에 대한 교육 기능 등이 지적된 바가 있다.[8]

---

5) 內堀基光 · 山下晋司, 1986, 『死の人類學』, 弘文堂.
6) 大林太良, 1984, 「葬送儀禮」, 『生と死』東京大學敎養講座10, 東京大學出版會.
7) 大林太良, 1984, 앞의 글.
8) 大林太良, 1984, 앞의 글.

즉 장송의례를 비롯한 장제를 거행함으로서 사자 발생에 의한 사회적 손실을 보완하거나 집단구성을 재조정하기 위해 집단으로서의 連帶性·紐帶의 再確認·肯定이나 새로운 창출과 강화라는 기능도 있었던 것으로 생각된다.

위와 같은 묘제자료가 가진 역사복원자료로서의 특성을 인식하고, 특히 문헌기록이 없는 선사시대 사회문화를 복원하는 데 있어 무덤자료의 유효성이 인정된다.

本 研究에서는 遺構論과 遺物論이라는 두 基軸을 바탕으로 韓半島 青銅器時代文化의 性格과 特徵에 대해 접근하고자 한다.

먼저 遺構論에 대해서는 제Ⅱ장에서 다루고자 한다. 거기서는 여러 기의 墳墓가 유기적인 위치관계를 보여주면서 분포하는 墓區9)를 개별 분묘의 배열상태·위치관계를 바탕으로 類型化해본다. 이러한 墓區 構造는 出土遺物로 보아 어느 정도 時間的 변천을 추급할 수 있을 것이다. 그리고 각 유형별 墓區의 성격부여를 시도하고자 한다.

다음은 遺物論인데 先學의 연구 성과 특히 유물편년을 바탕으로 부장유물 및 부장행위에 대해 지역적 특징과 그 시간적 변천에 대해 살펴보겠다.

그 구체적인 내용은 크게 세 가지로 나누어진다. 첫 번째는 출토유물의 성격을 파악하는 연구, 두 번째는 장송의례의 프로세스를 파악하는 연구, 그리고 세 번째는 무덤 출토유물로 본 지역간 교류 연구이다.

먼저 제Ⅲ장에서는 출토유물의 성격을 밝히기 위해 무덤에서 출토된 유물을 출토위치와 출토상태를 기준으로 부장용과 의례용으로 구분하

---

9) 尹昊弼, 2009a, 「青銅器時代 墓域 支石墓에 관한 연구」, 『慶南研究』 創刊號, 慶南發展研究院 역사문화센터.

고, 부장용 유물을 다시 棺內 · 棺外副葬遺物로 세분하여 그 종류와 성격에 대해 언급한다. 특히 청동기시대에 들어 나타난 비파형동검 · 동모 · 동촉, 마제석검 · 석촉 등과 같은 무기 모양을 가진 부장품에 주목하는데, 그 출토위치와 출토상태를 정리한 후에 그 성격과 사회적 의미를 고찰하겠다. 그 다음에 각종 부장유물의 출토상황을 바탕으로 장송의례의 프로세스 및 유물들의 성격을 제시한다.

이러한 작업은 어떤 사람의 죽음으로부터 장례식의 거행, 분묘축조 시작으로부터 종료에 이르는 하나의 흐름 즉 葬制나 매장프로세스를 해명하는데 도움이 될 것이다.

그리고 제IV장에서 부장유물에 대한 고찰을 통해 지역간 교류와 상호작용망의 형성을 언급한다. 여기서 다루고자 하는 부장유물은 가지무늬토기와 유절병식 석검이다. 두 가지 유물들에 대한 집성 · 분류 · 편년 등 기초적 분석을 통해 시 · 공간적 변천을 밝힌 후에 부장풍습의 특징을 제시한다.

가지무늬토기의 경우 가지무늬토기끼리 2점 세트로 부장된 것이 특징이다. 이러한 부장풍습의 특징이 시간의 흐름과 함께 공간적으로 어떻게 변화해갔는지 살펴본다. 특히 후기에 보이는 가지무늬토기 및 가지무늬 시문기법의 확산에 대해 주목하고, 그것을 가능하게 한 지역간 교류망의 존재와 각각 다른 토기제작집단간의 문화접변 및 문화변용의 모습에 대해서도 언급하겠다.

유절병식 석검의 경우도 넓은 범위에서 확인되는 공통적 부장풍습(패용상태를 보여주는 출토상태 · 심부의 파쇄 등)이 존재한다는 것이 특징이다. 즉 광범위한 매장의례의 공유를 고고자료를 통해 제시하고, 그러한 매장의례의 공유를 가능하게 한 배경으로서 상호작용망의 존재를 지적해보겠다. 그리고 상호작용망 형성과 매장의례의 공유가 가진 사회적 의미에 대해 고찰하고자 한다.

위와 같은 여러 각도에서 분석함으로서 무덤에 나타난 고고학적 현상을 파악하고, 靑銅器時代 社會의 성립 및 전개과정의 性格과 特徵을 살펴보고자 한다.

3. 韓半島 靑銅器時代 墓制硏究의 動向

韓半島 靑銅器時代 墓制에 대한 硏究는 韓國考古學硏究 중에서도 가장 긴 역사를 가진 分野이다. 특히 巨大한 上石을 가진 고인돌은 그 外觀 때문에 일찍 주목받게 되었다. 硏究對象으로는 1917년에 鳥居龍藏에 의해 보고된 것[10]이 韓半島 靑銅器時代 墓制硏究의 嚆矢가 되었다. 이로써 약 100년 이상의 硏究 歷史를 가지게 된다.

이러한 韓半島 靑銅器時代 墓制에 대한 硏究史에 대해서는 고인돌을 중심으로 지금까지 여러 연구자들에 의해 정리된 바가 있다.[11] 특히 李榮文과 田村晃一의 글은 연구사가 간결하게 정리되어 있어 많은 참고가 된다. 그리고 甲元眞之가 고인돌의 型式分類와 變遷에 관한 연구[12]를,

10) 鳥居龍藏, 1917, 「平安南道黃海道古蹟調査報告書」, 『朝鮮總督府大正五年度古蹟調査報告』.
11) 甲元眞之, 1980, 「朝鮮支石墓の再劍討」, 『鏡山猛先生古稀記念古文化論攷』.
   金貞姬, 1988, 「韓半島における支石墓硏究の最近動向とその成果」, 『アジアの巨石文化 -ドルメン・支石墓考-』, 六興出版.
   田村晃一, 1988, 「東北アジアの支石墓」, 『アジアの巨石文化 -ドルメン・支石墓考-』, 六興出版.
   趙由典, 1992, 「第3章 靑銅器時代」, 『韓國先史考古學史』, 圖書出版 까치.
   李榮文, 2002, 『韓國 支石墓 社會 硏究』, 學硏文化社.
   千葉基次, 2006, 「支石墓硏究 -支石墓と撑石墓-」, 『釜大史學』 第30輯, 釜山大學校 史學會.

金貞姬이 19世紀 末부터 1980年代 末까지의 고인돌 硏究의 動向[13]을, 千葉基次는 19世紀 末부터 1960年代까지의 고인돌 형식분류 · 변천에 관한 硏究의 흐름을 자세히 정리한 바가 있다.[14]

여기서는 韓半島 靑銅器時代 墓制에 대한 調査 · 硏究의 巨視的인 흐름을 槪觀하면서 1990년대 이후에 보이는 폭발적인 發掘調査의 增加에 따라 새로운 墓制의 확인으로 시작된 硏究의 多樣化, 現時点에서의 硏究 動向 및 課題에 대해 정리하고자 한다.

1) 時期別 調査 · 硏究 動向

청동기시대 묘제에 대해서는 上記한 바와 같이 비교적 긴 조사 · 연구의 歷史를 가지는데, 중요한 유적 發掘과 報告書 刊行, 硏究의 轉機가 된 論文의 發表, 學會 開催 등을 基準으로 해서 일곱 시기로 구분할 수 있다.

(1) I 期 (20世紀初 以前 : 近代考古學 導入 以前의 遺蹟 · 遺物觀)

이 시기는 韓半島에 近代考古學이 도입되기 이전에 해당하는 시기이다. 일찍이 高麗時代 文獻을 보면 1200年에 '支石' 즉 고인돌을 보러 갔다는 기록[15]이 있는데, 이것이 아마 韓半島 靑銅器時代 墓制에 관한 가장 오래된 문헌기록이 될 것이다.

---

12) 甲元眞之, 1980, 앞의 글.
13) 金貞姬, 1988, 앞의 글.
14) 千葉基次, 2006, 앞의 글.
15) 李奎報, 『東國李相國集』「南行日記」「明日將向金馬郡求所謂支石者觀之支石者俗傳古聖人所支果有奇迹之異常者高麗神宗三年」.

그 후, 조선시대에는 여러 文人들이 先史時代 石器에 대한 解釋을 시도하였지만,[16] 고인돌 등 선사시대 무덤에 대한 언급은 찾아볼 수 없다.

19世紀 末을 전후한 시기에는 서양의 宣敎師와 外交官들이 韓半島에 와서 그들이 본 고인돌에 대해 記錄을 남긴 바 있다.[17] 이들은 조사·연구라는 시각에서 본 것이 아니라 그 特異한 形態나 고인돌에 관한 傳承 등을 紹介하거나 고인돌에 대한 인상 등을 기록하여 母國의 雜誌 등에 寄稿하였다.[18] 그러나 그들은 考古學 專門家가 아니었기 때문에 고인돌은 學問의 研究對象이 될 수가 없었다. 다만 오래된 옛날의 石造物에 대한 당시 사람들의 견해를 아는 데 있어 중요한 자료를 남긴 것은 사실이다.

(2) II期 (20世紀 初~1945年 : 日帝時代의 考古學的 調査·研究)

이 시기는 朝鮮統監部 및 朝鮮總督府에 의한 植民地事業의 一環으로서 韓半島에서 문화유적조사가 이루어졌고, 그 結果를 바탕으로 한 研究가 시작되었던 시기이다.

---

16) 이선복, 1988, 「제10장 고고학의 사회학」, 『고고학개론』, 이론과 실천사.
17) W.R.Carles, 1883, 『Life in Korea』, London.
   W.Gowland, 1885, 「Notes on the Dolmens and Other Antiquities of Korea」, 『The Journal of the Anthropological Institute of Great Britain and Ireland』 Vol.XXIV(稻本忠雄 譯, 1981, 『日本古墳文化論』, 創元社).
   Isabella Lucy Bird, 1896, 『Korea and her Neighbours』, London.
   Bourdarel, 1902, 『Note sur les dolmens de la coree』.
   이 문헌들의 내용은 孫晋泰(孫晋泰, 1948, 「朝鮮 Dolmen考」, 『開闢』 1, 開闢社)와 李榮文(李榮文, 2002, 「2장 지석묘 연구사」, 『韓國 支石墓 社會 硏究』)에서 소개된 바가 있다.
18) W.R.Carles, 1883, 앞의 글.
   孫晋泰, 1932, 「朝鮮 Dolmen考」, 『開闢』 1, 開闢社.

먼저 鳥居龍藏은 朝鮮總督府의 囑託을 받아 '有史前의 遺蹟 및 遺物 調査'를 담당하였는데, 1911~1916年間 여섯 번에 걸쳐 鴨綠江流域을 제외한 한반도 전역을 답사하고 일부를 발굴하였다.[19] 그 중에서 1916年 9月부터 12月 사이에 平安南道·黃海道의 先史遺蹟을 調査했는데, 그 결과를 報告하는 과정에서 韓半島의 '돌멘'에 대해 언급하였다.[20] 이것이 遺蹟의 踏査·調査를 거쳐 이루어진 先史墓制의 考古學的 硏究의 嚆矢가 되었다. 이 報告와 別稿[21]에서 鳥居는 調査經驗을 바탕으로 韓半島 고인돌의 分布·型式·年代에 대해 意見을 披瀝하였다.

이 시기의 발굴조사는 1926年의 羅州 南平面 盧洞里, 1927年의 高興 雲岱里, 1929年의 昌原 熊南面에서 고인돌 調査가 있었다.[22] 또 1927년 무렵 古蹟調査委員인 小田省吾에 의해 韓半島 全域의 고인돌에 대한 總合調査計劃이 發案되었지만,[23] 어느 정도 진행되었는지 그 후의 동향은 알 수 없다.

이 시기의 重要調査로서 大邱 大鳳洞 고인돌을 들 수 있다. 1927年에 첫 번째 調査[24]가 이루어진 후 총 네 번의 調査가 이루어졌다.[25] 이 조사

---

19) 鳥居龍藏, 1953, 「ある老學徒の手記 -考古學とともに六十年-」, 朝日新聞社.
20) 鳥居龍藏, 1917, 앞의 글.
21) 鳥居龍藏, 1926, 「朝鮮のドルメン(Les Dolmens de la coree)」, 『東洋文庫歐文紀要』 第1卷.
22) 小泉顯夫, 1986, 『朝鮮古代遺蹟の遍歷』, 六興出版.
23) 小泉顯夫, 1986, 앞의 책.
24) 小泉顯夫, 1986, 앞의 책.
25) 藤田亮策, 1937, 「第五 大邱大鳳町支石墓調査」, 『昭和十一年度古蹟調査報告』, 朝鮮古蹟硏究會.
   藤田亮策, 1940, 「第七 大邱大鳳洞支石墓調査(第二回)」, 『昭和十三年度古蹟調査報告』, 朝鮮古蹟硏究會.
   藤田亮策, 1943, 「大邱町の支石墓調査」, 『大邱府史』 第三 特殊編 三, 大邱府.
   樋本杜人, 1952, 「大邱大鳳町支石墓群について」, 『考古學雜誌』 第38卷 第4號.

는 최초의 본격적인 發掘調査라는 점에서 學史上 중요한 일이라고 할 수 있다. 그리고 그 명칭에 대해 '支石墓'라는 學術用語가 제창되었고, 그 정의도 행해졌다.[26]

또 이 時期에는 石棺墓에 대한 報告文[27]도 있으나, 工事 등에 의해 우연히 發見된 후 收拾調査된 것들이다. 무덤의 자세한 구조나 副葬品의 出土位置 등에서 불명한 점도 많지만, 당시 이루어진 조사에 대한 보고가 적은 현재에 있어 귀중한 先史時代 墓制資料이다. 이 이외에 單發的적인 短文으로 靑銅器時代 墓制에 관한 글이 散見되는데, 역시 遺蹟·遺構·出土遺物 등에 대한 상세한 설명은 없고, 紹介文과 같은 내용이다.[28]

또 중요한 것은 韓國人에 의한 고인돌 조사연구[29]이다. 이 두 편의 논문은 考古學的 觀点에서 쓰여진 것이 아니라 民俗學的으로 접근하였고, 고인돌과 관련된 信仰이나 傳說 등을 소개하면서 고인돌을 共同墳墓로 해석하였다. 日本人에 의한 遺蹟調査가 國策의 一環으로서 이루어진 반면, 위의 두 사람의 연구는 在野의 硏究者로서 이루어진 것이다. 그러나 韓半島 靑銅器時代 墓制硏究 특히 고인돌 硏究史上, 韓國人에 의한 고인돌에 대한 최초의 學問的인 접근이라는 점, 19世紀 末부터 20世紀 초에서의 外國人에 의한 고인돌 소개문과 고인돌 관련 傳說·傳承 등이 整理

---

26) 藤田亮策, 1937, 앞의 글.
27) 有光敎一, 1941a, 「平安南道江界郡漁雷面發見の一箱式石棺とその副葬品」, 『考古學雜誌』 第31號 第3號, 日本考古學會.
   有光敎一, 1941b, 「黃海道鳳山郡楚臥面に於ける磨製石鏃及び石鏃副葬の箱式石棺」, 『考古學雜誌』 第31號 第9號, 日本考古學會.
28) 小田省吾, 1924, 「平南龍岡郡石泉山ドルメンに就いて」, 『朝鮮』 1-4, 朝鮮總督府.
29) 孫晋泰, 1934, 앞의 글.
   韓興洙, 1935, 「朝鮮의 巨石文化 硏究」, 『震檀學報』 3, 震檀學會.

되어 있기 때문에 충분히 學史的 의미가 있다고 생각한다.

이 시기의 調査·研究는 그 후의 靑銅器時代 墓制硏究 특히 고인돌에 관한 문제를 논하는 基礎的 視角·認識을 제시하였다는 점에서 硏究史的 意義가 크다고 할 수 있다. 다만 北方(卓子)式과 南方(碁盤)式이라는 二分, 그리고 그것이 分布의 차이와 時期差[北方(卓子)式이 빠르고, 南方(碁盤)式이 늦다[30]]를 보여준다는 것이 특별한 검증없이 共通認識으로서 나타나게 된 것은 그 후에 일어난 型式分類·變遷硏究에서의 論難이 큰 영향을 준 것으로 생각된다.

고인돌의 시간적 문제 즉 연구의 초기 단계에는 구조상 類似性을 가진 高句麗 무덤이다라는 견해가 제시될 만큼 고인돌의 築造時期에 대해서는 여러 의견이 있었지만, 마제석검, 석촉, 적색마연토기 등의 출토유물로 보아 고인돌이 '原史時代'에 축조된 墳墓라는 견해가 확립되었다. 그러나 거기서 말하는 '原史時代'는 金石倂用期를 가리킨 것이었다.

(3) III期 (1945~1960年代 中盤)

이 시기의 調査 및 硏究는 그다지 많지 않다. 그 이유로는 6·25 勃發에 따른 戰中戰後의 動亂으로 사회 전체가 불안정한 상태가 되어 考古學 調査가 사실상 거의 이루어지지 않았다는 점을 들 수 있을 것이다. 따라서 이 시기의 논문에서 다루어진 資料들은 대부분 북한에서 새로이 發掘된 한정된 資料와 1945年 以前의 자료이다. 그러한 制限的인 條件 아래

---

30) 鳥居龍藏은 南方式으로부터 北方式으로 變化하는 것으로 생각했지만, 1930年代 이후 藤田亮策이나 梅原末治의 論文에서는 반대의 變遷이 提示되었다.

鳥居龍藏, 1926, 앞의 글.

藤田亮策, 1943, 앞의 글.

梅原末治, 1947, 『朝鮮古代の墓制』, 座右寶刊行會.

서 1950年代 後半 이후 여러 학자들의 의해 고인돌에 대한 型式分類와 編年, 年代問題 등에 관한 논문이 發表되었다.[31]

　　1945년 이후 青銅器時代 墓制 특히 東北아시아의 고인돌에 대한 研究를 再開한 연구자는 三上次男이었다. 당시까지 알려진 고인돌 관련 자료를 집성하여 그 型式·分布·立地·出土遺物에 대해 언급하였다.[32] 특히 北方式과 南方式으로 大別한 후 南方式 고인돌을 지하구조를 기준으로 A부터 D의 네 개로 세분하였다. 세분된 南方式에는 碁盤式에 해당한 B와 蓋石式에 해당한 C·D가 포함되어 있어, 나중에 전개한 고인돌의 형식을 세 가지 형식으로 분류하는 연구의 出發點이 되는 것으로 평가된다.[33]

　　한편 문화재 조사 및 연구를 비교적 일찍 착수할 수 있는 체제를 마련한 북한에서는 각종 青銅器時代 遺蹟의 發掘調査가 시작되었다. 1957·1958年에 이루어진 黃北 沈村里 고인돌에 대한 發掘調査의 성과를 받아 分類와 編年, 築造年代 등이 제시되었다.[34] 이들 중 都宥浩는 북한에서 발견된 고인돌의 명칭에 대해 소위 北方式을 典型고인돌, 南方式을 變形고인돌로 바꿔 부르고, 典型으로부터 變形고인돌로 변천한다고 하였다.[35]

31) 鄭白雲, 1957, 「조선 고대 무덤에 관한 연구」, 『문화유산』 1957-2.
　　都宥浩, 1959, 「조선 거석문화 연구」, 『문화유산』 1959-2.
　　林炳泰, 1964, 「韓國 支石墓의 形式 및 年代問題」, 『史叢』 9, 高麗大學校 史學會.
32) 三上次男, 1953, 「朝鮮半島に於ける支石墓の實存狀態に就いて」, 『史學雜誌』 62-4.
33) 甲元眞之, 1997, 앞의 글.
34) 鄭白雲, 1957, 앞의 글.
　　都宥浩, 1959, 앞의 글.
35) 都宥浩, 1959, 앞의 글.

그리고 林炳泰는 상석의 형태와 지석 그리고 지하시설의 구조를 기준
으로 卓子式·碁盤式·無支石式이라는 세 가지 형식으로 구분하고, 上
石 構造를 分類基準의 첫 번째 基準으로 삼고, 地下構造의 차이에 따라
다시 세분하였다. 변천순서는 卓子式→碁盤式→無支石式으로 보았
다.[36]

(4) IV期 (1967~1970年代)

이 시기는 國立博物館에 의한 『韓國支石墓研究』의 刊行를 계기로 그
研究結果를 둘러싼 여러 논의가 이루어졌고, 고인돌 연구에 있어 型式分
類에 偏重한 時期이기도 하다. 북한에서는 중요한 고인돌유적에 대한 조
사가 이루어졌고, 그 研究成果가 공표되면서 새로운 획기적 型式分類와
編年研究가 발표된 시기이다.

1967年 『韓國支石墓研究』가 발간된 후 그 報告書에서 공표된 資料를
이용하면서 보다 實證的인 研究(특히 고인돌의 型式과 그 變遷 그리고
築造年代에 대한 연구)가 가능하게 되었다.[37] 그 중에서도 型式分類에
대해서는 北方式과 南方式으로 大別한 후 南方式을 支石의 有無에 따라
세분하였다. 그리고 北方式→지석이 없는 南方式→지석이 있는 南方式
의 순서로 變遷한다고 하였다.[38]

한편 『韓國支石墓研究』를 일본에 소개하면서 그 내용에 대한 의문점
이 제시되었다.[39] 有光은 韓半島 고인돌을 卓子形支石墓, 碁盤形支石墓,
變形的支石墓로 나누었다. 여기서 말하는 變形的支石墓는 나중에 말하

---

36) 林炳泰, 1964, 앞의 글.
37) 金載元·尹武炳, 1967, 『韓國 支石墓 研究』 國立博物館古蹟調査報告 第6冊, 國立博
   物館.
38) 金載元·尹武炳, 1967, 앞의 책.

는 蓋石式에 해당되는 것으로, 卓子形·碁盤形에 앞서 變形的支石墓가 存在한다고 지적하였다.[40]

그 흐름을 받아 甲元眞之는 上石의 무게를 받치는 방법과 매장주체부의 차이를 기준으로 일곱 개 유형으로 분류하고, 副葬遺物의 編年을 근거로 고인돌의 變遷을 제시하였다.[41]

1970年代 後半에는 상당히 세분된 分類·變遷案이 잇따라 발표되었는데, 모두 卓子式, 碁盤式, 蓋石式이라는 세 가지 형식으로 分類하는 것을 기본으로 하였다.[42]

북한에서는 상기한 바와 같이 1970年代까지 고인돌을 典型과 變形으로 분류하고, 典型으로부터 變形으로 변화한 것으로 생각하였다. 그러한 가운데 1979年에 石光濬은 韓半島 西北地域의 고인돌을 調査遺蹟의 이름을 따서 五德型, 沈村型으로 구분하였다. 五德型이란 卓子式에 해당하는 것으로, 하나의 墓域에 埋葬主體部가 1基만 마련된 것이고, 沈村型이란 蓋石式에 해당하는 것으로, 하나의 墓域에 埋葬主體部가 5~6基 마련되고, 埋葬主體部는 板石으로 築造된 것이다. 그 變遷에 대해서는 沈村型으로부터 五德型이 派生되었고, 이 두 개 유형이 동시에 존재한 기간이 있다고 하였다. 즉 蓋石式으로부터 卓子式으로의 變遷을 주장하였다.[43] 이러한 견해는 기존의 변천방향과 정반대가 되는 것이었다. 石光

---

39) 有光教一, 1968, 「朝鮮支石墓研究を讀んで」, 『朝鮮學報』 48, 朝鮮學會.
有光教一, 1969, 「朝鮮支石墓の系譜に關する一考察」, 『古代學』 16-2·3·4合倂號, 古代學協會.
40) 有光教一, 1969, 앞의 글.
41) 甲元眞之, 1973, 「朝鮮支石墓の編年」, 『朝鮮學報』 66號, 朝鮮學會.
42) 任世權, 1976, 「韓半島 고인돌의 綜合的 檢討」, 『白山學報』 20, 白山學會.
崔夢龍, 1978, 「全南地方 所在 支石墓의 形式과 分類」, 『歷史學報』 78輯, 歷史學會.
沈奉謹, 1979, 「日本 支石墓의 一考察」, 『釜山史學』 3.

濬의 연구는 발굴조사를 통해 얻어진 자료에 대한 보고를 바탕으로 개별 지석묘의 구조적 검토 및 묘역구조의 파악과 분류, 부장유물을 근거로 해서 변천방향을 제시함으로써 기존의 연구와 다른 연구결과를 발표하였다. 또 지석묘를 분류하는 기준으로서 墓域(墓區)구조를 제시한 점에 있어 한반도 지석묘 연구를 진전시켰다고 할 수 있다. 그리고 70년대 말부터 80년대 초에 걸쳐 石光濬의 연구성과를 둘러싼 논의가 전개되었다.

다음해 甲元眞之는 石光濬에 의한 새로운 고인돌 分類와 變遷을 紹介하면서 그 問題點을 지적하여 보다 구체적인 變遷案을 제시하였다.[44]

북한에서는 이 시기에 발표된 연구성과 이후, 새로운 研究 進展은 보이지 않는다. 고인돌에 대한 간결한 발굴보고가 사회과학출판사에서 간행되는 『조선고고연구』에 게재된 상태로 현재까지 계속되지만, 연구자체는 거의 정체상태에 있다고 할 수 있다.

이와 같이 韓半島에서의 고인돌 조사가 本格的으로 시작되면서 研究의 기초자료가 확보되기 시작하였다. 그러한 資料들을 바탕으로 型式分類와 變遷에 관한 연구가 남한과 북한의 研究者들에 의해 각각 發表되었다. 그리고 그 성과를 바탕으로 일본 연구자를 포함해 논의가 進行된 것을 알 수 있다. 사실상 가장 활발하게 고인돌의 형식분류와 變遷 즉 基礎研究가 집중적으로 이루어진 시기였다.

(5) V期 (1980年代 : 社會復原研究로 傾向, 韓半島 周邊地域의 고인돌과
     比較, 大規模 發掘調査의 시작)

앞 시기의 고인돌에 대한 型式分類와 編年에 집중된 분위기가 일단락

---

43) 石光濬, 1979, 「우리나라 서북지방 고인돌에 관한 연구」, 『고고민속논문집』 7.
44) 甲元眞之, 1980, 「朝鮮支石墓の再檢討」, 『鏡山猛先生古稀記念古文化論攷』.

되었지만, 遼東半島의 고인돌에 대한 情報가 들어오면서 中國 東北地域, 韓半島, 北部九州을 포함한 東北아시아라는 넓은 視点에서 고인돌의 分類 · 變遷過程을 밝히려고 하는 硏究가 發表되었다.[45] 또 北部九州 등 韓半島 周邊地域에 있는 고인돌과의 比較[46]와 韓半島 고인돌의 起源을 남방에서 찾는 硏究도 이루어졌다.[47]

그리고 고인돌을 築造한 社會 즉 支石墓社會의 성격부여 등 社會復元을 시도한 硏究도 이루어졌다.[48] 그러나 1980年代 前半에는 관련자료의 수량이 아직 적었을 뿐더러, 고고자료를 解釋하는 方法論의 應用에 있어 恣意的이다라는 통렬한 批判을 人類學者로부터 받기도 하였다.[49]

또 後藤直은 고인돌과 石棺墓에 보이는 琵琶形銅劍 副葬과 被葬者의 性格을 논하였다.[50] 이는 靑銅器時代 墓制에 있어 副葬遺物 · 行爲硏究의 嚆矢라고 할 수 있다.

---

45) 池健吉, 1982, 「東北아시아 支石墓의 型式學的 考察」, 『韓國考古學報』 12輯, 韓國考古學會.

金貞姬, 1988, 「東北아시아 支石墓의 硏究」, 『崇實史學』 5.

46) 沈奉謹, 1981, 「韓日 支石墓의 關係 -形式과 年代論을 中心으로-」, 『韓國考古學報』 10 · 11合輯.

47) 金秉模, 1981, 「한국 거석문화 원류에 관한 연구」, 『韓國考古學報』 10 · 11合輯.

48) 崔夢龍, 1981, 「全南地方 支石墓社會와 階級의 發生」, 『韓國史硏究』 35輯, 韓國史硏究會.

崔夢龍, 1982, 「全南地方 支石墓社會의 編年 : 出土遺物을 中心으로 하여」, 『震檀學報』 53 · 54合輯.

池健吉, 1983, 「支石墓社會의 復元에 대한 一考察 -築造技術과 葬制를 中心으로-」, 『梨花史學硏究』 13 · 14輯, 梨花史學硏究所.

49) 全京秀, 1990, 「대략 짐작의 考古學的 경향을 駁함 : 崔夢龍 교수의 "호남지방의 지석묘사회"를 읽고」, 『韓國 支石墓의 諸問題』 第14回 韓國考古學 全國大會發表要旨, 韓國考古學會.

50) 後藤直, 1984, 「韓半島の靑銅器副葬墓 -銅劍とその社會-」, 『尹武炳博士回甲紀念論叢』 尹武炳博士回甲紀念論叢刊行委員會.

유적조사동향을 보면 1980年代 後半 이후, 대규모 발굴조사가 이루어
지게 되었다. 특히 전남 주암댐 수몰지역에 대한 發掘調査에서 기존에
調査된 고인돌의 수량을 훨씬 상회하는 351基의 고인돌이 發掘되었고,
그 報告書가 신속히 간행된 것은 靑銅器時代 墓制研究를 진전시킨 하나
의 계기가 되었다. 또 주암댐 수몰지구의 調査에서는 하나의 고인돌군이
전면발굴되어 고인돌군 全體의 모습을 알게 되었고, 우산리 내우 유적 8
호·38호 고인돌,[51] 덕치리 1號·15號 고인돌[52]에서는 비파형동검이 출
토되는 등 중요한 자료가 얻어졌다.

위와 같은 1980年代 後半 湖南地域에서의 중요한 조사성과에 힘입어
1990年의 韓國考古學 全國大會는『韓國 支石墓의 諸問題 -湖南地域을
中心으로-』를 주제로 하여 湖南地域의 고인돌 構造와 型式에 관한 발표,
出土遺物에 관한 發表와 湖南地域 支石墓社會의 性格에 관한 발표가 이
루어졌다.[53] 이 같이 많은 조사사례와 學術大會의 개최는 湖南地域에서
고인돌연구가 활발하게 진행되는 계기가 되었다.

---

51) 宋正鉉·李榮文, 1988,「牛山里 내우 支石墓」,『住岩댐 水沒地域 文化遺蹟 發掘調査
   報告書』Ⅱ, 全南大學校博物館·全羅南道.
52) 尹德香, 1988,「德峙里 신기 支石墓」,『住岩댐 水沒地域 文化遺蹟 發掘調査報告書』
   Ⅲ, 全南大學校博物館·全羅南道.
53) 韓國考古學會, 1990,『韓國 支石墓의 諸問題』, 韓國考古學 全國大會 發表要旨.
   池健吉, 1990,「湖南地方 고인돌의 型式과 構造」,『韓國考古學報』25輯, 韓國考古學
   會.
   李榮文, 1990,「湖南地方 支石墓 出土遺物에 대한 考察」,『韓國考古學報』25輯, 韓國
   考古學會.
   崔夢龍, 1990,「湖南地方의 支石墓社會」,『韓國考古學報』25, 韓國考古學會.

⑹ Ⅵ期 (1990年代 : 大規模 開發에 따른 大規模 發掘調査의 增加와 함께
    다양한 형태의 고인돌 및 기타 묘제가 확인됨. 地域研究의 增加)

이 시기에는 기존의 조사 및 연구성과를 총괄하는 논문이 발표되었다.
먼저 田村晃一은 1980年代까지의 東北아시아 고인돌의 연구현황을 총
괄하면서 고인돌의 명칭, 분포, 형태분류와 그 시간성 및 공간성, 기원 등
을 논하였다. 그는 고인돌을 上石을 받치는 방법을 주된 기준으로 하여,
第Ⅰ類(石棺形), 第Ⅱ類(卓子形), 第Ⅲ類(碁盤形)로 구분하였다. 이들의
선후관계에 대해 "第Ⅰ類가 第Ⅱ · Ⅲ類보다 선행하고, 第Ⅱ · Ⅲ類의 선
후관계는 明確하지 않다"고 하였고, 세 가지 유형간에는 상당한 중복기
간이 있음을 상정하였다.[54]

그리고 李榮文은 全南地域의 고인돌에 대해 분포, 형식분류, 출토유물
의 성격, 고인돌문화의 지역성 등 全南地域의 支石墓社會를 종합적으로
분석하였다.[55] 당시까지 알려진 고인돌 자료의 대부분이 전남지역의 자
료임을 고려하면 한반도 고인돌연구의 종합적 연구라고 할 있다. 기존의
조사 · 연구성과를 거의 대부분 총괄하면서 상세한 분포론, 출토유물에
대한 성격부여 등을 가미하여 고인돌문화의 규명을 시도한 내용뿐만 아
니라, 『韓國支石墓研究』의 간행 다음에 한반도 고인돌연구의 획기가 되
었다고 평가할 수 있다. 이러한 총체적인 연구가 가능하게 된 것은 80年
代 後半 이후에 이루어진 대규모 발굴조사의 성과가 바탕이 되었다고 할
수 있다.

이 시기의 고인돌 형식분류와 편년은 기존과 같이 韓半島 전체를 다룬
것도 있지만,[56] 湖南이나 嶺南과 같은 지역별 연구가 심화되었다.[57]

---

54) 田村晃一, 1990, 앞의 글.
55) 李榮文, 1993, 『全南地方 支石墓 社會의 研究』, 韓國敎員大學校 博士學位論文.

그리고 이 시기에는 麗水半島에서 琵琶形銅劍·銅矛 등이 부장된 고
인돌이 잇따라 조사되었다. 특히 麗水 積良洞遺蹟에서는 하나의 고인돌
군에서 비파형동검이 7점이나 출토되었는데, 이 조사성과에 의해 靑銅器
時代에 '國' 의 형성[58]이 논해지는 계기가 되었다. 또 大田 比來洞 1號 고
인돌에서 비파형동검이 출토되었는데, 現時点에 있어 그 개요만 공표[59]
되었기 때문에 遺蹟·遺構에 대해 자세한 내용은 알 수가 없다. 그러나
비파형동검에 대해서는 상세한 보고와 검토가 이루어진 바 있고, 남한지
역에서 출토된 비파형동검 중 전기로 소급하는 가장 오래된 것임이 밝혀
졌다.[60]

1992~1993년에 걸친 昌原 德川里 유적의 발굴조사에서는 1호 지석묘
와 같이 장축 56m, 단축 17.5m나 되는 거대한 적석묘역, 다단토광으로
지하 깊이 구축된 매장주체부를 가진 지석묘가 발견되었다.[61] 그때까지
알려진 지석묘의 형태와 다른 외부·내부시설 구조와 규모, 그리고 묘역
안에서 매장주체부가 1기 밖에 확인되지 않았다는 점은 개인묘의 발전
이라는 측면에서 청동기시대 사회의 진전을 복원하는 데 있어 하나의

56) 全榮來, 1991, 「韓半島 支石墓의 型式學的 展開」, 『九州考古學』 第56號, 九州考古學
會.
57) 池健吉, 1990, 앞의 글.
河仁秀, 1992, 「嶺南地域 支石墓의 型式과 構造」, 『伽倻考古學論叢』 1, 駕洛國史蹟開
發研究院.
58) 武末純一, 2002, 「遼寧式銅劍墓와 國의 形成 -積良洞遺蹟과 松菊裏遺蹟을 中心으로-」,
『淸溪史學』 16·17合輯, 韓國精神文化研究院.
59) 成正庸, 1997, 「大田 新岱洞·比來洞 靑銅器時代遺蹟」, 『湖南考古學의 諸問題』 第21
回 韓國考古學 全國大會 發表要旨, 韓國考古學會.
60) 莊田愼矢, 2005, 「湖西地域 出土 琵琶形銅劍과 彌生時代 開始年代」, 『湖西考古學』
12輯, 湖西考古學會.
61) 李相吉, 1993, 「昌原 德川里遺蹟 發掘調査 報告」, 『三韓社會와 考古學』 第17會 韓國
考古學 全國大會發表要旨, 韓國考古學會.

epoch가 되었다.

1993年에 실시된 扶余 松菊里遺蹟에서의 분묘 발굴에서는 기존에 비파형동검이 출토된 석관묘를 포함한 석관묘 4기, 石蓋土壙墓 2基, 甕棺墓 2基 총 8基의 무덤이 조사되었다.[62] 이러한 무덤들의 성격에 대해 비파형동검이 출토된 石棺墓를 정점으로 한 지배자와 그 지배자집단의 구성원의 무덤 즉 松菊里遺蹟의 支配者集團의 무덤으로 상정되었다.[63]

(7) Ⅶ期 (1990年代 末~2000年代 : 綜合的인 資料集成 試圖, 墓制를 주제로 한 學術大會 開催, 硏究가 多樣化됨)

90年代에 시작된 大型開發事業에 따른 大規模發掘은 2000年代에 들어서도 계속되고 있다. 그 결과 靑銅器時代 墓制資料는 전국 각지에서 폭발적으로 증가하였다. 그러한 배경 아래에서 靑銅器時代 墓制 특히 고인돌을 주제로 한 學術大會가 열리고, 各 地域마다 墓制資料를 정리하고, 그 양상을 밝히려고 하는 시도가 있다.[64]

이 시기에도 고인돌의 分類 · 變遷에 대한 硏究가 發表되었는데, 그들은 東北아시아 고인돌에 대한 一連의 硏究[65]와 韓半島 고인돌을 대상으

---

62) 金吉植, 1998, 「부여 송국리 무문토기시대묘」, 『고고학지』 9, 한국고고미술연구소.
63) 金吉植, 1998, 앞의 글.
    李榮文, 2007, 「소위 松菊里型 墓制의 形成과 그 特徵」, 『先史와 古代』 第28輯, 韓國古代學會.
64) 韓國上古史學會, 2003, 『지석묘 조사의 새로운 성과』 第30回 韓國上古史學會 學術發表大會要旨.
    (財)東北亞細亞支石墓硏究所, 2005, 『세계 거석문화와 고인돌』.
    (財)東北亞細亞支石墓硏究所, 2007, 『아시아 거석문화와 고인돌』.
65) 千葉基次, 1992, 「支石墓의 起源」, 『靑山史學』, 靑山學院大學文學部史學硏究室.
    千葉基次, 1999a, 「支石墓硏究 -卓子形支石墓-」, 『日本考古學』 第7號, 日本考古學協會.
    千葉基次, 1999b, 「支石墓硏究 -卓子形支石墓一覽-」, 『靑山考古』 第16號, 靑山考古學會.

로 한 研究,[66] 전남지역의 고인돌을 대상으로 한 研究[67]로 나누어진다.

고인돌 이외의 묘제를 보면 옹관묘에 대한 논문이 이 시기에 本格的으로 發表되기 시작되었다.[68]

또한 새로이 확인된 묘제로서 周溝墓가 있는데, 이것에 대한 時期的 變遷이나 그 起源에 대한 研究도 이루어졌다.[69]

그리고 韓半島 南部地域으 중심으로 거대한 墓域施設의 존재 · 埋葬

千葉基次, 2001, 「支石墓研究 -沈村型支石墓-」, 『靑山考古』 第18號, 靑山考古學會.

千葉基次, 2003, 「支石墓研究 -撐石墓-」, 『日本考古學』 第13號, 日本考古學協會.

千葉基次, 2005, 「支石墓研究 -靑銅器と無文土器-」, 『駒澤考古』 第30號, 駒澤大學考古學研究室.

千葉基次, 2006, 「支石墓研究 -支石墓と撐石墓-」, 『釜大史學』 第三十輯, 釜山大學校史學會.

千葉基次, 2009, 「支石墓研究 -コマ形土器と支石墓と靑銅器-」, 『靑山考古 -扶桑 田村晃一先生喜壽記念論文集-』 第25 · 26號合倂號, 靑山考古學會田村晃一先生喜壽記念論文集刊行會.

66) 鄭漢德 · 李在賢, 1998, 「남해안지방과 구주지방의 청동기시대 문화 연구」, 『한국민족문화연구』 12, 부산대학교 민족문화연구소.

67) 趙鎭先, 2004, 「全南地域 支石墓의 研究 現況과 形式變遷 試論」, 『韓國上古史學報』 第43號, 韓國上古史學會.

黃在焄, 2006, 「전남지역 지석묘의 형식분류와 변천」, 『韓國上古史學報』 第53號, 韓國上古史學會.

68) 李健茂 · 申光燮, 1994, 「益山 石泉里 甕棺墓에 대하여」, 『考古學誌』 6, 韓國考古美術研究所.

金吉植, 1998, 앞의 글.

李賢淑, 1999, 「松菊里型 甕棺墓의 檢討」, 『歷史와 歷史敎育』 3 · 4合集, 熊津史學會.

河仁秀, 2000, 「南江流域 無文土器時代의 墓制」, 『晉州 南江遺蹟과 古代日本』.

金承玉, 2001, 「錦江流域 松菊里型 墓制의 研究 -石棺墓 · 石蓋土壙墓 · 甕棺墓를 中心으로-」, 『韓國考古學報』 45.

金奎正, 2006, 「無文土器 甕棺墓 檢討」, 『先史와 古代』 25, 韓國古代史學會.

69) 金權中, 2008, 「靑銅器時代 周溝墓의 發生과 展開」, 『韓國靑銅器學報』 第3號, 韓國靑銅器學會.

主體部의 地下化(昌原 德川里 등), 墳丘狀 構造를 가진 무덤의 존재(馬山 鎭東 등) 등 무덤의 구조에 있어 多樣性이 확인되었다. 上記한 바와 같이 고인돌을 중심으로 靑銅器時代 墓制研究가 진행되어 왔는데, 李相吉은 墓域施設을 가진 고인돌을 포함한 各種 墓制에 대해 그 機能的 側面 즉 他者로부터의 區分 혹은 區劃이라는 뜻을 강조하여 '區劃墓'라고 명명 하였다.[70] 그 후 보다 자세하게 정의하고, 多段土壙, 多重蓋石, 積石, 封土, 葺石, 墓域 등의 要素를 갖춘 무덤을 '區劃墓'라고 불렀다.[71] 그 명칭 에 대해서는 '墓域(龍潭)式 支石墓'[72]나 '墓域支石墓'[73] 등으로 불리기 도 한다. 安在晧는 주구묘도 '區劃墓'의 範疇에 포함시켰는데, 墓域의 區劃方法에 따라 周溝式, 敷石式, 石築式, 葺石式 區劃墓라고 부르고, 前期後半의 늦은 단계에 敷石式·周溝式이 登場하고, 後期에 石築式·葺石式이 축조된 것으로 보았다.[74]

2006年에는 '계층사회와 지배자의 출현'을 주제로 韓國考古學全國大會가 開催되었다.[75] 거기서는 金承玉이 墳墓資料를 통해 靑銅器時代 墓制를 네 개 시기로 區分했는데, 각각 世帶共同體의 리더의 出現 → 有力

---

70) 李相吉, 1996, 「청동기시대 무덤에 대한 일시각」, 『碩晤尹容鎭教授退任紀念論叢』, 碩晤 尹容鎭教授 退任紀念論叢 刊行委員會.

71) 李相吉, 2006, 「區劃墓와 그 社會」, 『금강 : 송국리형 문화의 형성과 발전』, 호서·호 남고고학회 합동 학술대회 발표요지.

72) 金承玉, 2006, 「묘역식(용담식)지석묘의 전개과정과 성격」, 『한국상고사학보』 제53호, 한국상고사학회.

73) 尹昊弼, 2009a, 「靑銅器時代 墓域 支石墓에 관한 연구」, 『慶南研究』 創刊號, 慶南發展研究院 역사문화센터.

74) 安在晧, 2009, 「南韓 靑銅器時代 研究의 成果와 課題」, 『동북아시아 청동기문화 조사연구의 성과와 과제』, 學研文化社.

75) 韓國考古學會, 2006, 『계층사회와 지배자의 출현』, 韓國考古學會 創立 30周年 記念韓國考古學 全國大會 發表要旨.

世帶共同體의 登場 → 有力世帶共同體의 成長 → 地域支配者와 族長社會의 登場으로 설명하였다.[76] 裵眞晟은 銅劍이나 石劍이 出土된 무덤과 다른 副葬品과의 세트관계를 바탕으로 階層構造와 '國'의 形成에 대해 논하였다.[77]

석사논문으로서는 麗水半島, 榮山江流域, 北漢江流域, 嶺東地方, 全南地方, 江華島 등 보다 세분된 地域別 고인돌에 대한 硏究가 발표되었다.[78]

고인돌의 거대한 상석을 어떻게 운반했을까라는 疑問에 대해 實驗考古學을 통한 試論(崔盛洛·韓盛旭 1989)이 있었는데, 鎭安 如意谷에서 上石運搬路로 생각되는 유구가 확인됨으로써 보다 具體的인 運搬方法의 추정이 가능하게 되었다.[79]

靑銅器時代 墓制資料의 增加와 함께 埋葬主體部의 안과 밖·墓域施設 등에서 다양한 종류의 유물들이 출토하는 것을 알게 되었다.[80] 이러한 유물의 출토위치·상황을 실마리로 靑銅器時代의 무덤축조·埋葬에

---

76) 金承玉, 2006, 앞의 글.

77) 裵眞晟, 2006b, 「無文土器社會의 威勢品 副葬과 階層化」, 『계층사회와 지배자의 출현』, 韓國考古學會 創立 30周年 記念 韓國考古學 全國大會 發表要旨.

78) 鄭然雨, 2000, 『北漢江流域 支石墓 硏究』, 翰林大學校 碩士學位論文.
   金珍英, 2001, 『麗水半島 支石墓 硏究』, 木浦大學校 碩士學位論文.
   宣在明, 2001, 『榮山江流域의 支石墓 硏究』, 木浦大學校 碩士學位論文.
   金圭鎬, 2001, 『北漢江 流域의 고인돌 硏究』, 江原大學校 碩士學位論文.
   薑東錫, 2002, 『江華 北部地域 支石墓社會의 聚落類型 硏究』, 成均館大學校 大學院 碩士學位論文.
   平郡達哉, 2004, 『全南地域 支石墓 社會 展開過程에 대한 一考察』, 木浦大學校 碩士學位論文.

79) 李宗哲, 2003, 「지석묘 상석운반에 대한 시론」, 『한국고고학보』 50.

80) 李榮文, 1993, 『全南地方 支石墓 社會의 硏究』, 韓國敎員大學校 博士學位論文.
   李相吉, 2000, 『靑銅器時代 儀禮에 관한 考古學的 硏究』, 大邱曉星가톨릭대학교 大學院 博士學位論文.

관한 여러 행위에 대해 언급하려는 견해가 제시된 것은 1990年代 中半부터이다.

李榮文은 全南地域에서 조사된 고인돌 出土 磨製石劍의 副葬方法에 대해 언급하였다. 먼저 고인돌 출토유물을 매장주체부 안에서 출토된 副葬用과 매장주체부 周邊이나 積石 사이에서 출토되는 儀禮用으로 구분하였다.[81]

그 후 李相吉은 고인돌의 축조過程을 묘지의 선정으로부터 시작하는 다섯 단계로 나누고, 각 단계에 對應하는 儀禮行爲를 제시하였다.[82] 이 연구는 부장풍습뿐만 아니라 그것과 관련된 祭祀行爲의 존재를 구체적인 고고자료를 통해 밝혔다는 점에서 의의가 크다고 말할 수 있다. 後藤直은 初期農耕社會에서의 副葬行爲의 意味에 대해 논한 바가 있다.[83]

그리고 趙榮濟와 河仁秀는 각각 인위적으로 석검이나 석촉을 破壞시켜 여러 개로 깨진 유물을 被葬者의 곁과 棺外墓壙 등의 空間에 埋葬하는 行爲가 있다는 것을 지적하면서 '破劍·破鏃'이라는 용어로 설명한 바가 있다.[84]

金賢은 경남지역의 청동기시대 묘제의 변화를 논하면서 土器 副葬位置가 時間의 흐름에 따라 변화하는 것을 밝혔다.[85]

필자도 慶南地域 출토 자료를 바탕으로 棺外副葬行爲의 性格부여, 嶺南地域 墳墓出土 磨製石劍의 性格부여를 시도하였다.[86] 또 有節柄式石

81) 李榮文, 1993, 앞의 글.
82) 李相吉, 2000, 앞의 글.
83) 後藤直, 2000, 「朝鮮 靑銅器時代」, 『季刊考古學』 第70號, 雄山閣.
84) 趙榮濟, 1998, 「泗川 本村里遺蹟」, 『南江댐 水沒地區의 發掘成果』, 嶺南考古學會.
    河仁秀, 2000, 「南江流域 無文土器時代의 墓制」, 『晉州 南江遺蹟과 古代日本』.
85) 金賢, 2005, 『慶南地域 無文土器時代 무덤에 대한 硏究』, 釜山大學校 碩士學位論文.

劍의 編年과 分布를 통해 靑銅器時代 前期末부터 고인돌에서의 埋葬儀禮의 共有가 존재했던 것을 지적한 硏究도 있다.[87]

崔鍾圭는 慶南地域 무덤에서 보이는 赤色磨硏土器의 出土位置·狀態를 실마리로 墓壙祭, 築棺祭, 入棺祭, 揷入祭, 蓋石祭라는 名稱을 쓰이며 墓地築造에 따른 祭祀의 存在를 指摘하였다.[88]

이와 같이 出土遺物을 그 出土位置·狀態를 통해 무덤을 築造해가는 過程을 여러 단계로 구분하고, 그 각 段階의 重要한 장면에서 여러 儀禮 행위가 이루어진 것으로 推定되었다.

위와 같이 한반도 청동기시대 묘제 연구는 긴 역사를 가지고 있다. 특히 1980년대 후반부터 시작된 대규모 발굴은 묘제 관련 자료의 증가라는 고고학연구의 기초자료 획득에 큰 도움을 주었다. 그리고 폭발적으로 많아지는 묘제자료를 집성·정리해야 된다는 의도에서 연구소나 학회 차원에서 종합적인 집성작업이 이루어지고 있다. 아직 우리는 고고자료의 홍수 안에 빠진 상태에 있고, 거기서 벗어나고 묘제 연구를 다양한 각도(연구방법)에서 진행시키기 위한 노력을 지속적으로 해야 할 것이다. 본고에서는 그러한 작업의 일환으로서 개별무덤들이 모여서 형성하게 된 墓區구조, 그리고 부장유물 및 부장행위에 대한 검토를 중심으로 남한지역 청동기시대 사회의 성격에 대해 논하고자 한다.

---

86) 平郡達哉, 2008, 「영남지역 '검형 마제석기' 부장의 의미에 대한 고찰」, 『COGITO』 64, 釜山大學校 人文學硏究所.

87) 張龍俊·平郡達哉, 2009, 「有節柄式 石劍으로 본 無文土器時代 埋葬儀禮의 共有」, 『韓國考古學報』72輯, 韓國考古學會.

88) 崔鍾圭, 2010b, 「松菊里文化의 禮制 -慶南을 中心으로-」, 『考古學探究』 第7號, 考古學探究會.

墓區構造 分析

1. 墓區構造 把握 方法

사람의 인생이 끝나는 '死'를 둘러싼 다양한 思考와 그 물질적 · 구체적 표현인 무덤에 당시 사람들의 精神世界뿐만 아니라 무덤에 묻힌 사람의 생전의 신분이나 성격 등이 반영된 것은 다시 말할 필요가 없을 것이다.

청동기시대 묘제연구에 있어 무덤의 형식분류와 변천에 重點이 두어진 것은 제 I 장에서 언급했는데, 최근의 청동기시대 묘제자료의 양적 증가와 함께 무덤의 다양성이 밝혀졌다. 그리고 대규묘 발굴조사는 단일 묘구의 모습을 보여주는 계기가 되고, 개별 무덤들이 시간적 · 공간적으로 일정한 幅을 가지고 군집한 것을 밝혔다. 여기서는 당시 사람 혹은 집단들이 일정한 공간에 무덤을 반복적으로 축조해간 결과인 墓區[1]構造를

---

1) 윤호필은 개별 무덤의 영역을 나타내는 '묘역'과 무덤들이 모여 있는 무덤군의 영역을 '墓區'라고 제창하였다.

파악하고, 類型化한 후 그 성격부여를 시도하고자 한다.

1) 硏究動向

먼저 무덤들이 군집하는 모습에 대해 지금까지 어떻게 인식하고 해석을 해왔는지 간단히 살펴보도록 하겠다.

청동기시대 묘제 특히 지석묘는 그 발견이 일찍부터 이루어지고, 발굴조사도 1920년대부터 이루어졌다. 그 당시부터 이미 지석묘의 群集性을 인식해 지적되어 왔다.[2] 그러나 무덤의 공간분포에 대한 검토가 본격적으로 이루어지게 된 것은 1990년대 이후부터이다.

李榮文은 유구와 출토유물을 통해 개인묘의 유형을, 유적에 분포한 지석묘 수와 출토유물을 통해 묘역(묘구)의 유형을 분류하였다. 그 과정에서 묘역(묘구)에 대한 분류도 행하였다. 그 분류 기준은 석실 수와 중요 출토유물이었다. 즉 석실 수는 집단의 규모나 힘을, 각 석실에서 출토되는 유물은 개인의 신분 등을 보여준다고 본 것이다. 특히 지석묘 수를 우선 기준으로 삼았고, 10기 이상의 군집인 경우, 累世代的인 집단으로 보았다. 그리고 동시기에 묘역(묘구)이 조성되었다는 전제하에서 대군집은 그 지역에서 유력한 지배집단, 중대군집은 대군집과 거의 같으나 약간 낮은 지배집단, 중소군집은 중간계층집단, 소군집은 기층집단으로 상정하였다.[3]

尹昊弼, 2009a,「青銅器時代 墓域 支石墓에 관한 연구」,『慶南研究』創刊號, 慶南發展研究院 역사문화센터.
2) 藤田亮策, 1940,「第七 大邱大鳳洞支石墓調查(第二回)」,『昭和13年度古蹟調查報告』, 朝鮮古蹟研究會.
3) 이영문, 1993, 앞의 글.
이영문, 2002, 앞의 책.

李相吉은 '구획묘'라는 개념과 단어를 사용하면서 청동기시대 무덤을 군집 정도 및 구획묘 내에서의 매장주체부 구조의 차이 등을 기준으로 유형화시키고 그것을 통해 사회발전을 논하였다.[4] 그는 무덤의 군집양 상을 Ⅰ형(개인군집묘 : 산포형), Ⅱ형(유력가족묘(Ⅰ) : 대봉동형), Ⅲ형 (유력가족묘(Ⅱ) : 덕천리형)의 세 가지 유형으로 분류하였다. 그리고 Ⅰ →Ⅱ→Ⅲ형의 순서로 변화해 갔다고 하면서, 墓區構造의 변화는 사회구 조의 발전에 따른 시간적인 특징을 보여주는 것으로 보았다.

이성주는 지석묘를 농경사회의 기념물이라는 시각에서 인식하고, 지 석묘군을 입지, 분포, 규모, 군집의 밀집도와 규모 등을 기준으로 세 가지 유형으로 구분하였다.[5] 분묘공간이 매우 넓은 Ⅰ유형이 위계가 가장 높 고, 분묘공간이 좁은 편인 Ⅲ유형을 가장 낮은 위계로 삼았다. 세 유형 모두 묘역을 핵심으로 삼아 분류한 점이 특징이라고 할 수 있다. 그는 지 석묘 및 그 墓區의 규모, 墳墓群의 경관, 무덤을 구축하기 위해 동원된 노 동력 등이 개별의 지석묘나 支石墓群의 위계를 잘 반영하였고 보았다.

윤호필은 비파형동검이 출토된 무덤을 '동검묘'로 규정하면서 그것에 대한 성격을 밝히려고 하였다. 무덤 배치상태를 列狀과 群狀으로 구분하 고, 열상 군집을 이루는 무덤군에 대해 특별한 언급은 없지만 열상 무덤 군에 대해서는 지속적으로 축조되고 시간성을 가지는 것으로 본 것 같 다.[6]

---

4) 이상길, 1996, 「청동기시대의 무덤에 대한 일시각」, 『석오 윤용진교수 정년퇴임기념 논총』, 석오 윤용진교수 정년퇴임기념논총간행위원회.

5) 이성주, 2000, 「바. 지석묘 : 농경사회의 기념물」, 『한국 지석묘연구 이론과 방법』, 주 류성.

6) 尹昊弼, 2000, 『銅劍墓와 그 被葬者의 性格에 관한 硏究』, 慶南大學校 大學院 碩士學 位論文.

필자도 전남지역의 지석묘를 분석하는 과정에서 묘역 시설의 유무와 묘역 연접 여부 그리고 무덤의 배치 상태를 기준으로 네 가지 유형으로 구분한 바가 있다.[7]

김진영은 단일유적(승주 우산리 내우 지석묘군)을 분석대상으로 하여 묘제의 공간구성에 대해 언급하였다. 각 유구간의 거리를 기준으로 묘구 내의 小墓群을 파악하고, 이 여러 소묘군들이 각각 열상 배치를 이루면서 墓區를 구성한 것으로 생각했다.[8]

김승옥은 구획묘의 형태, 배치상태와 연접의 유무, 송국리형묘제를 연결시키면서 청동기시대 묘제의 변천과 그 성격에 대해 언급하였다.[9] 남한지역 각지에서의 계층화 진행에 대해 넓은 지역의 구체적인 자료를 제시하면서 통시적으로 언급했다는 점에서도 큰 의미가 있다.

이상과 같이 1990년대 이후 몇 명의 연구자들에 의해 무덤군의 배치양상에 대한 검토가 이루어져 왔다.

2) 墓區 把握의 視角

'墓區'라는 용어에 대해서는 윤호필이 "무덤의 영역을 나타내는 '묘역'이라는 개념을 확대하여 무덤들이 모여 있는 무덤군의 영역을 '墓區'라고 하고, '묘구'는 단지 무덤이 모여있는 장소만을 뜻하는 것이 아

---

7) 平郡達哉, 2004, 『全南地域 支石墓 社會 展開過程에 대한 一考察』, 木浦大學校 碩士學位論文.

8) 金珍英, 2005, 「청동기시대 묘제의 공간구성에 대한 검토 -승주 우산리 내우 지석묘를 대상으로-」, 『全南文化財』 第11輯, 全羅南道.

9) 金承玉, 2007, 「분묘자료를 통해 본 청동기시대 사회조직과 변천」, 『계층사회와 지배자의 출현』, 한국고고학회.

니라 부덤군이 조성된 공간적 범위를 나타내는 것으로 인위적 공간과 자연적 공간을 모두 포함하는 의미"를 가진 것으로 정의하였다.[10] 그러한 정의에 필자도 동의하는 바인데, 여기서는 좀 더 구체적인 정의를 시도하고자 한다.

대규모 발굴조사가 진행된 결과 일정한 범위 안에서 10수기, 많은 경우에는 100기 이상의 무덤들이 일정 방향으로 열을 이루거나 불규칙하게 밀집되어 존재하는 것이 확인되기 시작하였다. 즉 극히 단기간에 묘구가 형성되었다기보다는 어느 정도 시간 폭을 가지고 수 세대에 걸쳐서 매장된 흔적을 보여주는 예가 많이 발견되었다.

이와 같은 묘제자료의 질적·양적 증가는 무덤을 축조하고 그것에 따른 장송의례를 행하였던 집단이 오래 동안 무덤을 반복적으로 축조해 왔던 결과, 무덤들이 군집 혹은 밀집되어 축조되었고 집단묘지를 형성하게된 것을 우리에게 말해준다.

그러한 무덤들의 군집양상을 가지고 당시 사회구성 등을 복원해 가는 작업에 있어 이성주와 田村晃一이 중요한 지적을 하였다. 즉 "지석묘는 조영시 뿐만 아니라 그 후 오래 기간에 걸쳐 지석묘가 일정한 공간적인 위치를 갖고 집단에 의해 인식되어 왔기 때문에 지석묘 사회를 이해하기 위해서 지석묘가 어떻게 공간적 위치를 유지하고 있는가에 대한 이해가 이루어져야 된다"[11]라고 했는데, 이러한 언급은 지석묘뿐만 아니라 청동기시대 묘제 전반에 적용할 수 있을 것이다.

---

10) 윤호필, 2009, 「靑銅器時代 墓域 支石墓에 관한 연구」, 『慶南研究』 創刊號, 慶南發展 研究院 역사문화센터.
11) 이성주, 2000, 「바. 지석묘 : 농경사회의 기념물」, 『한국 지석묘연구 이론과 방법』, 주류성.
田村晃一, 2003, 「東北アジア支石墓研究槪觀」, 『東北亞支石墓의 起源과 展開』, 아시아 史學會 第12回 韓國大會 發表要旨.

본고에서는 시간적 연속성을 갖고 축조되었다고 보이는 무덤들의 군집양상을 실마리로 해서 청동기시대 사회의 전개와 그 특징에 대해 고찰하려고 하는데, 그 작업 중 하나로서 묘구구조를 분석하고자 한다.

본고에서 사용하는 '墓區'를 정의하자면 현재 우리가 지표상이나 발굴조사의 결과 볼 수 있는 무덤들의 군집양상이라고 할 수 있고,

① 한정된 지역(한 구릉의 사면 정도의 평면적 공간)에

② 수 기에서 많은 경우 수십 기의 무덤들이

③ 밀집 혹은 일정 간격, 일정한 축조법칙을 가지고 축조된 구역이며

④ 어떤 집단이 연속적 혹은 단속적으로 형성하였던 매장공간

으로 정의하고자 한다.

3) 墓區構造의 類型化

위에서 墓區에 대해 정의했는데, 여기서는 墓區構造를 유형화시키고자 한다. 무덤들이 모여있는 모습을 유형화시키는 작업은 여러 연구자들에 의해 이루어져 왔는데, 지석묘군의 유형화를 시도했던 이성주는 "지석묘(군)가 當時에는 어떤 외관으로 보였을 것인지, 그리고 그곳에서 장기간에 걸쳐 어떤 행위들이 반복적으로든, 일회적으로든 베풀어졌는지에 대한 복원적인 이해가 선행되지 않는다면 지석묘의 유형과 그 변천에 대한 설명은 불가능할 것 같다"라는 중요한 시각을 지적하였다.[12] 즉 현재 고고자료로서 확인할 수 있는 묘구는 청동기시대 취락을 구성했던 인원 수, 거주기간의 長短과 같은 여러 조건이 반영된 결과라고 할 수 있다.

---

12) 이성주, 2000, 앞의 글.

묘구구조 유형화의 기준으로서는 묘구의 평면형태를 첫 번째 기준으로 삼을 수 있다. 즉 지금까지 알려진 자료를 보면 靑銅器時代 墓區는 먼저 무덤들이 단독 혹은 2~3기 정도가 하나의 묘구를 구성하는 獨立型, 여러 기부터 많은 경우에는 100기 이상의 무덤들이 일정한 공간에 축조된 群集型으로 대별될 수 있다. 獨立型에서 무덤 2기 이상 확인된 경우 각 무덤이 병행하는 위치관계를 보여주는 경향이 있다. 그리고 군집형은 다시 세분할 수 있다. 무덤들이 두 줄 혹은 세 줄로 직선적으로 배치되고 列狀을 이루는 군집a형, 확실한 규칙성이 없는 것처럼 뭉치면서 군집하는 集塊狀을 이루는 군집b형, 그리고 列狀과 集塊狀이 하나의 묘구 안에서 공존하는 군집c형으로 나눌 수 있다.

위와 같이 유형화된 墓區構造에 대한 검토를 통해 청동기시대 묘제의 전개과정에 대해 살펴보고자 한다.

2. 靑銅器時代 墓制 登場 以前의 墓區構成

먼저 청동기시대 묘제 성립의 전제조건이 되는 것으로 생각되는 신석기시대 묘제와의 비교를 통해 청동기시대 묘제의 출현배경에 대해 살펴보고자 한다.

신석기시대 묘제에 대해서는 任鶴鐘에 의해 정리·검토된 바가 있는데,[13] 여기서는 先學의 연구성과를 받아들이면서 특히 신석기시대의 묘구구조와 부장행위·유물에 주목하여 논의하고자 한다. 즉 묘구구조와 부장행위·유물에 있어 신석기시대와 청동기시대 묘제는 어느 정도 계

---

13) 任鶴鐘, 2008, 「新石器時代의 무덤」, 『韓國新石器研究』 第15號.

표 1 _ 신석기시대 묘제 일람

番號	遺蹟	遺構	構造	時期	人骨	埋葬姿勢	頭位	規模			副葬品
								길이	넓이	깊이	
1	春川 校洞		동굴	後·晚期?	3명	伸展葬					
2	高城 文岩里	3號	토광	前期?		屈肢葬?	남	150	84	12	토기, 결상이식, 석부
3	蔚珍 厚浦里		토광	後·晚期?	40명 이상	세골장	?				
4	釜山 東三洞		石槨	後期			?	130	70	30	
5	釜山 東三洞		石槨	後期			?	100	85	35-40	
6	釜山 東三洞		甕棺	早期			?	65	45	?	
7	釜山 金谷洞 栗里	1號	積石	末期			?	100	80	40	무문양 토기편, 지석
8	釜山 金谷洞 栗里	2號	積石	末期			?	75	75	15-25	
9	釜山 金谷洞 栗里	3號	積石	末期			?	70	55	15-25	
10	釜山 金谷洞 栗里	4號	積石	末期			?	120	110	20-30	
11	釜山 凡方		土壙?	早期	13-15세 성별 미상	屈肢葬	西北	?	?	?	골각기, 연옥제 목걸이
12	金海 禮安里	166號		後期				310	300	?	
13	金海 禮安里	167號		後期				130	130	50	
14	統營 欲知島	1號	積石	中期	장년 남성	伸展葬	西	?	?	?	빗살문 토기편
15	統營 欲知島	2號	土壙 積石	中期	장년-숙년남성, 20세 전후 여성	伸展葬	西	220	75	10-15	빗살문 토기편
16	統營 欲知島	3號	積石	早, 中期		?	?	300	300	?	빗살문토기편, 흑요석 석촉, 작살
17	統營 欲知島	4號	積石?	前期		伸展葬?	南西	?	?	?	두립문토기
18	統營 山登		?	後期	13-15세 여성	伸展葬	東	?	?	?	조개팔찌3
19	統營 煙臺島	1號	土壙 積石	前期	장년 남성	伸展葬	西	220	150	15	빗살문토기, 승문토기, 석부, 석시

20	統營 煙臺島	2號	土壙積石?	前期	3개체,2-A,2-C 外耳道骨腫	伸展葬	西	?	?	15	조개팔찌
21	統營 煙臺島	4號	土壙積石	前期	장년남성	伸展葬	西	215	90	15	빗살문토기편, 결합식 낚시바늘
22	統營 煙臺島	5號	?	前期	장년여성, 外耳道骨腫	俯身葬	西	?	?	?	결합식 낚시바늘
23	統營 煙臺島	7號	土壙積石	前期	장년남성 外耳道骨腫	伸展葬	西	250	115-170	30	완형토기 일괄, 지석, 마제 석부, 발찌
24	統營 煙臺島	8,9,10號	積石?	前期	있음	伸展葬?	西	?	?	?	빗살문토기편
25	統營 煙臺島	11號	積石?	前期	장년남성	伸展葬	西	?	?	?	완형토기군
26	統營 煙臺島	12號	積石?	前期	숙년여성	?	?	?	?	?	빗살문토기편, 결합식 낚시바늘
27	統營 煙臺島	13號	?	前期	장년? 여성?	?	?	?	?	?	
28	統營 煙臺島	14號	積石?	前期	장년? 여성?	伸展葬	西	?	?	?	빗살문토기편, 관옥, 팔찌
29	統營 煙臺島	15號	積石?	前期	장년? 여성?	伸展葬	西	?	?	?	비살문토기편
30	晉州 上村里	1號	甕棺	中期		火葬		115	78	274	빗살문토기편, 석부
31	晉州 上村里	2號	甕棺	中期		火葬		91	69	33	빗살문토기편, 석창
32	晉州 上村里	3號	甕棺	中期		火葬		?	?	?	
33	麗水 安島	1-1號	토광?	中期 以前	성년 전반 (20대), 여성	仰臥 伸展	北東	250	160	20	
34	麗水 安島	1-2號	토광?	中期 以前	성년 후반 (30대), 남성	仰臥 伸展	北東	250	160	20	오른쪽 팔목, 허리 조개팔찌
35	麗水 安島	2號	토광?	中期 以前	성년 후반 (30대), 남성	仰臥 伸展	北東	250	120	20	
36	麗水 安島	3號	토광?		숙년 후반 (50대), 여성	仰臥 伸展	北東	?	?	?	오른쪽 팔목 조개팔찌5
37	麗水 安島	4號	토광?		노년(60대 이상), 남성	仰臥 伸展	北東			?	

승성이 있는지, 아니면 단절성을 보여주는 것인지를 살펴보기 위한 묘제 요소의 추출을 목적으로 한다.

지금까지 알려진 신석기시대 묘제는 12유적에서 37기가 확인되었다 (표 1).[14] 지역적으로 보면 압도적으로 남해안지역에 집중된 것을 알 수 있다. 표에서 알 수 있듯이 확실한 무덤들이 군집을 이루는 것은 여수 안

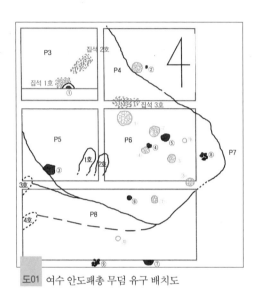

도 패총(도 1), 통영 욕지도 패총(도 2), 통영 연대도 패총(도 3), 부산 가덕도 장항유적(도 4)[15] 등을 들 수 있다. 이 유적들에서는 묘광이 확실하지 않거나 있어도 얕은 것이고, 시신을 보호하는 시설이 구축되지 않고, 시신을 직접 매장하는 것이 기본적 매장방식이며, 신전장[16]이 가장 많이 보이는 매장

도01 여수 안도패총 무덤 유구 배치도

---

14) 任鶴鐘, 2008, 앞의 글.
15) 한국문물연구원, 2010, 『부산 신항 준설토투기장 사업부지 내 유적 발굴조사 1차 자문회의 자료』.
한국문물연구원, 2011, 『부산 신항 준설토투기장 사업부지 내 유적 발굴조사 3차 자문회의 자료』.
한국문물연구원, 2011, 『부산 신항 2차 자문회의 원고』.
16) 가덕도 장항유적에서는 굴장 20개체, 신전장 5개체, 측와장 3개체가 확인되고, 다른 유적에 비해 굴장의 비율이 매우 높게 나오는 유적도 있다. 그러나 다른 유적에서는 신전장이 대부분을 차지한다.

48 무덤 자료로 본 청동기시대 사회

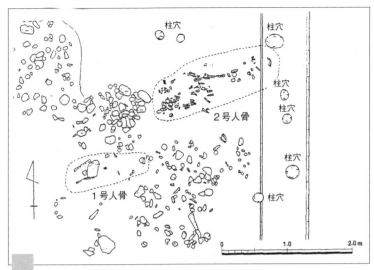

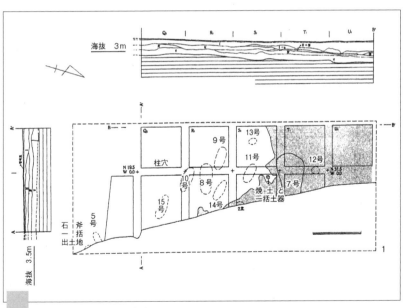

도03 통영 연대도 무덤 유구 배치도

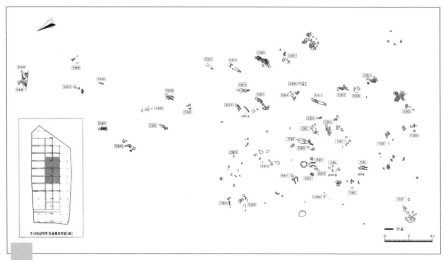

도04 부산 가덕도 장항 무덤 유구 배치도

자세이다. 신석기시대 무덤의 입지는 생활공간에 축조되는 것과 산 정상부 등 특별한 구역에 있는 것으로 구분[17]되는데, 위에서 제시한 무덤들은 패총과 같은 생활공간에 조영된 것이 대부분이다. 그리고 한 유적 묘구 안에서 두향이 일치하는 경향이 보인다.

신석기시대의 묘구구조는 위에서 제시한 유형으로 말하면 여수 안도패총과 통영 욕지도처럼 獨立型에 해당되는 것도 있지만 통영 연대도와 부산 가덕도 장항유적처럼 군집을 이루는 것이 있다. 이 자료들은 매장시설의 주축방향을 일치시키면서 직선적으로 열을 지어 축조되지 않았다. 따라서 하나의 묘구 안에서 두향을 일치시키고 군집을 이루는 것은 확실하지만, 청동기시대에 보이게 되는 군집a형과 차이가 있다.

신석기시대에 무덤이 여러 기가 군집하는 모습 즉 묘구의 형성은 전기

17) 任鶴鐘, 2008, 앞의 글.

부터 확인할 수 있고, 가덕도 장항, 연대도와 같은 군집묘가 형성된다. 특히 부산 가덕도 장항유적과 같이 48개체나 되는 많은 인골이 확인되는 사례를 보면, 수도농경이 시작되기 이전에도 생업이 높은 수준에서 안정되어 있으면 묘구 혹은 군집묘 형성이 이루어진다는 것을 보여준다.

3. 前期의 墓區構成

다음으로 청동기시대 전기의 묘구구조에 대해 살펴보고자 한다. 전기에 해당되는 무덤들을 정리한 것이 〈표 2〉이다. 청동기시대 전기의 묘제에 대해서는 최근의 자료증가를 계기로 연구가 진행되었다.[18]

청동기시대 전기에는 토광묘, 석관묘, 주구묘, 지석묘 등 다양한 구조를 가진 무덤이 축조된 것이 지적되었다.[19]

前期의 墓區構造는 獨立型과 群集a型(列狀) 두 가지가 확인된다.

獨立型은 토광묘인 양양 송전리, 사천 이금동 51호, 마산 망곡리 10호, 울산 굴화리, 해평 월곡리 1·2호(도 6), 김천 신천리 1호, 김천 옥률리 1호, 화성 동화리 1호, 석관묘인 고성 두호리 1·2호, 경주 월산리, 왜관 낙산리(도 7), 대전 신대동, 청원 황탄리 401호, 광주 역동, 홍천 외삼포

---

18) 裵眞晟, 2007, 「第5章 階層社會의 形成과 展開」, 『無文土器文化의 成立과 階層社會』, 書景文化社.
　　李榮文, 2011, 「韓國 靑銅器時代 前期墓制의 樣相」, 『文化史學』 第35號, 韓國文化史學會.
　　裵眞晟, 2011a, 「墳墓 築造 社會의 開始」, 『韓國考古學報』 第80輯, 韓國考古學會.
　　裵眞晟, 2011b, 「청천강 이남지역 분묘의 출현에 대하여」, 『무덤을 통해 본 청동기시대 사회와 문화』 제5회 한국청동기학회 학술대회 발표요지, 한국청동기학회.
19) 李榮文, 2011a, 앞의 글.
　　裵眞晟, 2011a, 앞의 글.

표 2 _ 청동기시대 전기 묘제 일람

番號	유적	유구	무덤형식	묘역				매장주체부				출토유물
				평면	길이	넓이	높이	구조	길이	넓이	깊이	
1	양양 송전리		토광묘					토광	185	70	25	삼촉9
2	강릉 방내리		석관묘					판석석관	140	40	40	대부소호1 (남서 모서리 외곽 =묘광 내)
3	홍천 철정리2	1호	주구묘	장방형 주구	4328	396	76	할석석관	122	35		삼촉
4	홍천 철정리2	2호	주구묘	장방형 주구				할석석관	119	38		이촉
5	홍천 외삼포리		석관묘					할석석관	200	90	130	삼촉1
6	홍천 철정리II		석관묘					할석석관	232	64	68	삼촉1, 이촉3, 일촉1
7	정선 아우라지	3호	석관묘					할석석관	160	65	85	적1, 삼촉9, 이촉2
8	춘천 우두동											비1, 동촉2, 이촉7, 관옥1
9	춘천 천전리	1호	주구묘	장방형 주구	1735	690	60	?				삼.이촉
10	춘천 천전리	3호	주구묘	장방형 주구	2120	720	65	?				삼.이촉
11	춘천 천전리	4호	주구묘	장방형 주구	2180	810	85	판석석관	173	58		삼.일체.이촉
12	춘천 천전리	5호	주구묘	세장방형 주구?	2270	530	40	판석석관		46		삼.이촉
13	춘천 천전리	6호	주구묘	세장방형 주구	4260	550-830	85	판석석관	162	49		삼.이촉
14	춘천 천전리	7호	주구묘	세장방형 주구?	390	370	55	?				
15	광주 역동 마지구	1호	석관묘					할석석관	192	85		비1, 검파두식1,삼촉1, 환옥
16	제천 황석리	2호	개석식 지석묘	장방형	180	160	30	판석석관	100	50	25	이검1, 삼촉7, 유촉3
17	제천 구룡리	1호	개석식 지석묘					할석석관	190	40	50	유, 삼촉 12, 적편1

18	제천 능강리	1호	개석식 지석묘?					할석석관?	256	126		삼축2, 이촉2, 일촉1
19	괴산 사창리	다1호	석관묘					할석석관	150	55	20	일석1,삼촉10,이촉4,일1
20	청원 황탄리	KM 401	석관묘					할석석관	183	82	60	이검1, 삼촉15, 적1
21	천안 운전리		주구묘	ㄱ자 주구	548	408		판석석관	90	32		대부소호1
22	대전 비래동	1호	개석식 지석묘	타원	780	540		할석석관				비1, 삼촉5, 적1
23	대전 비래동	2호	개석식 지석묘					할석석관				적
24	대전 비래동	3호	개석식 지석묘					할석석관	165	80		적1, 관1
25	대전 신대동		석관묘						270	190	30	이검1, 석촉13, 적1
26	서천 오석리	25호						할석석관	170	50		이촉2
27	서천 오석리 오석산	1-1호	주구묘	ㄷ자 주구	2550	824		할석석관	160*	64	40	비1, 이촉4, 관옥11
28	진안 여의곡 A-1	30호	개석식 지석묘	방형	490	330		판석석관	170	60	25	이검1, 유촉
29	진안 안자동	1호	개석식 지석묘	장항병	900	800		할석석관				
30	진안 안자동	9호	개석식 지석묘	방형	520	526		할석석관	188	72	87	이검1, 삼촉8, 적1
31	진안 풍암	14호	개석식 지석묘	장방형	1150	850		할석석관	185	60	30	삼촉1,검병부편
32	진안 풍암	16호	개석식 지석묘	장방형	1100	560		할석석관	210	65	30	이촉, 유촉 3
33	진안 수좌동	1호	개석식 지석묘	장방형	900	800		할석석관	220	72	24	이검1, 삼촉2
34	합천 저포리 E지구	8호	개석식 지석묘	장방형	1008	440		할석석관	265	100	85	이검1, 삼촉4,유촉1, 적1
35	진주 옥방 8지구	15호						판석석관	155	35	35	채2
36	진주 옥방 8지구	16호						판석석관	130	30	42	채1, 호1

37	진주 옥방 8지구	20호						판석석관 (목관?)	110	50	25	채1, 환3
38	진주 옥방 8지구	3호	주구묘	장방형 주구	232	74	40	판석석관 (목관?)	175	45	50	이검1, 삼촉2, 유촉1, 가2
39	진주 옥방 8지구	5호	주구묘	장방형 주구	232	74	40	판석석관 (목관?)	165	40	60	일검1, 삼촉4, 유촉2, 가2
40	진주 옥방 8지구	7호	주구묘	원형? 주구	600			판석석관	102	30	23	가1
41	진주 옥방 8지구	9호	주구묘	말각방형 주구	730			판석석관 (목관?)	185	40	70	가1
42	진주 이곡리	30호	개석식 지석묘	장방형	895	550	65	할석석관	230	100	58	이석1, 유촉1
43	진주 신당리		석관묘					판석석관	135	43	27	가1, 삼촉2
44	사천 이금동	51호	석개 토광묘					석개토광	200*	60	40	유검1,삼촉2, 이촉3,球玉1, 적1,구호1
45	사천 이금동	45호	석관? 석곽?					할석석관 (목관)	80	20	40	
46	사천 이금동	46호	석관? 석곽?					할석석관 (목관)	110	15	20	
47	사천 이금동	47호	주구묘					할석석관 (목관)	190	32		球玉1, 채2
48	사천 이금동	48호	토광묘					?	160	70		채2. 적1
49	사천 이금동	D-17호	석관? 석곽?					할석석관 (목관)	146	60		동촉(?)
50	사천 이금동	A-10호	주구묘					할석석관 (목관)	205	90	40	유촉1, 적2
51	사천 이금동	A-11호	석관묘					판석, 할석석관	130	40	35	球玉2
52	사천 이금동	A-12호	석관? 석곽?					할석석관 (목관)	66	40	20*	
53	고성 두호리	1호	석관묘					판석석관	220	90	23	가2
54	고성 두호리	2호	석관묘					판석석관	88	21	13*	가2, 飾玉1
55	고성 두호리	3호	석관묘					판석석관	77	33	20	
56	순천 남가리								160	58	52	이섬1, 삼촉3, 이촉1

57	해평 월곡리	1호	석관묘?				할석석관?				이검1, 삼촉6, 적1
58	해평 월곡리	2호	토광묘				토광				삼촉7, 유촉3, 적1
59	칠곡 심천리						?				이검1, 삼촉12, 적1
60	경주 월산리	1호	석관묘				할석석관	83	25	19	이검1, 삼촉 17, 환옥4
61	경주 덕천리	1호	석관묘				판석석관	80	40		석검편1, 삼촉2, 이촉 1, 적편1
62	울산 굴화리	II-2호	토광묘				토광	175	107	40	이검1, 적1, 삼각1

리, 칠곡 심천리, 그리고 주구묘인 서천 오석리, 천안 운전리 등에서 확인되었다.

群集a型은 합천 저포리 E지구 8호(도 9), 진안 안자동 1호(도 10), 진안 풍암 14·16호, 진안 수좌동 1호 등 모두 지석묘를 주묘제로 한 묘구에서 확인된다.

전기 묘제 중 춘천 천전리의 경우 〈도 5〉와 같이 밀집도, 장축방향, 평면형태 등에 있어 차이가 보인다. 이러한 분포양상에 대해 조사자인 김권중은 주구묘의 중복관계를 바탕으로 장축을 같이하는 방형 주구묘 5기(10, 13~16호)가 각각 거리를 두고 독립적으로 분포하는 1단계, 일정한 지역에 병행하듯이 대형 장방형 주구묘(1~5호)와 그것과 직교해 축조된 6호 주구묘가 보이는 2단계, 장축방향을 같이하는 세장방형 주구묘(7~9, 11~12호)가 병행하듯이 축조된 3단계로 구분하였다.[20] 1단계에서는 독

20) 金權中, 2008, 「靑銅器時代 周溝墓의 發生과 展開」, 『韓國靑銅器學報』 第3號, 韓國靑銅器學會.

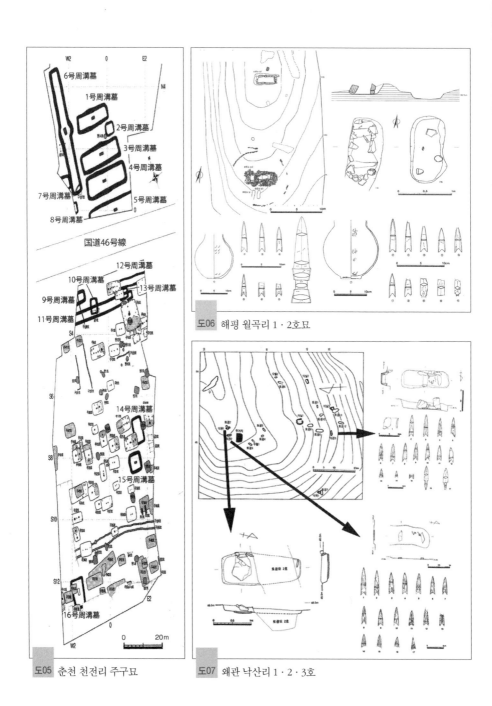

도05 춘천 천전리 주구묘

도06 해평 월곡리 1·2호묘

도07 왜관 낙산리 1·2·3호

립형과 비슷한 묘구구조를 보이는데, 2·3단계가 되면서 平行하듯이 일정 공간 안에 밀집하는 모습을 보여준다. 1단계 주구묘에서는 유물이 출토되지 않았고, 2단계에서는 삼각만입석촉, 이단석촉, 일체형석촉 등이 보이기 때문에 그 시기를 전기 후엽으로 볼 수 있다. 춘천 천전리 주구묘의 경우, 獨立型으로부터 일정한 공간에서 군집하는 것을 志向하는 묘구구조로 변화한 것을 알 수 있다.

위와 같은 청동기시대 전기 묘제의 묘구구조를 보면 토광묘, 석관묘, 주구묘 등은 주로 독립형 묘구를 구성한다. 즉 무덤

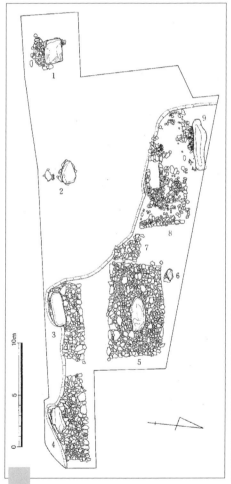

도08 합천 저포리 E지구 지석묘

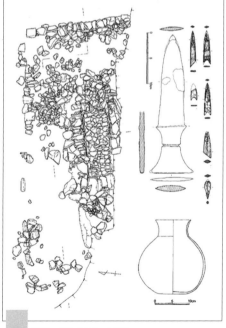

도09 합천 저포리 8호 지석묘

축조가 오래시간에 걸쳐 반복적으로 이루어지지 않았던 것을 알 수 있다. 한편 지석묘를 주묘제로 군집a형이 출현된다. 합천 저포리 E지구(도 8)의 경우 지석묘군 중 8호 지석묘(도 9)만이 전기 후엽에 해당되는 것으로 생각되고, 나머지 지석묘들은 후기에 속하는 것들이다. 전기 후엽에 8호 지석묘의 축조를 계기로 군집a형이 조영되기 시작한 것을 알 수 있다.

또 전기 묘제에 청동기 부장묘가 등장하는데, 전기의 청동기 부장묘는 서천 오석리 주구묘, 대전 비래동 지석묘가 있다. 비래동 지석묘의 묘구구조에 대해서는 구체적인 모습을 알 수 없지만, 서천 오석리의 경우 독립형이고, 구릉 사면에 입지한다.

그리고 군집a형은 앞 시대인 신석기시대 묘제에는 보이지 않았던 묘구구조인데, 신석기시대 묘제와의 차이점은 묘구구조뿐만 아니라 무덤의 부장품에서도 확인할 수 있다. 양자 간의 부장품 종류 차이를 정리하면 ① 양자 간에 공통되는 요소, ② 신석기시대 묘제에서만 보이는 요소, ③ 청동기시대에 들어 새로 나오는 요소로 구분할 수 있다.

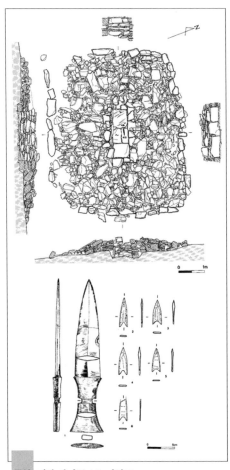

도10 진안 안자동 1호 지석묘

① 양자 간에 공통되는 요소(토기 부장, 석촉 부장)

② 신석기시대 묘제에서만 보이는 요소(매장주체부 구조가 토광, 팔찌, 발찌 부장, 옥제품(귀걸이 등), 생업관련 유물 부장(낚싯바늘, 석부, 석창, 숫돌 등), 장대형 석부(울진 후포리)

③ 청동기시대에 들어 새로 나오는 요소(판석이나 활석을 이용한 석관 축조, 목관의 사용, 장방형이나 저분구형 묘역 구축, 비파형동검 부장, 마제석검+석촉+적색마연토기 세트 부장,[21] 가지무늬토기 부장, 벽옥제 관옥 부장 등)

물론 신석기시대 후·만기 묘제와 청동기시대 조기, 전기 전반의 묘제 자료가 없거나 확실하지 않은 상황에서 신석기시대와 청동기시대 묘제의 繼承性·斷絶性에 대해 언급하기가 어렵지만 지금까지 알려져 있는 자료로 본다면 묘제에 있어 청동기시대 전기 후반에 하나의 劃期가 있는 것으로 생각된다. 특히 지석묘 축조를 계기로 일정한 공간에 지속적·계획적으로 무덤을 축조해가는 것을 예상하고 묘구를 구성하게 되는 군집 a형이 출현하는 것은 묘제변천에 있어 큰 의미가 있다고 생각한다.

4. 後期의 墓區構成

청동기시대 후기의 묘구구조에 대해 살펴보고자 한다. 後期의 墓區構造로는 獨立型과 群集a·b·c型 등 모든 유형이 확인된다.

먼저 獨立型은 부여 송국리(도 11),[22] 보성 동촌리(도 12), 창원 덕천리(도 13), 창원 봉산리(도 14) 등에서 확인되었다.

---

21) 裵眞晟, 2007, 앞의 책.
　　李榮文, 2011a, 앞의 글.

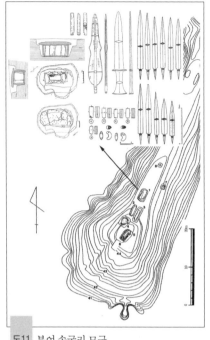

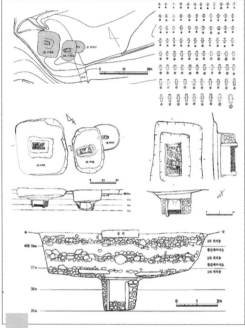

도11 부여 송국리 묘구   도12 보성 동촌리

群集a型은 진안 여의곡, 보성 죽산리 다군, 보성 덕치리, 사천 이금동, 거창 산포, 대구 상인동 등을 대표적 사례로서 들 수 있다.

그리고 여러 기 무덤들이 뭉치면서 군집하는 群集b型(集塊狀)도 후기가 되면 확인된다. 대표적인 유적으로서 여수 월내동, 여수 화동리, 여수 적량동(도 15), 대구 대봉동, 대구 대천동 511-2번지 등을 들 수 있다.

列狀과 集塊狀이 하나의 묘구 안에서 공존하는 群集c型도 후기에 들

---

22) 유구배치도를 보면 열상을 이루고 있지만, 동북 - 남서 방향으로 뻗은 구릉 정상부의 평탄면에 입지하기 때문에 열을 이룰 수밖에 없는 것으로 생각되고, 오히려 묘구로서 사용할 수 있는 공간이 한정되는 좁은 구릉 정상 평탄면을 선택했던 점을 고려하여 독립형으로 간주하였다.

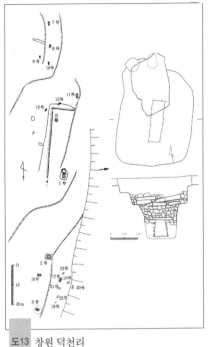

도13 창원 덕천리

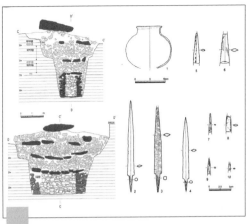

도14 창원 봉산리

어 보이게 되는데, 대표적인 유적으로서 순천 우산리 내우(도 16), 산청 매촌리, 김해 율하리유적, 함안 오곡리 등을 들 수 있다.

그리고 후기 무덤의 특징 중 하나로서 靑銅器副葬墓[23])의 수가 전기에 비해 급증한다. 특히 여수반도에서의 집중이 주목된다.[24]) 무덤에 부장된 청동기의 종류와 그 부장양상, 그리고 부장 청동기의 성격에 대한 자세한 검토는 제III장에서 하기로 하겠다. 이러한 청동기부장묘도 한 묘구 안에 부장된 청동기의 수량을 기준

23) 李榮文, 2002,『韓國 靑銅器時代 硏究』, 周留城.

李榮文, 2003,『韓國 支石墓 社會 硏究』, 學硏文化社.

裵眞晟, 2006b,「無文土器社會의 威勢品 副葬과 階層化」,『계층사회와 지배자의 출현』韓國考古學會 創立 30周年 記念 韓國考古學 全國大會 發表要旨.

後藤直, 1984,「韓半島の靑銅器副葬墓 -銅劍とその社會-」,『尹武炳博士回甲紀念論叢』尹武炳博士回甲紀念論叢刊行委員會.

後藤直, 2000,「朝鮮靑銅器時代」,『季刊考古學』第70號, 雄山閣.

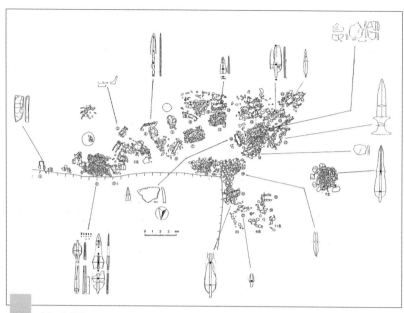

도15 여수 적량동

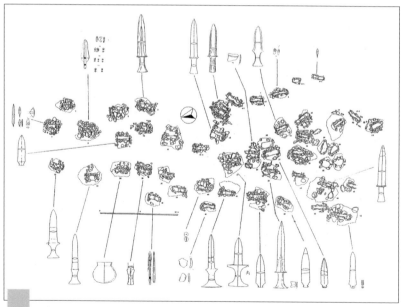

도16 순천 우산리 내우

으로 세분할 수 있는데, 히나의 묘구에서 1점만 출토된 것(속초 조양동, 춘천 우두동, 대전 비래동, 부여 송국리, 고흥 운대리. 여수 봉계동, 여수 평여동, 여수 화장동, 산청 매촌리, 거제 아주동, 창원 진동리, 김해 무계리, 김해 연지리, 양평 상자포리, 영암 장천리, 김해 내동), 하나의 묘구에서 2기의 무덤에서 각 1점 출토된 것(보성 덕치리, 순천 우산리 내우, 여수 오림동, 사천 이금동), 그리고 하나의 유적에서 4점 이상 집중적으로 출토된 것(여수 적량동, 월내동 상촌 Ⅱ·Ⅲ[25])으로 나눌 수 있다. 역시 청동기 부장에서의 여수반도 특히 적량동, 월내동 Ⅱ·Ⅲ유적의 탁월성을 확인할 수 있다. 물론 부장된 청동기의 수량만으로 무덤의 탁월성을 말할 수 없고, 부여 송국리와 같이 입지에 있어도 독립형에 속하는 묘구에서도 다른 집단과 차별성을 찾을 수 있다.[26]

또 후기의 묘구구조에 보이는 특징으로서는 창원 덕천리와 같이 개별 무덤의 묘역이 극단적으로 거대화한다는 점과 매장주체부 위치가 지하화한다는 점을 들 수 있다.[27]

위와 같은 시기별 묘구구조의 변화와 그것이 가진 사회적 의미에 대해서는 제Ⅴ장에서 자세히 언급하도록 하겠다.

---

24) 李榮文, 2003, 앞의 책.
武末純一, 2002,「遼寧式銅劍墓와 國의 形成 -積良洞遺蹟과 松菊里遺蹟을 中心으로-」, 『淸溪史學』16·17合輯, 韓國精神文化硏究院.
25) 姜振表, 2010,「여수 GS칼텍스공장 확장예정부지 내 여수 월내동 상촌·적량동 상적 지석묘군」,『이주의 고고학』제34회 한국고고학 전국대회, 한국고고학회.
姜振表, 2011,「호남지역 청동기시대 무덤 최근 조사성과」,『무덤을 통해 본 청동기시대 사회와 문화』제5회 한국청동기학회 학술대회 발표요지, 한국청동기학회.
26) 金吉植, 1998,「부여 송국리 무문토기시대묘」,『고고학지』9, 한국고고미술연구소.
27) 尹昊弼, 2009a,「靑銅器時代 墓域 支石墓에 관한 연구」,『慶南硏究』創刊號, 慶南發展硏究院 역사문화센터.

副葬遺物과 葬送儀禮의 性格

　제III장에서는 靑銅器時代 墳墓에서의 副葬行爲에 대해 살펴보고자한다. 상기한 바와 같이 신석기시대 묘제와의 차이점으로 일정한 구조물 · 부장품의 다양성과 어느 정도의 규칙성, 그리고 일정한 장송의례를 포함한 무덤과 관련된 제도를 가진다는 점을 들 수 있다. 그리고 靑銅器時代 墓制資料가 增加하면서 單純히 資料의 量的增加뿐만 아니라 정확한 출토상황이나 위치를 알 수 있는 자료도 많아지고, 매장행위 · 매장의례 등의 과정을 추측할 수 있는 資料도 얻게 되었다. 이러한 副葬行爲資料를 둘러싼 상황을 고려하여, 여기서는 靑銅器時代 무덤에서 보이는 유물부장행위에 대한 관련자료들의 기초적인 정리 · 검토를 시도해 보겠다.

　1990年代 이후의 청동기시대 묘제 연구의 과제를 지적한 李榮文은 靑銅器時代 墓制 중 중심을 이루는 支石墓 연구에 있어 연구 과제를 아래와 같이 지적한 바가 있다. 그것은 ① 支石墓의 기능과 용어 문제, ② 支石墓의 형식과 구조 문제, ③ 支石墓의 출토유물과 그 성격 문제, ④ 支石墓의 發生이나 傳播過程과 관련된 형식 편년과 연대문제, ⑤ 支石墓의

축조, 장법, 제의, 사회에 대한 복원문제, ⑥ 支石墓의 지역적인 문화 배경 문제 등이다.[1] 이 모두가 지석묘뿐만 아니라 청동기시대 묘제 연구 전체에 적용될 수 있는 중요한 연구과제라고 할 수 있다. 여기서는 출토 유물에 대한 분석을 통해 그 성격을 논하고자 한다.

연구대상지역은 주로 호남지역과 영남지역으로 한다. 이 두 지역은 1990년대 후반 이후 대규모개발에 따른 발굴조사가 많이 이루어지면서 청동기시대 묘제 관련 자료가 폭발적으로 증가되었기 때문에 양 지역의 자료를 바탕으로 논을 진행시키도록 하겠다.

1. 墳墓 出土遺物의 區分 槪念

'副葬' 이라는 말을 국어사전에서 찾아보면 '임금이나 귀족의 장례 때, 죽은 이가 생전에 쓰던 기구나 세간 따위를 시체와 함께 묻는 일' 이라고 나온다. 물론 이것은 어디까지나 현대인인 우리가 가진 부장의 이미지를 표현한 것이지만, 고고학에서 사용하는 '副葬' 이란 시신 곁에 被葬者가 사용했던 물품이나 저승에서 필요하게 될 것이라고 당시 사람들이 생각했던 물품 등을 놓는 행위를 가리킨다고 말할 수 있다. 엄밀하게 말하면 시신 바로 옆에 놓인 각종 물품만을 부장품이라고 부를 수 있다.

일단 고고학에서 사용하는 '副葬品' 은

① 被葬者의 신변에 소지하는 것, 시신이 차고 있던 의복이나 장신구 등 身邊遺物은 被葬者가 장착하거나 관내에 埋納되는데, 주로 被葬者의 신분 등 사회적인 정체성을 상징하는 유물

---

1) 李榮文, 2002, 앞의 책.

② 被葬者의 死後世界를 위해 일정한 공간을 배려하여 매납하는 것으로, 무덤에 매납하는 것 자체에 의미가 있다고 생각되는 물품

③ 묘지 제사를 위해 매장시설 주변에 供獻된 유물

④ 장송의례를 지낸 후 사용된 토기 등을 매납한 것

등으로 나눌 수 있다.[2]

청동기시대 무덤 특히 支石墓에서 출토된 유물의 성격에 대하여 고찰한 이영문은 유물의 출토위치를 기준으로 해서 주로 매장주체부 안에서 출토되는 부장용과 매장주체부 주변이나 적석 사이에서 출토되는 의례용으로 구분하였다. 그리고 의례용을 용도에 따라 被葬者의 죽음에 대한 애도 의미를 가진 장송용과 支石墓 축조와 관련된 제의용으로 세분하였다.[3]

그리고 청동기시대 매장유구 자료가 많아지면서 시신 바로 옆 즉 널 안에서만 유물이 발견되는 것이 아니라, 널 바깥쪽 즉 널과 묘광 사이에서 유물이 발견되는 사례도 알려지기 시작하였다. 이러한 출토상황으로 보아, 부장품은 매장주체부 구축 이전 혹은 구축 도중 그리고 구축 후에 부장된 유물이라는 것을 알 수 있다. 즉 부장품 원래의 부장 위치인 被葬者 곁에만 부장된 것이 아니라 무덤 구축에 있어 여러 단계에 걸쳐 棺外에 부장된 유물도 있다는 것이다. 이러한 유물들은 그 출토위치가 매장주체부 바깥에서 출토되었다는 점에서 이영문에 의한 출토유물 분류에서 장송용·제의용과 유사하다고 할 수 있을지도 모르겠다. 그러나 유물종류를 보면 비파형동검·관옥·마제석검·석촉·적색마연토기 등 매장주체부 안에 부장된 유물과의 공통성을 지적할 수 있다. 따라서 애초

---

2) 國立文化財硏究所, 2003, 「껴묻거리(副葬品)」, 『韓國考古學事典』.
3) 李榮文, 2002, 앞의 책.

에 被葬者와 함께 매장주체부 안에 부장될 유물이 의도적으로 매장주체부 바깥에 부장된 것을 관외 부장유물이라 하고, 그 행위를 관외부장으로 정의한 바가 있다.[4]

이상과 같이 청동기시대 분묘에서 출토된 유물은 그 출토위치·유물종류에 따라 아래와 같이 구분할 수 있다.

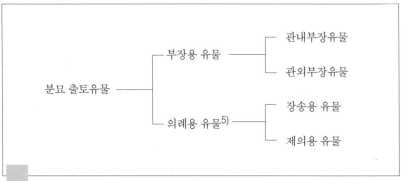

도17 청동기시대 무덤 출토유물의 구분 (이영문 2002에 加筆)

다음에서는 이와 같은 분묘 출토유물 중 부장유물에 대한 검토를 통해 부장유물의 성격과 무덤 축조와 관련된 여러 의례행위에 대해 언급하고자 한다.

4) 平郡達哉, 2006,「慶南地域 無文土器時代 棺外副葬行爲에 관한 一考」,『石軒鄭澄元敎授停年退任記念論叢』, 釜山考古學硏究會論叢刊行委員會.
5) 의례용 유물이란 "석실 주변이나 적석 사이에서 발견된 것들로 피장자의 죽음에 대한 애도 의미로 사용된 장송용과 지석묘 축조와 관련된 제의용 등 생활과 관련된 유물의 성격"을 가진 것으로 정의된 바가 있다.
이영문, 2002, 앞의 책.

2. 무덤 出土 副葬遺物의 種類와 特徵

1절에서 언급했듯이 부장유물은 관내유물과 관외유물로 구분된다. 여기서는 관내·관외 유물에 대해 그 종류를 정리한 후 각 유물의 특징에 대해 살펴보고자 한다.

1) 棺內副葬의 種類와 特徵

(1) 靑銅器

청동기는 26유적의 39유구에서 46점이 확인되었다(표 3).[6] 확인된 지역을 보면 春川, 束草, 楊平, 廣州, 大田, 舒川, 靈岩, 扶餘, 寶城, 順天, 高興, 麗水, 泗川, 山淸, 巨濟, 昌原, 金海 등 넓은 지역에서 보이는데, 수량으로 보면 17점이 출토된 여수반도에서의 집중이 눈에 띈다.

청동기의 종류를 보면 비파형동검 30점, 비파형동모 1점, 동촉 8점, 동착 1점,[7] 원형 검파두식 2점, 동부 1점, 세형동검 3점이 된다.

이것들의 공반관계는 비파형동검+원형 검파두식(역동), 비파형동검+동착(송국리), 비파형동검+동촉(우두동), 비파형동검+동모(적량동 2호 석곽)가 있다. 이 중에서 역동에서의 출토상황을 보면 동검과 검파두식의 유기적 관계를 알 수 있다.

다음에 부장 상황에 대해 살펴보고자 한다. 부장된 원위치에서 출토되

---

6) 사천 이금동 D-4호에서도 비파형동검이 1점 출토되었는데, 이것은 바닥석 밑에서 출토된 자료 즉 관외부장된 자료이기 때문에 나중에 언급하고자 한다.

7) 송국리 석관묘 출토품인데 비파형동검의 재가공품으로 생각된다.

표 3 _ 남한지역 출토 부장 청동기 일람

번호	유적	유구	매장시설	청동유물	공반유물	부장유형	부장 상황	비고	원위치
1	광주 역동	석관묘	할석형	비파형동검1, 원형검파두식1	삼각만입촉1, 환옥	1	동검:장벽에 석촉 동단벽1, 남장벽 중앙12	화장, 원위치로 추정	●
2	보성 덕치리	15호 지석묘	할석형	동촉1	일단병석검1, 유경촉29	1?	동촉:남장벽 중앙 부근에서 석촉 8점과 함께 출토. 석검:중앙에서 서단벽쪽으로 치우쳐 3편으로 출토. 봉부 서단벽. 석촉 21점: 남장벽 중앙에서 약간 서단벽쪽으로 치우치고 석검 옆에서 출토. 봉부 동단벽이고 석검 봉부방향과 반대	동촉 자세한 출토상황 불명	●
3	고흥 운대리	지석묘	판석형	비파형동검1		1			●
4	고흥 운대리 중대	13호 지석묘	판석형	비파형동검1	유경촉2, 지석1	1	동검:북장벽중앙에 접해 출토. 봉부 서단벽. 석촉:1점은 남서단벽 안쪽, 다른 1점은 남동벽 바깥에서 출토. 지석은 남동장벽 바깥	동검 재가공품.	●
5	여수 적량동	7호 지석묘	할석형	비파형동검(완형)1	-	1?	동단벽에서 85cm, 북장벽에서 11cm(경부)~18cm(봉부) 떨어진 매장주체부 중앙에서 서쪽으로 치우친 바닥에서 봉부를 약간 남쪽으로 향한 서쪽	동검 주변에 목질 흔적	●
6	여수 적량동	9호 석곽	할석형	비파형동검편1	-	1	동검:북단벽에서 58cm, 동장벽에서 10cm 떨어진 바닥석 위에서 봉부 북단벽 向	교란? 일부 유실	●?
7	사천 이금동	C-10호묘	할석형	비파형동검1	무문토기 저부편	1	동검:동단벽과 북장벽이 만나는 곳에서 봉부 서쪽 向. 무문토기 저부편 관외 부장		●
8	속초 조양동	지석묘	할석형	동부1	무경촉8	1	동부 동장벽 중앙에 붙음. 석촉 북서단벽쪽에서 흩어진 상태	개석식, 삭평	
9	여수 평여동 나군	2호 지석묘	할석형	비파형동검1	-	1?	동검:북장벽 중앙에서 맨바닥 위에서 봉부 서단벽을 향해 출토	파괴 교란	

10	부여 송국리	석관묘	판석형	비파형동검 1, 동착1	일단병석 검1, 유경 촉11, 관옥 17, 식옥2	2	동검,석촉,옥류:석관 중앙에서 복동 모서리쪽에 치우쳐 집중. 석검 및 동착 석관 중앙에서 남동쪽으로 치우침	동착은 동검 경부 가공품	●
11	순천 우산리 내우	8호 지석묘	할석형	비파형동검1	곡옥2, 소옥5	2	동검:동장벽 중앙에서 북단벽 쪽에 치우치고 장벽과 병행, 봉부 북단벽. 곡옥과 소옥: 남단벽 중앙에서 약간 서쪽에 치우치고 바닥	두위등알 수 있음. 곡 옥이 귀걸 이의 부재 임을 알 수 있음	●
12	순천 우산리 내우	38호 지석묘	할석형	비파형동검1	-	2	동검 북단벽과 서장벽이 만나는 곳에서 봉부 남장벽 向	도굴,교란 되었지만 동검위치 는 원위치 혹은 거의 이동되지 않았던 것 으로 추정	●?
13	여수 원내동 상촌 II	묘18	할석형	비파형동검1		2?	동검:매장주체부 중앙에서 동쪽으로 치우치고 북단벽에 가까운 바닥석 위. 봉부 서쪽 向. 이분되고 신부 하단부를 아래로 상단부를 위로 하여 일부 포개진 상태		●
14	여서 화장동	26호 지석묘	할석형	비파형동검1	적색마연 토기편, 공 열토기편?	2?	동검:남서장벽에 붙이고 봉부 남동 向	검 밑에 흑색 부식토	●?
15	산청 매촌리	35호 석관묘	할석형	동촉1	일단병석 검1, 적색마연 토기1, 유경촉31	2	동촉:북장벽 동편. 석검:남장 벽 중앙에서 동쪽으로 치우치 고 병부가 봉부를 서단벽쪽을 향한채 출토. 신부는 남장벽 최상단벽석 아래에서 2등분된 상태로 출토. 석촉:북장벽상 단부터 하단에 걸쳐 산발적으 로 16점 출토. 그중 11점이 파 촉, 5점은 완형. 서단벽과	동촉 벽석 위에서 출토	●

					북장벽이 만나는 부분의 중위에서 출토		
16	김해 연지리	지석묘	할석형	원형 검파두식1	2	북장벽과 동단벽이 만나는 모서리의 바닥		●
17	여수 적량동	21호 석곽	할석형	비파형동검1	-	2?	동검:바닥 위. 큰 파편 서단벽에서 60cm, 남장벽에서 8cm 떨어진 매장주체부 중앙에서 서쪽으로 치우친 곳에서 봉부 서단벽 向. 작은 파편은 매장주체부 남서 모서리 바닥면에서 출토	교란 파손. 동검의 파손 후대 교란이 원인. 검 밑에 목질 흔적이 있고, 목관이나 목관 존재 추정	
18	김해 무계리	지석묘	할석형	동촉3	이단병석 검1, 유엽 형유경촉8, 관옥3, 적 색마연호1	2?	석검은 묘실 중앙부, 동쪽 끝에서 석촉 등		
19	여수 오림동	8호 지석묘	할석형	비파형동검1	유경촉1	3?	동검:동단벽에서 10cm, 남장 벽에서 15cm 떨어진 바닥면 10cm 위에서 봉부 남향. 석촉: 서단벽에서 40cm 떨어진 매장 주체부 상단 중앙에서 봉부 동남쪽으로 해서 출토	시신 위에 부장된 것 으로 추정	●
20	서천 오석리 1지구	주구석 관묘	판석형	비파형동검1	관옥11, 이단경촉4	4?	동검:봉부 서단벽쪽. 석촉: 10cm 뜬 상태로 북장벽에 붙 이지만 서단벽쪽에 치우친 곳 에서 4점. 관옥:동단벽쪽에서 11점이고, 머리부분에 해당?		●
21	보성 덕치리	1호 지석묘	할석형	비파형동검1	무문토기 편, 적색마 연토기편	4?	매장주체부 중앙부분 남벽 아래. 봉부 서단벽 向	동검 밑에 목질 흔적.	●
22	여수 적량동	13호 석곽	할석형	비파형동검1	-	4?	동검:동장벽에서 90cm, 남단 벽에서 10cm 떨어진 바닥석 위에서 봉부 북단벽 向.	파괴 교란 심함.	●?

23	여수 적량동	2호 석곽	할석형	비파형동검1, 비파형동모1	관옥5	4?	동검:봉부편만 바닥에서 출토. 나머지는 삭평된 북쪽 사면에서 수습. 봉부은 매장 주체부 중간부분에서 남장벽 으로부터 30cm 정도 떨어진 바닥 위에서 봉부 동쪽 向. 동모 경부는 서벽에서 74cm 떨어진 매장주체부 중간부분 의 남벽 아래에서 남벽에 인접해 출토. 봉부는 서쪽에 치우친 북쪽 向. 관옥은 동검, 동모 주변에서 3점, 남장벽 동쪽에서 2점.	파괴 심함.	
24	사천 이금동	D-4호 석관묘	판석형	비파형동검1	관옥	5	동검:석관 바닥석 밑에서 출토. 북장벽과 서단벽이 만나는 부분의 북장벽쪽에서 봉부를 서단벽을 향함.	바닥석 밑 과 위에서 관옥 출토	●
25	춘천 우두동	석관묘		비파형동검 1, 동촉2	이단경촉 7, 관옥1				
26	양평 상자포리	1호 지석묘	판석형	세형동검1	식옥1, 방 추차1?	?	매장주체부 위 적석층 출토	교란 있음.	
27	대전 비래동	1호 지석묘		비파형동검1	삼각만입 5, 적색마 연호1		남장벽 부근	개석식, 묘역시설	
28	영암 장천리	1호 지석묘	판석형	세형동검1	석제 검파 두식1	?	동검:무너진 서장벽 위에서 출토. 검파두식 동장벽 바깥쪽?	매장 주체부 일부 교란	
29	여수 봉계동 월앙	10호 지석묘	할석형	비파형동검1	관옥15, 서옥1	?	동검편:남벽석 아래의 서쪽 바닥석 바로 위에서 봉부 동쪽. 소옥 및 관옥 동단벽쪽 바닥석 위.	도굴 파괴됨.	
30	여수 적량동	4호 석곽	할석형	비파형동검1	무문토기 저부편	?	동검:4편 남벽에서 65cm, 동벽에서 13cm 떨어진 매장 주체부 중앙부에서 남쪽으로 치우치고 봉부를 동쪽 向.	반정도 파괴, 유실.	

31	여수 적량동	22호 석곽	위석형	비파형동검1	-	?	서쪽의 돌에서 30cm 떨어진 부식토층에 꽂아진 상태.	교란.	
32	여수 원내동 상촌 III	115호 지석묘	할석형	비파형동검1		?	동감:매장주체부 중앙에서 동쪽으로 치우치고 3편으로 파쇄된 상태.		
33	여수 원내동 상촌 III	116호 지석묘	할석형	비파형동검1		?	동검:매장주체부의 복동쪽에서 판석을 제거하는 과정에서 출토. 봉부 서쪽 向		
34	여수 원내동 상촌 III	92호 지석묘	?	비파형동검1		?	?		
35	여수 오림동	5호 석곽	할석형	비파형동검1	관옥2	?	동검:남장벽에서 10cm 떨어진 바닥석 위, 관옥:남장벽에서 30cm 떨어진 바닥석 위.	파괴 교란 심함.	
36	거제 아주동	13호 지석묘	할석형	동촉1	일단병석검1, 유경촉2	?	동남:장벽쪽에서 출토. 석검:봉부 남서 向. 석촉:동남장벽에 따라 봉부 북동向.	반정도 파괴.	
37	창원 진동리	지석묘	할석형	비파형동검1	일단병석검1, 유경촉1	?	동검, 석검 관내부장	석촉과 토기관 외부장.	
38	창원 덕천리	16호	할석형	비파형동검1	석검1, 적색마연토기1	?		인골편	
39	김해 내동	1호 지석묘	할석형	세형동검1	흑색마연호	?	?		

었던 것은 18점이다. 출토위치에 따라 다섯 유형으로 구분[8]할 수가 있는데, 유물별 출토유형을 정리하면 다음과 같다.

---

8) I 유형 : 長壁 중앙에 붙임, II유형 : 長壁에 붙이지만 短壁쪽에 치우침, III유형 : 短壁에 붙임, IV : 매장주체부 중앙, V : 관외에 부장된 것으로 구분할 수 있다(平郡達哉 2008).

① 琵琶形銅劍 16點

Ⅰ : 長壁 중앙에 붙임(7, 역동 마-1호분묘, 오석리 주구석관묘, 운대리
　　중대 13호, 적량동 7호·9호·13호, 화장동 26호)

Ⅱ : 長壁에 붙이지만 短壁쪽에 치우침(4, 송국리(머리), 우산리 내우 8
　　호(다리)·38호(머리), 이금동 C-10호(머리))

Ⅲ : 短壁에 붙임(2, 오림동 8호?, 월내동 묘18)

Ⅳ : 매장주체부 중앙(2, 덕치리 1호, 적량동 13호?)

Ⅴ : 관외에 부장된 것(1, 이금동 D-4호)

( )안의 숫자는 사례수

　여기서 해결해야 할 것은 이러한 청동기가 언제, 피장자의 어느 부분
에 부장되었는가하는 문제이다. 가장 확실한 증거로서는 청동기가 피장
자의 인골과 함께 출토되는 것인데, 위의 자료 중 인골자료가 확인된 것
은 광주 역동뿐이지만 두향이나 매장자세를 알 수 있는 만큼 뼈가 남아
있지 않다. 따라서 먼저 다른 관내부장유물의 출토 위치로 보아 피장자
의 머리 방향을 파악한 후 그것을 근거로 청동기 부장 위치를 파악할 필
요가 있을 것이다.

　그러한 사례로서 驛洞, 松菊里, 烏石里, 牛山里 內牛 8號, 梨琴洞 C-10
號 등을 들 수 있는데, 청동기 부장위치를 파악하기 위한 근거를 제시하
기 위해 그 출토상황에 대해 아래에서 자세히 보고자 한다.

　驛洞 마-1號 墳墓는 공표된 사진을 보면 북서장벽의 중앙에 가까운 부
분에 비파형동검이 있고, 비파형동검 경부의 연장선 위에서 벗어나 남동
쪽에 원형 검파두식이 環部를 동단벽쪽을 향한 채 출토되었다(사진 1).
그리고 매장주체부 안에서 흐트러진 상태로 인골편들이 확인되었는데,
북서장벽에 인접해서 다리뼈로 추정되는 뼈가 온전한 상태로 출토되었
다(사진 1).[9] 위와 같은 인골과 비파형동검이 원위치에 있고, 원형 검파

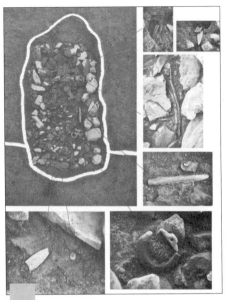

사진1 역동 마-1호 분묘

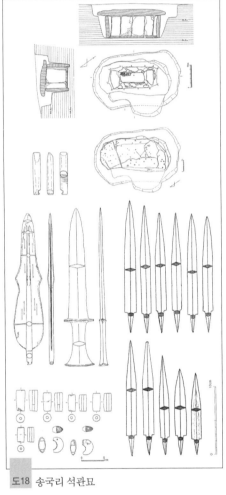

도18 송국리 석관묘

두식과 유기적 관련성을 가진 것으로 가정하면 비파형동검은 피장자 오른쪽 허리부분에 부장된 것으로 추정할 수 있다.

松菊里 石棺墓에서는 복동단벽에서 50cm, 남동장벽에서 30cm 떨어진 곳에서 비파형동검, 마제석촉, 식옥, 관옥이 모여 출토되었다(도 18).[10] 이 유물들의 중복

---

9) 박천택, 2010, 「광주 역동 e-편한세상아파트 신축부지내 유적(가·마지점)」, 『移住의 고고학』 제34회·한국고고학전국대회 발표요지, 한국고고학회.

관계를 보면 먼저 비파형 동검은 봉부가 남사단벽쪽을 향하게 해서 바닥면에 놓고, 그 위에 마제석촉 11점은 봉부가 북동단벽으로 향하도록 부장한 것을 알 수 있다. 비파형동검의 봉부방향과 마제석촉의 그것이 정반대이다. 飾玉 2점은 비파형동검 인부 양쪽에 각 1점씩 부장되었다. 관옥 17점은 비파형동검 봉부 주변에서 보인다. 옥류와 마제석촉의 어느쪽이 비파형동검에 이어 부장되었는지는 확실하지 않지만 보고문에 실린 사진을 보면 옥류를 놓은 후에 마제석촉을 비파형동검 위에

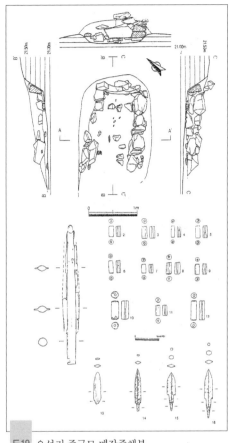

도19 오석리 주구묘 매장주체부

놓은 것으로 생각된다. 그리고 마제석검은 북서장벽에서 20cm, 남서단

---

10) 金永培·安承周, 1975, 「扶餘 松菊里 遼寧式銅劍 出土 石棺墓」, 『百濟文化』 第7·8輯.
송국리 석관묘의 경우 문제가 되는 것은 공반된 마제석촉의 봉부 방향이다. 즉 마제석촉의 봉부가 비파형동검 및 마제석검의 봉부 방향과 180도 다르게 부장되었다는 것이다. 그러나 나중에 언급하듯이 비파형동검의 병부쪽에 두향이 있을 가능성이 높은 것으로 생각된다.

벽에서 60cm 떨어진 곳에서 봉부가 남서단벽쪽으로 향한채 출토되었다. 즉 비파형동검과 마제석검의 봉부방향이 일치한다. 또 하나의 청동기인 동착은 비파형동검의 제가공품인데, 마제석검에서 북쪽으로 30cm 떨어진 곳에서 인부가 남쪽으로 향한채로 출토되었다. 식옥과 관옥으로 구성된 옥류를 장신구로 본다면 북동단벽쪽에 頭向이 있었던 것으로 생각할 수 있다. 그렇게 보면 비파형동검은 피장자 머리 왼쪽에 부장된 것으로 추정할 수 있게 된다.

烏石里 周溝石棺墓에서 비파형동검은 매장주체부 중앙부에서 약간 북서쪽에 치우친 곳에서 봉부가 남서단벽쪽을 향하고 바닥면에서 10cm 정도 뜬 상태로 출토되었다(도 19). 마제석촉은 북서장벽에 접해 북서단벽쪽에 치우쳐서 4점, 관옥은 매장주체부 북동단벽쪽에서 11점이 흩어진 상태로 출토되었다.[11] 여기서도 역시 관옥이 보이는 쪽에 頭向을 추정한다면 비파형동검은 피장자의 허리 오른쪽에 부장된 것을 생각할 수 있다.

牛山里 內牛 8號 支石墓에서는 매장주체부 북서 모서리 바닥에서 비파형동검이 장벽과 평행하고 봉부가 북단벽을 향하여 출토되었다. 공반된 곡옥 2점은 남단벽 아래 중앙에서 약간 서쪽에 치우친 곳에서 출토되었다(도 20). 이것도 역시 곡옥이 출토된 부분에 두향이 있다고 보면 비파형동검은 피장자 다리 왼쪽에 부장된 것으로 추정된 바가 있다.[12]

梨琴洞 C-10號의 경우 II유형이지만 다른 청동기 부장과 달리 경부가 장벽과 단벽이 만나는 부분을 향하고 있다(도 21).[13] 경부쪽에 두향이 있다면 피장자의 머리 오른쪽에 부장한 것이 될 것이다.

---

11) 忠淸文化財研究院, 2008, 『舒川 烏石里 遺蹟』 發掘調査報告 第74輯.
12) 宋正鉉 · 李榮文, 1988, 「牛山里 내우 支石墓」, 『住岩댐 水沒地域 文化遺蹟 發掘調査報告書』 II, 全南大學校博物館 · 全羅南道.
13) 慶南考古學研究所, 2003, 『사천 이금동유적』.

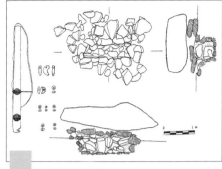

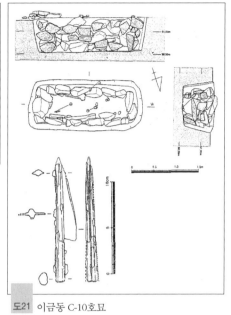

위의 다섯 개 사례의 비파
형동검의 부장위치를 보면 피
장자의 오른쪽 허리에 있거나
머리 왼쪽 그리고 다리 왼쪽
이 있는 등 다양하지만 모두
매장주체부 바닥에 놓인 상태인 것은 공통된다. 위와 같이 다른 유물과
의 위치관계를 고려하면 비파형동검 경부의 방향을 두향 파악의 기준으
로 삼을 수 있을 것이다. 이러한 가정이 성립된다면 비파형동검만 출토
된 다른 사례에서도 두향을 알 수 있을 것이다.

비파형동검 16점 중 장벽에 따라 출토된 것은 11점으로 68% 정도의
비율을 차지하므로 비파형동검의 기본 부장방법이라고 할 수 있을 것이
다(도 22). 장벽쪽에서 확인된 것을 자세히 보면 장벽 중앙에 붙인 것 즉
피장자의 허리 오른쪽에서 7점, 머리 왼쪽에서 3점, 왼쪽 다리 부근에서
1점이 되고, 허리 부근 즉 허리 오른쪽에 佩用하는 모습을 나타낸 것이
비파형동검 부장의 특징이라고 할 수 있다.

이러한 비파형동검이 부장되는 시점은 시신을 안치하기 전에 매장주
체부 바닥면, 시신을 안치한 후에 시신 위에 올린 것으로 추정할 수 있

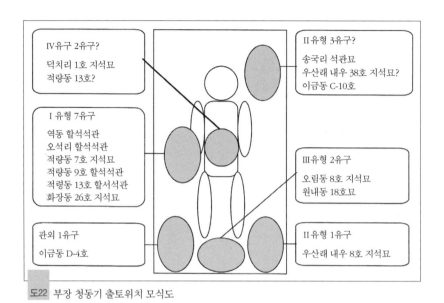

도22 부장 청동기 출토위치 모식도

다. 그리고 나중에 언급하겠지만 이금동 D-4호만이 유일하게 관외부장[14] 즉 석관 축조 전에 부장된 것이다.

② 銅鏃 2點

Ⅰ : 長壁중앙에 붙임(덕치리 15호)(도 23)

Ⅱ : 長壁에 붙이지만 短壁쪽에 치우침(매촌리 35호)(도 24)

동촉 8점 중 출토 위치를 알 수 있는 자료는 2점밖에 없다. 공반된 일단병식 마제석검의 부장위치(덕치리 : 배 위, 매촌리 : 머리 왼쪽)에서 차이가 보이지만 모두 장벽쪽에서 출토되는 것과 일단병식석검 1점 및 유경식마제석촉 다수와 공반되는 것이 공통된다. 석검과 별도의 공간에 석

14) 慶南考古學研究所, 2003, 앞의 책.

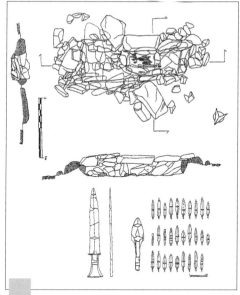

도23 덕치리 15호

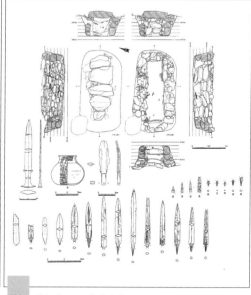

도24 매촌리 35호 활석석관

촉과 함께 부장[15])되는 모습을 보여주는데, 이러한 점이 특징이라고 볼 수 있다. 같은 청동기라고 하더라도 비파형동검과 동촉에는 그 성격에 차이가 있을 것으로 생각된다.

③ 圓形 劍把頭飾 2點

  Ⅱ : 長壁에 붙이지만 短壁쪽에 치우침(역동, 연지리)

원형 검파두식은 아직 2점밖에 확인되지 않았는데, 모두 長壁 중앙에

---

15) 李陽洙, 2011, 「2. 산청 매촌리유적 35호 석관묘 출토 동촉에 대하여」, 『山淸 梅村里 遺蹟』 學術調査報告 35冊, 우리문화재연구원.
동촉과 마제석촉의 공반에 대해서는 이양수가 지적한 바가 있는데, 그는 실용도구로서 사용되었을 가능성을 제시하였다.

서 短壁쪽으로 치우친 곳에서
출토되었다. 역동 출토품에 대
해서는 위에서 언급했듯이 동
검의 부속구로서의 기능을 가
지고 부장된 것을 알 수 있다.
연지 출토품의 경우는 후대의
삭평이 심해서 동검의 유무를
알 수 없다(사진 2).[16]

사진2 김해 연지 지석묘 청동기 출토유구와
출토상태

(2) 磨製石器
-嶺南地域 磨製石劍의 경우-

마제석검은 발굴조사를 통해
출토상황이나 위치를 알 수 있
는 자료도 많고, 마제석검 자체
에 대한 형식학적 연구도 진행
되어 있기 때문에 무덤의 시간성이나 부장행위의 변화를 생각하는 데 있
어 중요한 유물이라고 할 수 있다.

먼저 영남지역에서의 석검 출토현황을 정리하고자 한다. 가장 빈번히
보인다고 하지만 석검 부장이 당시 墓制에 있어 어느 정도의 비율로 이
루어졌는지를 알 수 있으면 부장된 석검의 성격을 어느 정도 추측할 수
있는 기준의 하나를 제시할 수 있을 것이다.

영남지역 청동기시대 매장유구의 조사 현황을 정리하면 발굴조사 보
고서가 간행된 유적은 75곳이며, 724기의 매장유구가 확인되었다. 이들

16) (재)동아세아문화재연구원, 2010, 『김해 하수관거 정비사업부지내 유적 시 · 발굴조
    사 현장설명회』, (재)동아세아문화재연구원 발굴조사 현장설명회 제190집.

중에서 확실한 부장품이 출토된 것은 167기로 전체 유구 수의 23%에 해당한다. 영남지역 안에서도 부장품의 출토비율에 차이가 보인다. 즉 대구·경북에서는 17개의 유적에서 65예, 부산·경남에서는 26개의 유적에서 102예가 확인되었는데, 그 비율을 보면 각각 37%, 18.5%로 큰 차이가 보인다. 167예 중 마제석검이 출토된 것은 62예이다(표 4). 즉 전체 유구 수에서 본 마제석검의 출토비율은 8.4% 정도로 매우 낮은 것을 알 수 있다.

그리고 이러한 경향은 영남지역에서만 보이는 것이 아니다. 영남지역보다 많은 묘제자료가 확인된 전남지역 자료를 보고자 한다. 전남지역에서 정식보고된 부장 마제석검은 52유적 912유구 141점(유병식 100점, 유경식 41점)이다. 현재까지 1911기의 청동기시대 묘제가 확인[17]되고 있기 때문에 전체유구 수에 차지하는 마제석검의 부장 비율은 7.3% 정도가 된다. 마제석검이 부장되는 비율은 전남과 경남에서는 큰 차이가 없다고 볼 수 있다. 이것으로 보아 석검 부장이 모든 무덤에서 반드시 보이지 않다는 것을 지적할 수 있고, 그러한 양상이 한반도 남부지역에 있어 석검 부장의 전반적인 경향을 보여주는 가능성을 지적할 수 있다.

다음에 마제석검의 부장 양상에 대하여 언급하겠다. 즉 마제석검이 단독으로 부장되었는지 혹은 다른 유물과 함께 세트관계를 이루며 부장되었는지를 살펴보겠다. 〈표 3-2〉와 같이 영남지역에서 부장된 마제석검의 사례 수는 62예인데, 그것들은 다른 유물과의 조합관계에 따라 10가지 공반관계로 구분할 수 있다(괄호 안의 수치는 사례 수 나타냄). 그 내용은 ① 청동기+마제석검+마제석촉(1), ② 마제석검+마제석촉+적

---

17) 조진선, 2003, 앞의 글에서 제시되었던 수치에 2003년 이후에 조사·보고된 26유적 222기를 더한 수량이다.

번호	소재지	유적	유구번호	석검형식	부장위치	전체길이	검신부길이	병부길이	검신과병부비율	비고
1	울산	굴화리	2호	II	I	*25.8	18.7	9.6	1.95:1	공반유물 있음
2	대구	상인동	5호	III	I	45	33.6	11.4	2.91:1	공반유물 있음
3	대구	상인동	1호	IV	I	44.3	33.4	10.9	3.04:1	공반유물 있음
4	대구	사지동 I	3호	IV	I	42	30.3	11.7	2.6:1	공반유물 있음
5	대구	사지동 I	15호	IV	I	40.8	29.6	11.2	2.57:1	
6	청도	진라리	1호	VI	I	39.8	29.9	9.9	2.95:1	
7	청도	진라리	3호	III?IV?	I	66.7	49.3	17.4	2.7:1	
8	밀양	가인리	10호	VI	I	37.8	28.8	9	3.17:1	석검 2점 공반
9	양산	소토리	41호	V	I	33.3	24.6	8.7	3.13:1	공반유물 있음
10	합천	저포리E	8호	III?	I	27	17.7	9.3	1.84:1	
11	대구	상인동	7호	A1	I	* 32	* 23.5	8.5		공반유물 있음
12	대구	시지동 I	8호	A1	I	35.2	24.4	10.8	2.18:1	
13	대구	월성동585	4호	A1?	I	* 27.4	* 19.2	* 8.2	2.3:1	
14	청도	진라리	4호	A1?	I	28.4	20	8.4	2.3:1	병부에 홈 있음
15	고령	봉평리	2호	A2	I	* 22.6	* 15	7.6		공반유물 있음
16	고령	봉평리	4호	A2	I	28	20	8	2.5:1	공반유물 있음
17	밀양	가인리	12호	A2	I	*24.4	15	9.4		깨진 상태. 검신 선단부 결실
18	대구	시지동 I	6호	A3	I	*32.2	*22.2	10		검신 선단부 결실
19	거창	대야리	1호	B2	I	48.3	37	10.3	3.48:1	공반유물 있음
20	대구	욱수동134	2호	B1?	I	*33.4	*23.2	10.2	2.3:1	
21	거창	산포	8호	B2	I	30.1	21.8	7.5	2.75:1	
22	거창	산포	26호	B2	I	29.2	21	7.5	2.62:1	
23	밀양	가인리	13호	B3	I	30.6	22.1	8.5	2.53:1	
24	함안	오곡리	6호	B2	I	22	13	8		공반유물 있음, 검신 선단부 결실
25	대구	사지동 I	9호	B3	I	42.4	32.2	10.2	3.2:1	
26	밀양	가인리	2호	B3	I	36.9	28.4	8.5	3.29:1	
27	산청	사월리	4호	C	I	35.8	26.7	9.1	2.74:1	공반유물 있음, 깨진 상태로 출토
28	안동	지례리A	19호	유경식	I ?	21	17.2	3.8	4.25:1	유구 파괴 심함
29	칠곡	복성리	8호	유경식	I	18	15.1	2.9	4.4:1	

30	대구	상동 (대구박)	6호	유경식	I	18.4	16	2.4	6.4:1	
31	거창	대야리	2호	VI	II	36.2	26	10.2	2.76:1	
32	의령	석곡리	3호	II?	II	48	36	12	2.88:1	
33	함안	오곡리	1호	A1	II	26	17.5	8.5	2.06:1	
34	함안	오곡리	12호	A1	II	*27.5	*18.5	9		검신 선단부 결실
35	양산	소토리	11호	A1	II	36	26.5	9.5	2.79:1	
36	양산	소토리	40호	B2	II	25.7	17	8.7	2.0:1	
37	대구	상동 (대구박)	11호	B3	II	35.4	26.2	9.2	2.89:1	
38	대구	매호동II	3호	유경식	II	33	23	10	2.14:1	
39	합천	저포리E	7호	A1	III	29.9	19.5	9.3	2.05:1	관외 석도
40	진주	옥방1지구	5호	A1?	III	27.7	19.2	8.5	2.29:1	
41	진주	귀곡동	4호	A2?	III	26.8	16.6	10.2	1.63:1	깨진 상태로 출토
42	진주	옥방2지구	10호	D	III	*27	*17.5	9.5		
43	상주	청리 I	나4호	IV	IV	40.8	29.4	11.4	2.57:1	공반유물 있음
44	밀양	가인리	11호	VI	IV	36.4	27.4	9	3.0:1	유경식 공반
45	상주	청리 I	나3호	A1	IV	28.5	18.6	8.9	1.95:1	공반유물 있음
46	대구	매호동III	5호	A1?	IV	*24.4	*15.4	9		검신 선단부 결실
47	안동	지례리A	2호	A2	IV	36.1	26.2	9.9	2.6:1	
48	양산	소토리	54호	A3	IV	24.7	15.5	9.2	1.72:1	적색마연토기 부장공간
49	함안	오곡리	8호	B2	IV	22.5	13.5	9	1.5:1	관외 적색마연토기
50	사천	이금동	C-1호	B2	IV	23	13.5	9.5	1.37:1	
51	거제	아주동	13호	B?	IV	*20.5	*10.6	9.9		청동촉 공반
52	대구	월성동585	2호	유경식	IV	28.4	25.4	3	6.0:1	
53	사천	이금동	51호	유경식	IV	32.5	23	9.5	2.56:1	
54	거제	아주동	15호	유경식	IV	21	15	6	2.5:1	
55	구미	월곡리	1호	II?	E	21.4	12.8	8.6	1.46:1	고식 마제석검
56	칠곡	심천리		II	E	29.2	19.6	9.8	2.05:1	고식 마제석검
57	대구	월성동585	3호	IV	E	44.8	35	9.8	3.45:1	유구 파괴 심함, III일 가능성 있음
58	밀양	가인리	4호	B3	E	24.8	16.2	8.6	1.72:1	
59	마산	신촌리	I-3호	IV?V?	V	33.9	23.8	10.1	2.24:1	
60	마산	신촌리	II-1호	유경식	V	29.2	20	9.2	2.1:1	
61	함안	오곡리	32호	A2	V	18.5	9.5	9	1.06:1	
62	사천	이금동	A-1호	B2	V	36.5	26	10.5	2.47:1	

색마연토기(5), ③ 마제석검+마제석촉+무문토기(15), ④ 마제석검+적색마연토기(1), ⑤ 마제석검+무문토기(4), ⑥ 마제석검+마제석촉(16), ⑦ 마제석검+마제석촉+장신구(1), ⑧ 마제석검+장신구(1), ⑨ 마제석검+마제석촉+기타 마제석기(1), ⑩ 마제석검 만(17)이다. 이상과 같이 마제석검이 단독으로 부장되는 사례가 가장 많고, 그다음에 마제석검+마제석촉+무문토기, 마제석검+마제석촉의 세트로 이어진다. 마제석검 부장의 특징으로서는 마제석촉과 세트를 이루는 경우가 많다는 점을 지적할 수 있을 것이다.

즉 武器의 형태를 띤 마제석기끼리(劍+鏃) 세트를 이룬다는 점이 특징이다. 그리고 기본적으로 석검 1점+여러 점의 석촉이라는 패턴을 가지고 있다.

청동기 부장의 희귀성만큼 아니라도 석검 부장이 일반적으로 이루어진 것이 아니라 희귀성이 확인되는 점, 그리고 그 부장이 하나의 무덤 즉 한 피장자에 1점이라는 個人的 屬性 · 個人性이 강한 부장품이라고 할 수 있다. 이러한 점은 청동기시대 묘제 · 부장풍습에 있어 석검이 가지는 의미를 생각하는 데 있어 중요하다.

이러한 무기형태를 가진 마제석기의 등장이 청동기시대 부장유물의 특징 중 하나라고 할 수 있다. 이 부분에 대해서는 後述하겠다.

① 嶺南地域 墳墓出土 磨製石劍의 型式(도 25)

여기서는 새로운 型式 설정이나 변천을 제시하는 것[18]이 목적이 아니라, 부장행위에 대해 고찰하기 때문에 마제석검의 형식과 그 변천에 대하여는 선행연구의 성과 특히 박선영의 연구 성과[19]에 따라 영남지역 청동기시대 무덤에서 출토된 마제석검에 대하여 언급하겠다.

박선영은 형식 별 공반유물에 대하여 검토한 결과 Ⅰ → Ⅵ형식으로 변천하는 것이 타당하다고 하고, 공반유물의 세트 관계로 보아 Ⅰ · Ⅱ형식을 1기, Ⅲ·Ⅳ형식을 2기, Ⅴ·Ⅵ형식을 3기로 하였다. 각 형식의 특징은 〈표 5〉와 같다.

다음으로 일단병식은 신부와 병부의 연결 형태에 따라 A·B·C·D

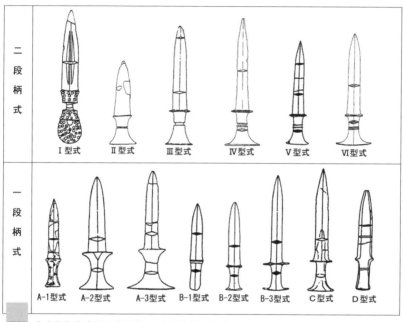

도25 마제석검 형식분류(박선영 2004를 근거로 작성)

---

18) 마제석검에 대한 고고학적 연구는 1959년 有光敎一에 의한 연구를 계기로 본격적으로 시작되었고, 지금까지 많은 연구자에 의해 다양한 형식분류·편년이 제시되어 왔다. 1980년대 말에 田村晃一과 심봉근에 의해 한반도 마제석검의 형식분류·편년의 큰 틀이 마련되었는데, 지금도 그 견해의 영향은 크다. 또 호남지역 지석묘에서 출토된 마제석검에 대해서는 李榮文에 의한 연구가 있고, 2004年 박선영이 『남한 출토 유병식석검 연구』를 발표하여 보다 구체적인 형식분류안·편년안을 제시하면서 공반유물에 의한 형식변천의 타당성을 검토하였고, 기존의 마제석검 연구를 한층 더 진전시켰다.

19) 朴宣映, 2004, 『南韓 出土 有柄式石劍 研究』, 慶北大學校 大學院 考古人類學科 碩士論文.

표 5 _ 이단병식 석검의 분류와 분기(박선영 2004에서 작성)

분기	요소 형식	단 연결부 길이	단 연결부 단면 형태	절대
I 기	I 형식	1.5cm 이상	원형 · 타원형	없음
	II 형식	1~1.5cm	장타원형 말각 장방형	없음
II 기	III형식	1cm 미만	렌즈형 · 능형, 렌즈형 많음	있음
	IV형식	1cm 미만	렌즈형 많음	명확해짐. 병부 폭보다 바깥으로 돌출
III 기	V형식 (유절식)	1cm 미만	렌즈형 · 능형 같은 비율	더 명확해짐. 측면의 돌출도 명확해짐
	VI형식 (유절식)	절대 1조와 동일함	능형 많음	병부의 表裏만 있음. 측면은 마연

표 6 _ 일단병식의 분류(박선영 2004에서 작성)

형식	분류기준	
A	검신과 심부의 연결은 거의 직각으로 꺾여 단의 형태인 반면 심부와 병부의 연결은 단이나 절 없이 완만하게 연결.	A1:검신과 병부가 구별될 만큼 짧게 돌출
		A2:심부가 1cm 정도 돌출
		A3:심부가 2cm 이상 돌출
B	검신과 심부, 심부와 병부의 연결이 양쪽 모두 완만하게 연결되고 심부가 절의 형태로 나타나는 것. 평면에서 볼 때 심부에서 검신과 병부로의 연결이 대칭적.	B1:검신과 병부가 구별될 만큼 짧게 돌출
		B2:심부가 1cm 정도 돌출
		B3:심부가 2cm 이상 돌출
C	검신과 병부의 연결부가 절의 형태로 나타나나 평면에서 볼 때 심부에서 검신으로는 완만하게 연결되는 반면 심부에서 급하게 각을 이루며 연결되어 비대칭적.	
D	심부가 표현되어 있으나 평면에서 볼 때 검신과 병부의 연결이 단이나 절 없이 면으로 연결.	

의 네 형식으로 분류된다. 또 A · B식을 심부의 돌출도에 따라 각각 A1 · A2 · A3, B1 · B2 · B3식으로 세분하였다(표 6).

　그리고 각 형식의 공반유물에 대한 검토 결과 A1 → A3식, B1 → B3식으로의 변화를 제시하면서 A식과 B식의 병행관계에 대해서도 언급하였

표 7 _ 형식별 마제석검의 시간적 상대관계(박선영 2004에서 인용)

형식 / 분기	이단병식	일단병식				유경식
		A	B	C	D	
1기	I 형식	I				유경식
	II 형식					
2기	III형식	II	I , II	C	D	
	IV형식					
3기	V 형식	III	III			
	VI형식					

는데, 그것들을 정리한 것이 〈표 7〉이다.

② 마제석검 副葬의 유형

여기서는 마제석검의 부장에 패턴이 있는지를 확인함으로 영남지역에 있어 마제석검의 부장이라는 행위에 광역적인 정형성이 있는지를 살펴보겠다.

그 방법으로서는 먼저 마제석검의 상세한 출토상황을 참고로 하여 마제석검이 매장유구의 어떤 위치에서 출토되었는가를 기준으로 아래와 같이 I ~ V 유형으로 분류할 수 있다. 부장 유형별로 대표적인 사례를 제시한 것이 〈도 26〉이다.

I : 長壁 중앙에 붙임(30)

II : 長壁에 붙이지만 短壁쪽에 치우침(8)

III : 短壁에 붙임(4)

IV : 매장주체부 중앙(12)

V : 관외에 부장된 것(4)

( ) 안의 숫자는 사례수

정식 발굴조사 보고서가 간행되어, 상세한 출토상황이나 위치를 알 수 있는 마제석검은 62점 있는데, 그 중 반을 넘은 38점이 장벽을 따라 출토

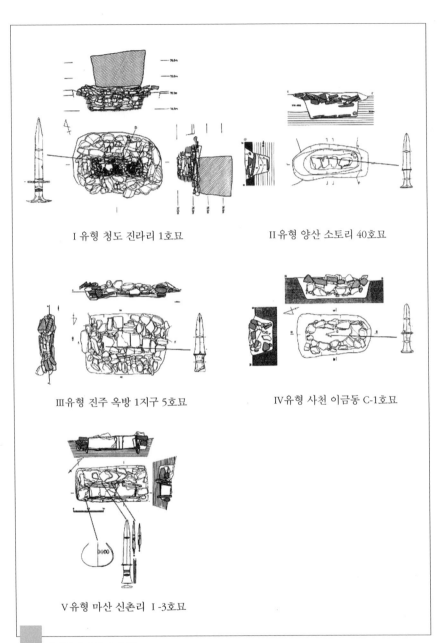

I 유형 청도 진라리 1호묘

II 유형 양산 소토리 40호묘

III유형 진주 옥방 1지구 5호묘

IV유형 사천 이금동 C-1호묘

V 유형 마산 신촌리 I-3호묘

도26 마제석검의 부장 유형

되었다. 장벽을 따라 출토된 예를 더 자세히 보면 장벽 중앙부분에서 30점이 출토되어, 79%라는 높은 비율로 확인되었다.

그런데 마제석검이 과연 어느 정도 실용성을 가졌는지에 대해서는 인부의 예리함, 신부와 병부 길이의 비율, 그리고 심부와 병두부의 돌출도 등의 기준을 들어, 실용 · 비실용으로 크게 구분할 수 있을 것으로 생각된다. 그러나 인부의 예리함은 마제석검이 긴 시간이 흐르면서 흙 속에서의 산화작용 등으로 마모되어 버리는 경우가 있기 때문에 일차적인 기준으로 삼기가 어렵다. 한편, 신부와 병부 길이의 비율은 유물이 파손되지 않았다면 부장되기 이전의 상태와 거의 같다고 볼 수 있어, 수치로서 계측이 가능한 요소이다. 또 병부에 관해서는 극단적으로 길이가 길 경우 무기로써 사용할 때 균형을 유지하기가 어렵기 때문에 실용품으로 보기가 어려울 것이다. 반대로 신부가 짧은 것은 실견한 결과 역시 사용 등에 의해 닳아서 마모된 것으로 판단할 수 있었다. 심부와 병두부의 돌출도에 대해서는 이미 박선영이 형식분류하는 과정에서 분석하였기 때문

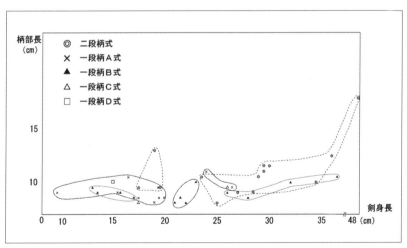

그래프 1 형식별 신부 · 병부 길이의 수치 분포

에 본고에서는 신부와 병부 길이의 비율에 주목해 보겠다(그래프 1). 이 요소를 기준으로 해서 실용품인가 비실용품인가를 구별해 본다. 먼저 실용품인지 아닌지의 판단 기준을 제시할 필요가 있을 것이다. 이단병식·유절식 및 일단병식의 신부와 길이의 비율을 바탕으로 나누어 보면, 형식마다 신부가 긴 것과 짧은 것이 있다는 것을 알 수 있다.

즉 이단병·유절식의 경우 신부 길이가 신촌리 I-3호 출토품과 같은 23.8cm 이상이 되는 그룹과 저포리 E지구 8호 출토품과 같이 17.7cm 이하가 되는 것으로 나누어진다.

일단병 A식의 경우 시지동 I 지구 8호 출토품과 같이 24.4cm 이상이 되는 것과 진라리 4호 출토품과 같이 20cm 이하가 되는 것으로 나누어진다.

일단병 B식의 경우 이금동 A-1호 출토품과 같은 26cm 이상이 되는 그룹과 가인리 13호 출토품과 같이 21~22cm 정도가 되는 그룹, 그리고 소토리 40호 출토품처럼 17cm 이하가 되는 그룹 등 세 가지로 구분된다.

일단병 C식과 D식은 그 사례수가 많지 않아서 위와 같이 구분할 수가 없다.

이렇게 볼 때 이단병·유절식, 일단병 A식의 경우 신부가 23.8cm 이상인 긴 것을 비실용품으로, 신부가 20cm 이하인 짧은 것을 실용품으로 보겠다. 일단병 B식의 경우 세 가지 그룹으로 구분할 수 있다고 했는데, 각 그룹의 신부와 병부 길이의 비율을 보면 ① 신부 길이 26cm 이상이 되는 것은 3.07 : 1, ② 21~22cm 정도인 것은 2.56 : 1, ③ 17cm 이하인 것은 1.65 : 1이 된다. ①과 ③은 신부 길이에서도 확실한 차이가 있기 때문에 각각 비실용품과 실용품으로 구분하기가 쉬운데, ②는 신부 길이를 보면 ①과 ③의 중간 길이가 된다. 그러나 신부와 병부 길이의 비율은 ①에 가깝고, 실견한 결과 사용으로 인해 마모된 흔적을 확인할 수가 없었기 때문에 비실용품으로 구분해도 좋을 것이다. 따라서 일단병 B식은 신부 길이 21cm 이상인 것은 비실용품, 17cm 이하인 것을 실용품으로 볼 수 있다.

병부 길이는 극단적으로 큰 이단병 · 유절식 이외는 9~10cm 정도가 되고, 변동의 폭이 큰 신부 길이와는 대조적이다. 따라서 신부 길이가 마제석검의 성격, 특히 실용품으로서 사용이 가능한지를 생각하는데 있어 중요한 요소의 하나가 될 것으로 생각된다. 물론 신부 길이만이 절대적인 기준은 아니며 신부 형태나 예리함, 단면 형태 등을 포함시켜 생각할 필요가 있는 것은 말할 필요도 없을 것이다.

③ 型式別 마제석검의 副葬狀況과 그 特徵

a. 이단병 · 유절식

이단병식의 부장은 18점 확인되었고, 그 중 반 이상을 차지하는 10점이 Ⅰ유형이다. 이 형식의 특징으로서 전체 길이가 35cm 이상인 것이 많고, 신부와 병부의 비율이 3 : 1이 될 정도로 매우 긴 신부를 가지는 것을 들 수 있다. 다른 형식은 전체 길이가 30cm 정도이고, 신부와 병부의 비율이 2.1~2.3 정도인 것을 생각하면 병부에 비하여 신부가 상당히 길어, 실용품으로서 사용하기가 어려울 것이다. 이러한 마제석검은 이단병식 중에서도 Ⅳ~Ⅵ형식에 해당하고, 이전부터 지적되어 온 바와 같이 늦은 시기에는 확실히 실용성을 잃었다는 것을 알 수 있다.

한편, 월곡리 1호묘와 심천리 그리고 저포리 E지구 8호묘 출토품과 같이 신부와 병부의 비율이 1.46~2.05로 다른 이단병식과 비교하면 상당히 낮은 것도 있다. 이것들은 형식학적으로 빠른 양상을 보여주는 마제석검인데, 그중에서도 가장 빠른 형식으로 생각되는 월곡리 1호 묘와 심천리는 유구의 잔존 상태가 나쁘고 상세한 출토상태를 알 수가 없다. 저포리 E지구 8호 묘에서는 이단병 Ⅲ식이 Ⅰ유형의 부장 위치에서 출토되었고, 被葬者의 곁 특히 좌우 어느 쪽의 허리 부분에 해당하는 것으로 생각된다. 이단병식에서 고식에 속하는 Ⅱ식의 상세한 출토상황을 알 수 없기 때문에 빠른 시기의 부장 양상을 알 수가 없다. 적어도 Ⅲ식 단계에 Ⅰ유형 부장이 확실히 시작되었고, 그 후 Ⅰ유형이 주류를 이루고, 시기가 내려오면 비실용품이 Ⅰ · Ⅱ · Ⅳ유형으로 부장되었다.

b. 일단병식

일단병식 A형식은 모두 19점 확인되었다. A1형식 중에서도 진라리 4호묘에서 출토된 마제석검은 신부가 완만한 곡선을 이루는 점에서 이단병식 Ⅱ · Ⅲ형식의 신부 형태와 공통점을 보여준다. 부장유형을 보면 Ⅰ유형 8점, Ⅱ유형 3점, Ⅲ유형 3점, Ⅳ유형 4점, Ⅴ유형 1점으로 다른 형식과 비교하면 다양하며 비교적으로 골고루 나타나는 것이 특징이라고 할 수 있다. A1형식 11점, A2형식 6점, A3식 2점으로 A형식에서는 A1형식 단계에 중심시기를 찾을 수 있을 것이다.

일단병식 B형식은 모두 15점이 확인되었다. Ⅰ유형 부장이 반 이상을 차지하며 8점이 확인되었다. 이외는 Ⅱ유형 2점, Ⅳ유형 3점, Ⅴ유형 1점이고, Ⅰ유형 부장이 주로 이루어졌다고 할 수 있다.

B1형식에 속하는 것은 욱수동 134번지유적 2호묘 출토품이 유일하고, 선단부가 결실되었지만 신부와 병부 길이의 비율은 대체로 2.3 : 1이고, Ⅰ유형 부장이다.

B2형식에 속하는 것은 8점 확인되었는데, B형식의 중심시기를 보여준다. 그리고 같은 B2형식에서도 Ⅰ유형으로 부장된 4점의 신부와 병부 길이의 비율은 평균 2.95 : 1인 한편 Ⅱ유형인 소토리 40호묘 출토품의 신부와 병부 길이의 비율은 2.0 : 1, Ⅳ유형인 2점은 각각 1.5 : 1, 1.37 : 1이고, Ⅴ유형인 1점은 2.47 : 1로, 부장유형별로 비율이 다르다. 또 전체 길이에서도 Ⅰ유형은 오곡리 6호묘 출토품이 22cm인 것 이외는 30cm을 넘은 것이 많고, Ⅱ유형은 25.5cm, Ⅳ유형은 22.5cm이고 유형별로 크기가 다른 것이 특징이다. 전체 길이 및 신부와 병부의 비율은 어느 정도 실용성의 유무와도 관련되는 것으로 상정할 수 있기 때문에 B2식에서

Ⅰ유형 부장은 실용품 부장도 있지만, 주로 비실용품이 부장되었고, Ⅱ·Ⅳ유형에서는 실용품을 부장한다는 차이를 지적할 수 있을 것이다.

일단병식 C형식은 2점 있는데, 1점은 확실히 매장주체부에서 출토된 것인지를 판단하기가 어렵다. 2점 모두 산청 사월리에서만 보이는 형식이다. 1호묘에서는 마제석검이 4편으로, 4호묘에서는 신부가 2등분으로 깨진 상태로 출토되었다. 다만, 유구의 잔존상태가 좋지 않아서 부장된 원래 모습을 유지했다고는 단언하기 어렵지만, 마제석검을 일부러 破碎시키고 부장한 행위는 이금동 A-1호묘에서도 볼 수 있기 때문에 이러한 마제석검은 인위적으로 파쇄했을 가능성이 있다고 생각된다. 사월리 4호묘 출토품은 신부와 병부 길이의 비율이 2.74 : 1로 신부가 상당히 길어서 실용품으로 인정하기 어렵다.

일단병식 D형식도 2점밖에 확인되지 않았는데, 1점은 확실한 매장주체부에서의 출토품인지를 판단하기 어렵다. 옥방 2지구 10호묘에서는 被葬者의 치아가 출토된 단벽쪽이 頭位로 보이며 오른쪽 다리의 아랫부분에서 봉부가 발치를 향하여 마제석검이 출토되었다. 이 형식은 2점 모두 신부 길이만 보면 20cm 이하이기 때문에 실용품으로 볼 수 있지만, 신부 및 병부 단면을 보면 偏六角形 혹은 長楕円形을 띠고, 뭔가를 자르거나 찌르는 등 검으로서의 기능을 찾기 어렵고, 또 손으로 잡기 어려운 점으로 보아 실용품으로 보기가 어려울 것이다.

c. 유경식

유경식은 모두 8점 확인되었다. 그 중의 3점이 Ⅳ유형 즉 매장주체부 중앙에 부장되었다. 신부와 경부 길이의 비율에 따라 2.14~2.65로 경부가 긴 것과 4.25~6.4로 경부가 짧은 것의 두 가지로 구분된다. 경부 길이의 차이는 시간차로 생각되고, 長莖이고 신부에 혈구를 가지는 것으로부터 短莖이고 경부 양쪽에 홈을 가지는 것으로 변화했다고 지적했다. 그렇게 보면 빠른 단계에는 II · IV유형 부장, 늦은 단계에는 I유형 부장이 이루어진 것으로 생각된다.

형식변천이 확실한 이단병식과 일단병 A · B식을 중심으로 살펴본 결과를 정리하면 아래와 같다. 이단병식은 1기에 II유형 부장이 시작되고, 2기를 중심으로 3기까지 보인다. 일단병 A식은 1기에 중심시기가 있고, I~IV유형의 네 가지 부장유형이 보인다. 다른 형식에 비해서 다양한 부장유형이 보이는 것이 특징이다. 2기 이후는 그 사례 수가 적어진다. 일단병 B식은 A식의 수량이 적어지면서 2기의 늦은 단계부터 보이게 된다. 2기에는 I · IV유형 부장이 중심을 이루고, 3기는 I유형이 주류를 이룬다.

④ 磨製石劍 副葬에 보이는 共通性과 副葬 類型別 特徵

먼저 영남지역 무덤 출토 마제석검에 보이는 공통점으로서는 확인된 62점 중 약 반에 해당하는 30점이 I유형으로 부장되었다는 점을 들 수 있다. 어느 형식에서도 가장 많이 보이는 것은 I유형 부장인 것을 알 수 있다. 즉 被葬者를 伸展葬시킨 경우 被葬者의 좌우 어느 쪽인가의 동체부 특히 허리 근처에 부장하는 것이 가장 일반적이었다고 생각된다. 일반적으로 被葬者 허리 부근에 부장된 마제석검은 被葬者가 일상에서 사용했던 것을 사용 당시의 모습 즉 佩用했던 모습으로 매장주체부에 부장시킨 것으로 생각할 수 있다. 그러나 I유형으로 출토된 마제석검의 신부와 병부 비율의 평균이 3.00이고, 다른 유형이 II유형 2.50, III유형 1.97, IV유형 2.57, V유형 1.97인 것을 생각하면 다른 유형보다 병부에 비해 신부가 긴 것이 특징이다. 이것은 실용성이 떨어지는 마제석검이 주로 부장된 것을 나타낸다고 생각된다.

II유형은 8점 확인되었다. 아직 정식보고서가 간행되지 않았지만, 진주 대평리 옥방 4지구 26호 묘에서는 仰臥伸展葬된 인골의 왼쪽 발목 부근에서 봉부가 발치 방향을 향하며 마제석검 1점이 출토되었다. 비슷한 출토상황을 보여주는 것이 소토리 40호묘이다. 이 경우 마제석검은 오른쪽 발목에 해당하는 위치에서 출토되었다. 병부쪽에 頭位가 있다고 가정할 경우 나머지 7점은 모두 머리의 왼쪽 혹은 오른쪽에 부장된 것으로 생각된다. 같은 Ⅱ유형에서도 다리쪽에 부장된 것과 머리 측면에 부장된 것은 부장품으로서의 성격에 차이가 있을 가능성이 크다고 생각된다. 머리 측면에 부장된 마제석검에 대하여 신부와 병부 길이의 비율이 2.5 : 1이라는 긴 신부를 가지는 점과 아래에서 언급하는 바와 같은 관외부장과 공통된 부장위치를 보이기 때문에 '僻邪'의 기능을 상정할 수 있다.

Ⅲ유형인 4점은 소형 매장주체부에서 확인되었는데 신부와 병부 길이의 비율은 1.97 : 1이다. 또 실제로 사용된 것으로 생각되는 신부의 마모가 보이는 것과 A1 · A2식을 중심으로 확인된 것이 특징이다. 모두 남강유역에서 확인되었고, 지역적 특징이라고 생각된다.

Ⅳ유형에서는 유절식 2점, 일단병식 7점, 유경식 3점 등 다양하게 보인다. 시기적으로는 심부의 돌출이 큰 것이 중심을 이루고 3기에 성행한 것이다. 신부와 병부 길이의 비율이 이단병식과 일단병식 즉 유병식에서는 평균 2.1 : 1로 신부가 짧은 것이 많고, 사용에 의한 마모가 보이는 것이 있다.

Ⅴ유형에서는 유절식 1점, 일단 2점, 유경식 1점 등 다양하게 보인다. 부장 상황의 특징으로서는 모두 장벽 쪽에서 출토되었는데, 장벽 쪽 중에서도 중앙이 아니라 단벽 쪽에 치우친 곳에서 출토되었다는 점을 들 수 있다. 이들 마제석검의 부장방법으로서는 봉부가 위를 향하거나 아래를 향하는 것, 그리고 옆으로 눕힌 것, 마제석검을 3조각으로 깬 것 등 다양하고, 매장주체부의 장벽 쪽에 부장한다는 것 이외에 일정한 패턴은 없는 것 같다. 관외부장된 마제석검의 성격에 대하여는, 완형으로 출토되기 때문에 검이라는 물품이 원래 가진 무기로서의 기능을 고려하여 외부로부터 오는 나쁜 기운으로부터 被葬者를 지키는 '僻邪'의 가능성이

있을 것으로 지적한 바가 있다. 이러한 棺外副葬은 지금까지 확인된 자료를 보면 경남을 중심으로 보이는 풍습이라고 할 수 있다.

또 마제석검은 가인리 10·11호 출토품 이외는 모두 單數 부장되었고, 이러한 점은 다른 지역에서도 같은 경향을 나타낸다. 즉 한 사람이 대량 소유·부장한 것이 아니라 기본적으로 1유구에서 1점만 부장되는 것이 특징이다.

⑤ 墳墓 出土 磨製石劍의 性格

이상으로 영남지역 청동기시대의 부장행위 특히 마제석검의 부장에 대하여 살펴보았다. 위에서 언급한 바와 같이 영남지역 청동기시대의 부장행위는 모든 매장유구 중 23%에서만 볼 수 있으며, 모든 被葬者에게 이루어진 것이 아니다. 또 앞 시기인 신석기시대 묘제에서는 장신구, 토기, 석부·지석·결합식 낚싯바늘 등 주로 생업과 관련된 물품이 부장되었지만, 청동기시대가 되면 비파형동검·동모, 마제석검·석촉 등 武器形 부장유물이 나타난다. 이번에 살펴본 마제석검의 부장양상으로 보아 그 성격에 대하여 여러 가지 가능성을 지적할 수 있을 것이다. 즉 I유형은 출토위치로 보아 佩用 상태를 나타내는 것으로 생각된다. 다만, 다른 유형보다 신부가 긴 것이 부장되는 경향이 있다. 빠른 단계에는 실용품으로 추정되는 것이 부장되지만, 점차 비실용품이 부장되게 되었다. II유형은 다리의 아래쪽에 부장된 것도 있지만, 머리 측면에 부장된 것으로 추정되는 것이 주류이다. 마제석검의 부장위치는 佩用의 모습을 보여준다고 볼 수가 없어서 『벽사』의 기능을 상정하였다. III유형은 남강유역에서만 볼 수 있기 때문에 지역성을 가진 부장풍습이라고 생각된다. IV유형은 被葬者가 사용했던 것을 被葬者의 상반신에 해당하는 위치에 부장한 것으로 생각된다. V유형에 대해서도 '僻邪'의 기능을 상정할 수 있다.

이상과 같이 부장위치와 출토상태에 대한 검토로부터 마제석검의 성격을 佩用狀態를 나타내는 것과 '僻邪'의 기능을 가지는 것, 그리고 사용했던 것을 부장한 것으로 구분할 수 있을 것이다. 또 언급한 것 중에 앞의 두 가지는 비실용품이 부장되는 경향이 있는 것을 지적할 수 있다.

(3) 赤色磨研土器

청동기시대 묘제에 있어 적색마연토기 부장이 시작되는 것은 전기 후반부터[20]이며, 그 후 후기 후반까지 지속적으로 부장유물로서 埋納되었다. 부장되는 수량도 1점만 출토되는 것이 기본이다.[21]

먼저 적색마연토기의 부장위치에 대해서 살펴보고자 한다. 여기서는 적색마연토기의 부장이 비교적으로 많이 확인된 慶南지역의 자료를 바탕으로 적색마연토기의 부장양상[22]에 대해 언급하겠다.

---

20) 대표적으로 해평 원곡리 1·2호묘나 합천 저포리 8호 지석묘, 진안 안자동 1號 지석묘 등을 들 수 있다. 이외에 이금동 51호 토광묘, 포항 삼정1리 1호 토광묘, 울산 굴화리 토광묘, 해평 원곡리 1·2호묘, 김천 신촌리 1호 토광묘, 경주 문산리 II 나-2호 석관묘, 왜관 낙산리 석관3, 대전 신대동, 청원 황탄리 401호, 정선 아우라지 3호 석관묘, 칠곡 심천리 석관묘, 대전 비래동 1호 지석묘, 梨琴洞 A-1號 주구묘, 천안 운전리 주구묘 등이 있는데, 그 중에서도 해평 월곡리 1·2호묘 출토 적색마연장경호는 전기 후반에서도 이른 시점에 해당한다고 볼 수 있다.

   배진성, 2011a, 앞의 글.

21) 예외적으로 이금동 A-10호, 삼정1리 1호, 산청 매촌리 20호 석관묘에서 적색마연토기가 2점 세트로 출토된 바가 있다.

22) 경남지역 청동기시대의 토기부장에 대해서는 이미 金賢에 의해 그 변화 양상이 지적된 바가 있는데, 그의 연구에 의하면 전기는 관외에 유물부장공간이나 단벽측의 관외로부터 출토되는 양상만이 보인다고 한다. 관외에 유물부장공간을 별도로 만드는 형태는 전기에 그 수가 많고, 빈도도 높다고 한다. 후기 전반에는 토기의 부장위치가 관내 가운데나 棺上部, 관 주위의 보강토나 봉토에서 출토되는 등 다양화된다고 했다. 그리고 후기 후반에는 이금동 A-1호·신촌리 1구 3호, 2구 1호, 옥방 5지구 B-2호처럼 장벽이나 장벽과 묘광 사이의 보강토에서 출토된다고 했다.

   金賢, 2005, 앞의 논문.

경남지역에서 확인된 적색마연토기의 부장사례는 189점[23] 정도가 된다. 이러한 자료들의 부장 위치를 보면 장벽쪽(47예), 단벽쪽(68예), 모서리(57예)로 나눌 수 있다. 수량으로 볼 때 단벽쪽이나 단벽과 장벽이 만나는 모서리 부분 즉 매장주체부의 단벽쪽에 치우쳐 나오는 경향을 찾을 수 있다.

慶南지역 내에서도 마산, 김해에서 적색마연토기 부장이 많이 보인다. 이것은 마산 진동유적, 김해 율하유적의 두 유적에서 적색마연토기 부장율이 높게 확인되기 때문에 마산·김해지역에서의 부장사례 수가 늘어난 것으로 생각되는데, 마산 진동유적, 김해 율하유적에서의 특징적인 부장풍습이 반영된 것으로 볼 수 있다.

(4) 가지무늬토기

관내부장된 가지무늬토기는 28유적 30유구에서 39점이 확인되었다.[24] 가지무늬토기는 2점 세트로 부장하는 점이 가장 특징적이라고 말할 수 있다.[25] 청동기시대 묘제에 있어 토기가 한 유구에 1점이 부장되는 것이 기본적인 풍습인 것을 보면 그 특이성이 주목된다. 2점 세트 부장은 석관묘·토광묘에서 보이는데, 주구묘에서 가지무늬토기 2점 세트 부장이 특징적으로 나타난다. 또 가지무늬토기와 적색마연토기 혹은 無文土器와 함께 2점 세트를 이루는 것도 있는데, 토광묘, 할석형·판석형 석관에서 출토된다. 주로 단벽에 붙인 상태로 확인되었다.

---

23) 최종규, 2010b, 앞의 글에서 제시된 자료에 논문 발표 후에 공표된 자료를 추가한 수치임.
24) 平郡達哉, 2011, 「南韓地域 出土 가지무늬토기에 대한 基礎的 硏究」, 『嶺南考古學』 57.
25) 禹枝南, 2002, 앞의 글.
　　姜仁旭, 2003, 앞의 글.

2) 棺外副葬의 種類와 特徵

다음에 관외부장에 대해 살펴보고자 한다. 먼저 관외에서의 부장에 대하여 언급해 온 여러 연구자들의 견해를 정리해 보겠다.

처음에 '棺外副葬'이라고 하는 용어가 사용된 것은, 1983년에 마산 신촌리유적 발굴조사 보고서가 발간된 때이었다. 신촌리유적 보고서에서는 출토유물을 매장주체부인 관 안에서 나온 것과 관의 바깥쪽 즉 관과 묘광 사이에서 나온 것으로 나누어, 석관을 보강하는 과정에서 석관과 묘광의 사이에 부장된 마제석검 · 적색마연토기 등을 '棺外副葬'된 것으로 보고하였다.[26]

그 후 李相吉은 支石墓 축조과정을 묘지의 선정부터 시작하여 5단계로 나누었는데, 그것에 대비할 수 있는 의례행위를 제시하였다. 그 중에서 매장주체부 축조시에 벽석 사이나 묘광과 벽 사이의 충전토를 채우는 과정에서 출토되는 유물이 있다고 하였다. 그리고 유물을 관의 바깥에 부장하는 예가 있는데, 이 경우 부장과 매납의 명확한 구별을 하지 않고, 대평 어은1지구에서 조사된 석관에서 출토된 가지무늬토기를 예로 들면서 '관외부장'이라는 말을 사용하였다.[27] 즉 매장시설을 축조하면서 이루어진 행위라고 보았다.

그리고 趙榮濟[28]와 河仁秀[29]에 의해 고의로 석검 · 석촉을 파괴하고, 여러 개로 깨진 유물을 시신 옆 그리고 그것과 다른 공간(관외 · 묘광 등)에 매장하는 행위가 보이는 것이 지적되고, 그것들을 '破劍 · 破鏃'이라

---

26) 崔鍾圭 · 安在晧, 1983, 「新村里墳墓群」, 『中島IV 진전보고』, 國立中央博物館.
27) 李相吉, 1994, 앞의 글.
28) 趙榮濟, 1998, 앞의 글.
29) 河仁秀, 2000, 앞의 글.

는 말로 표현한 바가 있다.

李榮文은 전라남도지역에서 조사된 支石墓 자료를 바탕으로 석검부장에 대하여 언급하였다. 支石墓에서 출토된 자료를 석실 안에서 출토되는 부장용과 석실 주변이나 적석 사이에서 출토되는 의례용으로 구분하였는데, 특히 석검에 대하여 출토위치에 따라 석실 내 석검과 식실 축조 과정에서 부장된 석검 그리고 석실을 완성시킨 후에 부장된 석검의 세 가지로 나누었다.[30]

金賢은 경남지역 청동기시대 전·중기의 무덤구조와 속성에 대해 언급하면서 토기의 부장 위치를 5가지로 구분하면서 관외 보강공간에서 출토된 것과 묘광 외 봉토나 개석 주변에서 출토된 유물들이 있는 것을 지적하였고, 토기부장 위치가 시간의 흐름에 따라 변화한다는 것을 밝혔다.[31]

이상과 같이 지금까지 부장·부장품으로서 일괄해 다루어 온 행위·유물 중에도 구분되어야 할 요소가 있다는 것이 지적 및 인식되고 있다. 즉 매장유구에서 출토되는 각종 유물과 그 출토상태로부터 분묘를 축조해 나가는 과정을 몇 개 단계로 나누어, 그 각 단계의 중요한 장면에서 각종 의례가 이루어졌다고 추정되고 있다.

(1) 棺外副葬 事例

① 遺蹟別 棺外副葬 狀況

발굴조사를 거쳐 얻어진 자료 중에서 부장유물 특히 관내 혹은 관외에 부장된 유물인지 아닌지를 판단하는 경우, 여러 전제조건이 필요하게 될

---

30) 李榮文, 2002, 앞의 책.
31) 金賢, 2005, 앞의 글.

것이다. 그중에서도 도굴·삭평 등에 의해서 부장유물들이 원래 상태를 유지하고 있는지 아닌지에 대한 문제가 가장 중요한 부분이 된다. 따라서 본고에서 다루는 관외부장의 사례에서는 도굴·삭평이 되지 않았다고 추정할 수 있는, 예를 들어 석관형 매장주체부의 경우, 개석에 의해 완전히 밀봉된 자료를 一等資料로 한다. 다음에 도굴·삭평으로 파괴되었지만, 묘광 내 충전토 등에서 발견되는 유물이 매장주체부 축조와 동시에 부장되었다고 봐도 문제가 없는, 후대의 삭평·도굴에 의해 원위치로부터 이동하지 않는 자료를 二等資料로 한다. 그 외에 도굴·삭평시에 일부러 유물을 이동시키고, 주체부와 묘광 사이에 유물을 둔다는 행위는 상상하기 어렵기 때문에 주체부 바깥쪽에서 출토되는 유물에 대해서도 관외부장유물의 범주에 포함시켰다.

다만 후대의 유구 파괴 등에 의해 원래 존재하였던 관외부장자료가 없어졌을 가능성은 충분히 생각할 수 있기 때문에 이번에 제시한 자료가 관외부장유물의 전부가 아닌 것을 명기해 둔다.

정식보고된 靑銅器時代의 매장유구 957기 중, 관내·관외를 불문하고 유물 부장이 확인된 것은 289예이며, 매장유구 전체에 차지하는 비율은 30%가 된다.

그러한 부장행위가 확인된 289예 중, 관외부장은 53예가 확인되고 있다. 부장유물이 발견된 289예는 유물의 조합 관계를 기준으로 하면 이하와 같은 11가지의 패턴으로 나눌 수 있다. 그 내역은 ① 청동기+장신구나 석기류, ② 석검+석촉+토기, ③ 장신구류+석기류, ④ 장신구류+토기, ⑤ 장신구류만, ⑥ 석검+석촉, ⑦ 석검+토기, ⑧ 석검만, ⑨ 석촉+토기, ⑩ 석촉만, ⑪ 토기만이고, 부장행위에 이용되는 가장 많고 보편적인 유물은 토기, 그 중에서도 적색마연토기라고 할 수 있다. 그 다음에 많이 사용된 것은 마제석검이며, 적색마연토기와 마제석검을 주로 사용한 부장행위가 靑銅器時代 묘제에서의 특징으로서 들 수 있다. 현재까

표 8 _ 관외부장 일람표

번호	유적	유구	매장주체부	유물 종류									비고
				비파형동검	관옥	소옥	마제석검	마제석촉	적색마연토기	가지무늬토기	무문토기	석도	
1	春川 鉢山里	5號	板石石棺				●						지석묘 하부구조, 소형 오각형 석관
2	梁山 所土里	3號	石蓋土壙墓								●		발
3	梁山 所土里	7號	石蓋土壙墓								●		관내:석촉 3
4	梁山 所土里	11號	割石石棺				●	●	●				
5	梁山 所土里	22號	石蓋土壙墓						●				
6	梁山 所土里	38號	石蓋土壙墓								●		
7	梁山 所土里	55號	板石石棺						●				
8	馬山 新村里 I地區	2號	板石石棺						●				
9	馬山 新村里 I地區	3號	板石石棺				●	●	●				10호 주거지 파괴
10	馬山 新村里 I地區	7號	板石石棺						●				파편으로 출토, 박편
11	馬山 新村里 I地區	8號	板石石棺						●				
12	馬山 新村里 I地區	9號	板石石棺						●				
13	馬山 新村里 II地區	1號	板石石棺				●						관내:석촉
14	咸安 梧谷里	8號	石蓋土壙						●				관내:석검1+석촉1
15	咸安 梧谷里	10號	板石石棺						●				
16	咸安 梧谷里	27號	割石石棺						●				
17	咸安 梧谷里	28號	石蓋土壙						●				목관 추정
18	咸安 梧谷里	32號	板石石棺				●	●	●				
19	咸安 梧谷里	34號	土壙						●				
20	晋州 玉房 1地區	45號	土壙	●					●				
21	晋州 玉房 4地區	2號	板石石棺							●			가지무늬토기 2점 세트, 관내:곡옥
22	晋州 玉房 5地區	D-3號	板石石棺						●				

												비고
23	晋州 玉房 8地區	3號	板石石棺						●			가지무늬토기 2점 세트, 관내:석검, 석촉
24	晋州 玉房 8地區	5號	板石石棺						●			가지무늬토기 2점 세트, 관내:석검, 석촉
25	晋州 玉房 8地區	15號	板石石棺						●			가지무늬토기 2점 세트, 관내:석촉
26	晋州 玉房 8地區	16號	板石石棺						●	●		
27	晋州 玉房 8地區	20號	板石石棺						●			
28	晋州 漁? 2地區	8號	板石石棺					●				
29	陜川 苧浦里 E地區	7號	板石石棺								●	지석묘 하부구조, 관내:석검1＋석촉2
30	泗川 梨琴洞	A-1號	板石石棺		●	●						석검 3분할
31	泗川 梨琴洞	B-6號	板石石棺					●				관내:관옥,원반형 옥
32	泗川 梨琴洞	C-2號	板石石棺					●				파편
33	泗川 梨琴洞	C-9號	板石石棺		●							
34	泗川 梨琴洞	D-3號	板石石棺		●							
35	泗川 梨琴洞	D-4號	板石石棺	●	●							
36	泗川 梨琴洞	47號	割石石棺					●				가지무늬토기 2점 세트, 관내:원반형 옥
37	馬山 鎭東	3號	板石石棺					●				관내:석촉4
38	馬山 鎭東	5號	板石石棺					●				
39	馬山 鎭東	7號	板石石棺					●				관내:석검1
40	馬山 鎭東	13號	板石石棺					●				
41	馬山 鎭東	15號	板石石棺				●					관내:석촉1
42	馬山 鎭東	16號	板石石棺					●				유구 半壞
43	馬山 鎭東	19號	板石石棺					●				
44	馬山 鎭東	30號	板石石棺					●				
45	馬山 鎭東	34號	板石石棺					●				유구 파괴 심함
46	馬山 鎭東	37號	板石石棺					●				
47	馬山 鎭東	40號	板石石棺					●				
48	馬山 鎭東	43號	板石石棺					●				
49	馬山 鎭東	44號	板石石棺					●				토기주변, 石圍
50	馬山 鎭東	K號	支石墓			●	●					

51	巨濟 農所	1號	支石墓				●			가지무늬 시문
52	晉州 耳谷里	16號	支石墓		●			●		
53	晉州 耳谷里	41號	板石石棺					●		

지 정식보고된 관외부장이 확인된 자료는 〈표 8〉과 같다.

지금까지 경남지역에서 관외부장은 춘천 발산리, 양산 소토리, 창원 신촌리, 함안 오곡리, 진주 대평리 옥방 1·4·5·8지구, 어은 2지구, 합천 저포리 E지구, 사천 이금동, 마산 진동, 거제 농소, 진주 이곡리 등 14 유적에서 확인되고 있다.

그리고 대부분의 유적에서 4~5예씩 관외부장이 보인다. 각 유적에서 발견된 매장유구 전체에서 관외부장의 비율을 보면 양산 소토리에서는 20기의 매장유구 중 4기, 창원 신촌리에서는 26기 중 5기, 함안 오곡리에서는 34기 중 5기, 진주 옥방 1지구에서는 41기 중 1기, 동 5지구에서는 49기 중 1기, 어은 2지구에서는 31기 중 1기, 합천 저포리 E지구에서는 9기 중 1기, 사천 이금동에서는 78기 중 5기가 확인되고 있다. 양산 소토리·창원 신촌리·함안 오곡리에서는 15%에서 20%정도의 비율인 반면, 진주 옥방 1·5지구, 어은 2지구, 합천 저포리 E 지구, 사천 이금동과 같이 2%에서 11% 정도의 매우 낮은 비율을 나타내는 것으로 나눌 수 있다.

② 遺物別 副葬位置·狀況의 特徵

다음으로 각 유물별 관외부장의 상황을 확인함으로써 그 유물을 부장하는 의미나 분묘축조의 어느 단계에서 유물을 부장 하는가를 추정·복원하는 것이 가능하게 될 것이다. 또 부장패턴의 유무를 찾아냄으로서 靑銅器時代에 부장이라는 행위에 광역적인 정형화를 볼 수 있는지 혹은 각 지역·각 집단 마다 독자적인 부장패턴을 가지고 있었는지를 살펴보기로 하겠다.

a. 青銅器(도 27)

현시점에서는 이금동 D-4호 석관묘에서 출토된 비파형동검 1점만 확인되었다. 이금동 D-4호묘에서는 북장벽 서쪽 모서리의 시상석 밑에서 출토되었다. 보고서에 실려 있는 사진으로 확인하면 봉부는 서단벽을 향해 놓여진 상태였다. 여기서 문제가 되는 것은 頭位가 어느 쪽을 향해 있었는지에 대한 것이다. 일반적으로 被葬者의 손 주변 혹은 발밑에 봉부를 발부리쪽을 향하여 검 등 무기류를 부장했다고 생각할 수 있다. 그런데 이 유구에서는 관옥이 시상석 위에서 15점, 밑에서 15점 출토되었다. 이 관옥들의 출토상황과 다른 유구의 관옥 출토상황 및 매장주체부 구조로부터 頭位 방향을 추정할 수 있을 것이다. 구체적으로 말하면 이금동 D-4호묘의 경우 시상석 밑에서 출토된 관옥이 동단벽에 집중하는데, D-3호 석관묘의 경우도 한쪽의 단벽쪽에 관옥이 집중되고 있고, 시상석의

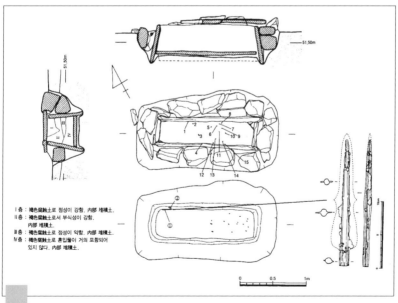

도27 청동기 관외부장 예(이금동 D-4호묘)

높이가 관옥이 집중되는 단벽쪽이 약간 높다. 또 석관의 평면형태를 보면 단벽의 폭에 차이가 보이고, 폭이 넓은 쪽에 관옥이 집중하고 있다. 즉 사람을 매장할 때 시상면에 높낮이 차이가 있는 경우 높은 쪽, 석관 단벽의 좁은 쪽보다 넓은 쪽에 두위가 있다고 볼 수 있고, 시상석 위에서 출토되는 관옥의 성격·기능에 대해서는 장신구로 보는 것이 자연스러운 생각일 것이다. 이것으로부터 관옥이 집중적으로 출토되는 장소에 두위가 있었다고 봐도 좋을 것이다. 따라서 이금동 D-44호묘에서 출토된 비파형동검은 被葬者의 오른쪽 다리 아래에서 봉부를 발부리 방향을 향하고, 시상석을 깔기 전에 관외부장된 것으로 추정할 수 있다.

b. 管玉(도 28)

관옥은 2유적 5유구(사천 이금동 D-4·A-1·C-9·D-3호 석관묘, 진주 옥방 1지구 45호 석관묘)에서 315점 정도가 출토되었다. 그 중에서 상술한 이금동 D-44호묘에서는 비파형동검과 함께, A-1에서는 마제석검과 함께 출토되었다. 관외에서 출토된 관옥의 특징으로서는 석관을 설치하기 전에 묘광 바닥면에 뿌린다는 점을 들 수 있다. 일반적으로 관옥이 목걸이로 사용되었다고 생각되고, 실제로 그 출토상황에서도 목걸이로 사용된 것을 알 수 있다. 그러나 위에서 제시한 출토예·출토상황에서처럼 목걸이 이외의 용도로 사용되는 예가 있다. 즉 장식품으로서의 기능 이외에 석관 구축 직전에 행해졌다고 추정되는 제사행위에 필요한 물품이었다고도 생각할 수 있다.

또 시상석 밑에서 출토되는 관옥이 이금동 D-33호묘, D-4호묘처럼 바닥면 한편의 단벽쪽에 치우쳐 있다는 점도 특징적라고 할 수 있다. D-3호묘의 경우 서단벽쪽 시상석의 위아래애서 관옥의 대부분이 출토되었다. 석관의 단벽 폭에 차이가 보이고, 폭이 넓은쪽인 단벽쪽에 관옥이 집중하고 있다. 시상석 위에서 출토된 관옥의 기능을 목걸이의 部材라고 생각하고, 석관의 폭이 넓은 단벽에 머리를 두었다고 생각하는 것이 합

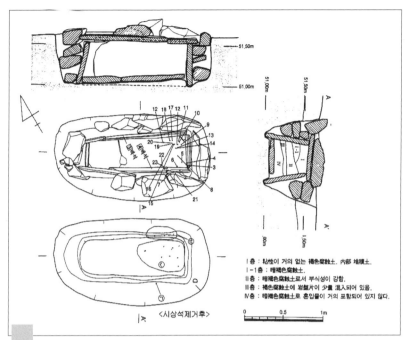

| 1층 : 粘性이 거의 없는 褐色腐蝕土, 内部 堆積土. |
| I-1층 : 暗褐色腐蝕土. |
| II층 : 暗褐色腐蝕土로서 부식성이 강함. |
| III층 : 褐色腐蝕土에 암盤片이 少量 混入되어 있음. |
| IV층 : 暗褐色腐蝕土로 흔입물이 거의 포함되어 있지 않다. |

도28 관옥 관외부장 예(이금동 D-3호묘)

리적일 것이다.

따라서 시상석 밑의 한편에 치우쳐 출토된 관옥의 경우도 그것이 출토되는 쪽에 두위가 있었다고 봐도 좋을 것이다. 시상석 밑에서 출토되는 관옥의 성격에 대해서는 매장주체부를 구축하기 전에 머리를 두는 것을

표9 _ 관외부장 관옥 일람

유적	유구	관내	관외	구별어려움	계
사천 이금동	D-4호	15	15	11	41
사천 이금동	A-1호	1	25	-	26
사천 이금동	C-9호	불명	불명	-	208
사천 이금동	D-3호	24	15	-	39
진주 옥방 I 지구	45호 삭관묘	-	1	-	1
총					315

상정하고 있는 부분에 뿌려진 것으로, 장식품 이외의 기능을 가지고 있었다고 생각할 수 있다.

c. 磨製石劍(도 29 · 30)

마제석검은 3유적 4유구(신촌리 I지구 3호 석관묘, 동 II지구 1호 석관묘, 오곡리 32호 석관묘, 이금동 A-1호 석관묘)에서 각 1점씩 모두 4점이 출토되었다.

특징으로서는 모두 장벽쪽에서 출토되었다는 점을 들 수 있다. 그리고 장벽쪽에서도 중앙부분이 아니라 단벽쪽에 치우쳐 있는 것이 특색이다.

그리고 신촌리 I-3호와 오곡리 32호처럼 적색마연토기와 공반하는데, 적색마연토기의 부장위치는 장벽과 단벽이 만나는 부분에 있다는 것이 공통점이다. 그러면 석검의 자세한 부장상황에 대해 살펴보도록 하겠다.

우선 마제석검＋적색마연토기＋마제석촉이 세트로 출토된 신촌리 I-3호과 오곡리 32호에 대해 살펴보겠다.

신촌리 I-3호의 경우 마제석검은 북장벽 바깥쪽 중앙에서 서단벽에 치우친 부분에서 출토되었다. 병부를 아래로 봉부를 위로 기울면서 벽석에 들러붙은듯이 출토되었다.

공반유물은 적색마연토기 1점이 남서 모서리 상단석과 하단석 사이에서 출토되었는데, 자세한 출토상황에 대해서는 확인할 수 없다. 마제석촉 2점은 석검에서 동쪽으로 60cm 정도 떨어진 지점인 장벽의 거의 중앙부근의 측석과 측석 사이에서 출토되었다.

그런데 여기서 두위가 어느 쪽에 있는가가 문제가 될 것이다. 이것에 대해서는 이금동 D-3호처럼 시상석의 레벨 차이를 두위방향의 판단 기준으로 볼 경우, 동단벽쪽에 두위가 있었을 가능성을 제기할 수 있다. 그렇다면 오른쪽 발밑에 마제석검을 놓고, 그 봉부는 발부리를 향한 것으로 추정할 수 있다.

다음에 오곡리 32호이다. 마제석검은 남장벽 서쪽 모서리 부근에서 봉

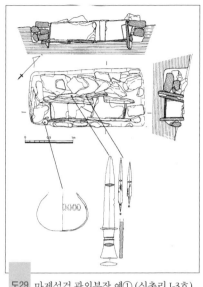

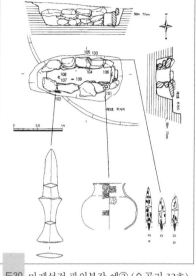

도29 마제석검 관외부장 예① (신촌리 I-3호)   도30 마제석검 관외부장 예② (오곡리 32호)

부를 동단벽 방향으로 향하여 놓여진 상태로 출토되었다. 공반된 적색마
연토기와 마제석촉에 관해서는 아래에서 개별적으로 언급하겠다.

　이금동 A-1호에서도 마제석검 1점이 관외부장되었다. 여기에서 출토
된 마제석검은 다른 유구에서 출토된 마제석검과는 출토상태가 다르다.
즉 여기에서는 마제석검을 인위적으로 파괴시키고 '봉부·신부·병부'
로 세분되어 남장벽 외측의 보강공간에서 출토되었는데 (중략) 봉부편은
보강석 최하위에서 출토되었고, 신부편은 보강석 중위에서 그리고 병부
는 1차 개석과 동일한 높이인 보상석 상위[32]에서 각각 출토된 것이 특
징이다. 다만 부장 위치가 장벽 중앙에서 동벽에 치우친 지점인 것은 다
른 마제석검의 관외부장과 동일하다.

---

32) 慶南考古學研究所, 2003, 『泗川 梨琴洞 遺蹟』.

신촌리 II-1호에서 출토된 마제석검 1점은 서장벽 중앙에서 단벽 방향인 북쪽에 치우친 판석 바깥쪽에서 봉부가 아래를 향하여 세워진 상태로 출토되었다.

d. 磨製石鏃

마제석촉은 2유적 2유구(신촌리 I-3호, 함안 오곡리 32호)에서 확인되고 있다.

신촌리 I-3호의 경우 마제석촉 2점이 공반된 마제석검에서 동쪽으로 60cm 떨어진 지점인 장벽 거의 중앙 부근의 벽석과 벽석 사이에서 출토되었는데, 봉부 방향 등 자세한 출토상황은 알 수 없다.

함안 오곡리 32호에서는 마제석촉 3점이 북장벽상 중앙에서 동쪽으로 치우친 부분에서 출토되었는데, 봉부 방향은 3점 모두 다르다. 또 매장주체부내 바닥 위에서도 마제석촉 4점이 출토되었는데, 모두 봉부나 경부가 부러진 것들이다.

마제석촉의 경우 모두 마제석검+마제석촉+적색마연토기의 세트관계를 이루고, 장벽 중앙에서 출토되는 것이 특징이다. 그리고 거의 완형으로 출토된다. 오곡리 32호처럼 관내에서 출토된 것이 파손품인 것과 대조적이다. 이러한 점은 마제석검이나 마제석촉과 같은 무기를 완형으로 외부에 매장하는 행위의 의미를 밝히는데 있어 시사하는 바가 많다. 아직 출토예가 많지 않지만 어느 정도 부장패턴이 존재하는 것으로 생각하고 싶다.

e. 赤色磨研土器

관외부장유물 중 가장 많은 것이 적색마연토기이다. 6유적 14유구에서 14점이 확인되었다. 이금동 C-10 · D-2호처럼 매장주체부 주변에 토기편을 뿌리는 예도 있는데, 그러한 행위를 부장으로 보아야 할 것인지, 제사 행위라고 보아야 하는 것인지, 아직 결정적인 구분 기준을 가지지 않고 있기 때문에 본고에서는 일단 제외하였다.

다른 유물과 공반되는 예로서는 마제석검+마제석촉+적색마연토기가 세트를 이루는 신촌리 I-3호와 함안 오곡리 32호 출토품이 있다. 모두 장벽과 단벽이 만나는 모서리 부분에서 구연부가 위로 향한 상태로 출토된 것이 특징이라고 할 수 있다. 또 옥방 1지구 45호에서는 적색마연토기 1점과 관옥편 1점이 출토되었다. 관내부장과 관외부장이 함께 행해지는 예는 두 유적에서 보이는데, 함안 오곡리 8호의 경우, 관내에서 마제석검 1짐과 마제석촉 4점이, 소토리 7호의 경우 관내에서 마제석촉 3점이 출토되었다.

이외의 적색마연토기는 1유구에서 1점씩, 다른 유물과 공반하지 않고 출토되었다. 적색마연토기는 출토위치에 따라 이하와 같은 네 가지 유형으로 나눌 수 있다.

① 장벽에서 단벽에 가까운 부분(신촌리 I-8 · 2호)(도 31)
② 단벽쪽(신촌리 I지구 9호, 어은 2지구 8호, 옥방 1지구 45호, 옥방 5지구 D-3호, 소토리 38호, 소토리 55호)(도 32)
③ 단벽쪽 토광 상단(오곡리 27 · 28 · 34호)(도 33)
④ 정벽과 단벽이 만나는 모서리의 토광 바깥쪽(소토리 22호)(도 34)

여기서 문제가 되는 것은 이 적색마연토기들이 분묘 축조의 어느 단계에서 부장되었는가하는 것이다. 이것은 부장행위의 의미추정에 있어, 중요한 포인트가 될 것이다. 자세한 출토상황을 알 수 있는 자료를 바탕으로 하면 이하와 같은 3가지 양상이 보인다. 첫째, 매장주체부 구축 후에 묘광 바닥면에 설치되는 것(옥방 5지구 D-3호) · 둘째, 매장주체부와 묘광사이의 보충토 중간 혹은 상부에서 출토되는 것(신촌리 I지구 2 · 3 · 8호, 옥방 1지구 45호, 소토리 55호, 오곡리 32호). 즉 석관 구축 후 보강토를 묻는 과정에서 매장한 것. 셋째, 개석을 덮은 후에 설치한 것(오곡리 8 · 34호).

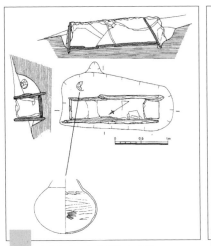

도31 적색마연토기 관외부장 예①
(신촌리 I-2호)

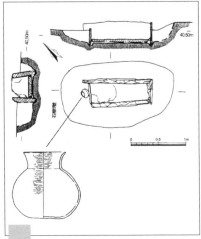

도32 적색마연토기 관외부장 예②
(어은 2지구 8호)

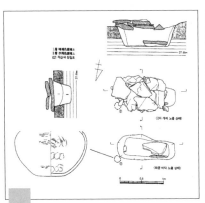

도33 적색마연토기 관외부장 예③
(오곡리 34호)

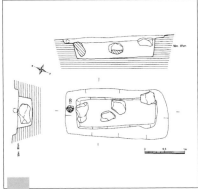

도34 적색마연토기 관외부장 예④
(소토리 22호)

f. 無文土器(도 35)

무문토기도 1유적 2유구(소토리 7 · 38호)에서 각 1점씩 모두 2점이 출토되었다. 소토리 38호에서는 단벽쪽에서 출토되었는데, 소토리 7호의 경우 개석 위에서 약간 뜬 상태로 출토되었다. 이 무덤의 매장주체부는

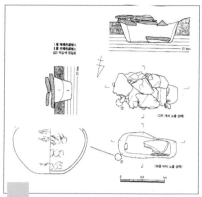
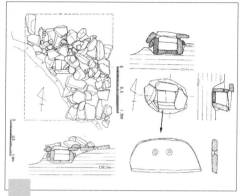

도35 무문토기 관외부장 예(소토리 7호)　　**도36** 석도 관외부장 예(저포리 7호)

목관으로 추정된다. 개석을 덮은 후에 설치된 것이다.

　　g. 半月形石刀(도 36)

　반월형석도는 합천 저포리 E지구 7호 支石墓의 하부구조에서 출토된 1점이 유일하다. 길이 43cm, 폭 26cm 정도의 작은 석실의 남장벽의 서쪽 부분 바깥쪽에서 인부를 밑으로 하여 세워진 상태로 출토되었다. 또 석관 안에서 마제석검 1점과 마제석촉 2점 등이 출토되었다. 이상으로 본 경남지역 관외부장 자료들을 출토된 유물 종류와 그 출토위치를 정리한 것이 〈표 10〉이다.

③ 慶南地域 棺外副葬의 特徵

　여기에서는 우선 앞 장에서 제시한 경남지역 관외부장의 양상을 정리하고, 그 특징에 대해 언급하겠다.

　〈표 10〉에서 보이듯이 관외부장 유물과 그 출토위치에는 일정한 패턴이 보인다. 청동기와 관옥의 출토 위치를 보면, 옥방 1지구 45호처럼 장벽쪽에서 출토된 예도 있지만, 기본적으로 석관 시상석 밑에서 출토된다는 특징이 있다. 다만 옥방 1지구 45호 이외의 자료가 모두 이금동유적에서 확인된 자료인 것을 감안하면 청동기와 관옥의 관외부장행위는 지역

표 10 _ 관외부장 유물과 출토위치의 관계

유물 종류 / 출토 위치	비파형동검	관옥	소옥	마제석검	마제석촉	적색마연토기	가지무늬토기	무문토기	석고
시상석 밑	梨D4	梨A1·C9·D3·D4							
장벽쪽		玉1-45		新I-3·II-1,梧32,梨A1,鎭K	新I-3,梧32	新I-2·8,鎭5·7·19·34·37·44			苧7
단벽쪽			耳16			梨B6,新I-9,漁8,玉1-45,玉5-D3,所55,梧27·28,鎭13·16·40·43	耳16	所38	
장·단벽이 만나는 부분					?15	新I-3,梧32,農1,鎭3·30			
묘광 상단 평탄면						梧8·34			
개석 위								所7	
묘광 바깥쪽						所22			

梨:이금동, 玉:옥방, 新:신촌리, 梧:오곡리, 所:소토리, 漁:어은, 苧:저포리, 耳:이곡리, 鎭:진동, 農:농소

적 혹은 분묘축조 집단의 독자적인 특징이라고도 할 수 있을 것이다.

마제석검과 마제석촉은 모두 장벽쪽에서 출토되었다. 마제석촉은 신촌리 I지구 3호와 오곡리 32호와 같이 반드시 마제석검·적색마연토기와 세트를 이루어 관외부장되는 것이 특징이다. 마제석검의 부장방법은 봉부를 위로 향하는 것이나 아래로 향하는 것, 그리고 옆으로 누운 것, 석검을 세 개로 파쇄 한 것 등 다양하고, 장벽쪽에 부장하는 것 이외에는 일정한 패턴은 찾을 수 없다.

관외부장유물 중에서 가장 많이 볼 수 있는 것은 적색마연토기이다. 그 부장위치는 다양하지만 그 반 정도가 단벽에서 출토되었다. 그 이외의 위치 즉 장벽, 장벽과 단벽이 만나는 부분, 이단묘광 상단 평탄면, 묘광 외에서는 1~2예씩 출토되었을 뿐이고, 적색마연토기의 기본부장위치

는 단벽쪽에 있다고 할 수 있을 것이다. 무문토기는 적색마연토기와 같이 단벽쪽에서 1점, 개석 위에서 1점이 출토되었다. 2점 밖에 없기 때문에 그것들이 일정한 패턴을 이루는지 현시점에서는 단정할 수 없다.

석도는 합천 저포리 E지구 7호 支石墓의 하부 구조에서 발견된 1점 밖에 없기 때문에 이것도 패턴의 유무에 대해 언급할 수 없다.

이상과 같이 경남지역에서 확인된 관외부장행위에는 일정한 패턴이 존재한다는 것을 지적할 수 있을 것이다. 물론 그것들이 엄격히 엄수되고 있다는 것이 아니고, 큰 범위에서 규율이 있다는 뜻이다.

그러면 다음은 경남지역 靑銅器時代의 관외부장행위가 언제쯤 시작되고, 어떻게 전개되었는가를 살펴보겠다. 그러기 위해서는 우선 시간축의 구축이 필요하다. 시간축을 세우기 위한 자료로서는 청동기·마제석검, 적색마연토기 등을 들 수 있다. 그러나 이들 중 청동기는 1점, 마제석검은 4점이고 극히 한정된 수량에 지나지 않아, 이것들을 가지고 시간축을 세우는 것은 어려울 것이다. 관외부장자료 자체가 특별히 많지 않기 때문에 양적으로 한정된 자료를 가지고 시간축을 세워야 된다는 한계가 있지만, 지금까지 양적으로 가장 많이 확보되고 있는 자료 즉 적색마연토기를 이용해 시간축을 세우고, 관외부장행위의 큰 변화 양상에 대해 언급해 보겠다.

지금까지 경남지역에서 확인된 관외부장 적색마연토기 중에서 기존의 편년안과 대조 가능한 자료를 바탕으로 단계별로 제시한 것이 도37이다. 이들 중에서 시기가 빠른 것으로 생각되는 것은 어은 2지구 8호에서 출토된 것이며, 전기 후반에 해당하는 것으로 생각된다. 전기에 소급하는 것은 현시점에서 이 1점뿐이다. 중기 전반에는 소토리 55호, 신촌리 I지구 3호, 옥방 5지구 D-3호에서 각각 출토되었고, 부장행위를 행한 지역이 넓어진다. 중기 후반에는 양산·창원·진주·함안 등에 퍼져, 그 출토 수도 이전의 시기와 비교하면 더 증가하고 있는 것을 알 수 있다.

그런데 출토유구명 옆에 있는 숫자는 앞 장에서 제시한 적색마연토기의 출토 위치 분류 번호와 일치한다. 이것을 보면 전기 후반 및 후기 전반의 4예 중 3예가 단벽쪽에서 출토된 것을 알 수 있다. 후기 후반에는 6예 중 4예가 장벽쪽에서 출토되었다. 너무 대략적인 흐름이지만, 적색마연토기의 관외부장위치는 시기가 내려가면서 단벽쪽에서 장벽쪽으로 이동했던 것을 지적할 수 있을 것이다. 그리고 관외부장의 경우, 김현이 지적한 바와 같이 후기 후반이 되면 자료가 증가하면서 장벽쪽 부장을 중심으로, 단벽부장이나 묘광 바깥쪽에 부장하는 것 등 이전의 시기에 비해 다양화되는 경향을 보여준다.

④ 棺外副葬遺物의 性格

이상으로 경남지역 靑銅器時代 묘제에서 확인된 관외부장행위·유물에 대해 언급했다. 마지막으로 관외부장유물의 성격에 대해 고찰하고자 한다.

관외부장에 대해 쓰게 된 계기는 '被葬者를 위해 부장되는 유물이라면 시신에 직접 혹은 그 바로 옆에 부장해야 할 유물을 왜 일부러 널 바깥에 부장했는가' 라는 가장 기본적이고 소박한 의문점에서였다. 관내에 부장된 유물의 성격은 被葬者가 생전에 이용했던 물건·애용품을 매장한 것이거나, 유물 그 자체의 희소성·특수성 등에서 被葬者의 사회적 성격을 나타내는 것으로 생각할 수 있다. 그러면 관외에서 출토되는 유물의 성격에 대해서는 어떻게 생각해야 될까?

위에서 말했듯이 관옥의 경우, 매장주체부를 구축하기 전에 뿌려진 상태로 출토되고 있기 때문에 목걸이로서의 기능보다는 석관 구축 이전에 행해졌다고 생각할 수 있는 제사행위에 필요한 성격·기능을 가진 물품이었다고 추정할 수 있다. 거기서 행해졌다고 추정되는 제사 행위의 의미에 대해서는 앞으로 관옥이 가지는 성격에 대한 상세한 검토를 거친

후 다시 논의하고 싶다.

비파형동검의 경우 현시점에서는 1점이라는 한정된 자료이기 때문에 그 성격에 대해 말하는 것은 어렵지만, 청동유물의 회소성이나 특수성, 시상석 밑에서 출토되었다는 점을 생각하면 관옥과 같이 석관 구축 이전의 제사 행위에 이용된 것으로 추정할 수 있다.

마제석검이나 마제석촉의 경우 원래 가지고 있는 무기로서의 기능과 그것들이 모두 완형품인 것을 감안하면 외부로부터의 나쁜 기운으로부터 被葬者를 널 바깥에서 보호해 준다는 辟邪의 의미를 가진 것이 아닐까. 또 석검 중 이금동 D-4호처럼 석검을 3개로 破碎해 부장하는 것에 대해서는 아직 그 의미를 부여하기가 어렵다. 적어도 완형인 마제석검을 관외부장하는 것과는 다른 의미를 가지고 파괴한 것으로 생각된다.

토기의 경우는 무덤에 부장하는 것 자체에 의미가 있었거나 장송의례에 사용된 후에 부장된 것으로 생각하고 싶다. 그것들이 분묘 축조의 어느 단계에서 부장되었는가는 위에서 말한 것처럼 매장주제부 구축 후에 묘광 바닥면에 설치된 것, 보강토를 묻는 과정에서 부장된 것, 그리고 앞의 두 개 보다 한 단계 늦은 단계로서 개석을 덮은 후에 설치된 것 등 분묘구축 과정의 여러 단계에서 토기가 관외부장되었다고 할 수 있다.

이상과 같이 널 바깥에 부장된 유물들은 비파형동검과 관옥처럼 매장주체부 축조이전의 제사 행위에 수반하는 것, 마제석검·마제석촉과 같이 被葬者를 외부로부터의 나쁜 기운으로부터 지키는 벽사의 의미를 가진 것, 그리고 토기와 같이 매장주체부 구축 후의 제사행위에 사용된 것으로 추정할 수 있을 것이다.

한정된 지역의 한정된 자료를 이용해 고고학적으로 사상적·종교적 행위의 의미를 밝히는 것은 너무 어려운 작업이라는 것을 충분히 이해하고 있다. 특히 관외부장유물의 성격에 대해서는 해석에 문제가 있다고 생각한다. 그러나 부장유물 중에서도 분묘 축조 과정에서 행해졌다고 추

전기
후반

어은 2지구 8호 ①

후기
전반

소토리 55호 ①

신촌리 I 지구 3호 ④

옥방 5지구 D-3호 ①

함안 오곡리 8호 ②

옥방 1지구 45호 ①

0   10cm

후기
후반

함안 오곡리 32호 ②

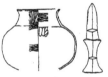

신촌리 I 지구 8호 ②

신촌리 I 지구 2호 ②

① 장벽의 단벽에 가까운 부분
② 단벽쪽
③ 단벽쪽 이단묘광 상단
④ 장벽과 단벽이 만나는 모서리의 묘광 바깥쪽
⑤ 묘광 바깥쪽

소토리 22호 ⑤

도37 관외부장 적색마연토기의 변천

정되는 의례행위에 수반하고, 관내에서 출토되는 유물과는 다른 의미를 가지고 부장된 유물들이 있다는 것을 지적할 수 있다. 또 위에서 말했던 듯이 관외부장행위에는 부장 위치, 유물 종류에서 어느 정도의 규칙이 있던 것을 알 수 있다.

3. 副葬遺物로 본 葬送儀禮

위에서 棺內副葬과 棺外副葬에 대해 各 遺物의 種類와 그 副葬行爲의 特徵을 언급하였다. 여기서는 先學의 硏究成果를 바탕으로 靑銅器時代 墓制에서 행해진 것으로 추정되는 埋葬(儀礼)行爲의 프로세스 복원과 그 시기별 특징에 대해 살펴보고자 한다.

먼저 청동기시대 묘제에서 보이는 장송의례에 관한 연구 동향에 대해 보고자 한다. 청동기시대 묘제에서 出土된 유물 특히 磨製石劍을 통해 매장의 어느 시점에서 棺內·棺外에 매납되었는지에 대해 본격적·구체적으로 언급한 것은 李榮文이었다.[33] 그리고 李相吉은 支石墓 축조과정을 묘지의 선정부터 시작하여 5단계로 나누었는데, 그것에 대비할 수 있는 의례행위를 제시하였다.[34] 尹昊弼도 지석묘의 축조과정과 장송의례를 3개의 축조단계와 최대 14개의 의례단계로 모델화시킨 바가 있다.[35] 崔鍾圭는 경남지역 송국리문화 단계의 묘제자료를 통해 제사행위에 대

---

33) 李榮文, 1993, 앞의 글.
　　李榮文, 2002, 앞의 책.
34) 李相吉, 2000, 앞의 글.
35) 尹昊弼, 2007, 「경기도 지석묘의 장송의례」, 『경기도 지석묘연구의 어제와 오늘』, 경기도박물관.

표 11 _ 청동기시대 무덤(지석묘) 축조과정과 의례 대응

이상길(2000)		윤호필(2007)			무덤 출토 의례유물
축조과정	단계별 의례	축조과정		단계별 의례	
묘지의 선정		묘지 선정		산천의례	
묘지의 선정		묘지 조성		지신의례	
정지 — 정지	I단계 정지의례	묘역선정 및 정지		정지의례	
정지 — 상석, 석대의 이동	I단계 정지의례	채석		채석의례	
정지 — 상석, 석대의 이동	I단계 정지의례	석재운반 (상석,벽석, 바닥석 등)	운반 시작		
정지 — 상석, 석대의 이동	I단계 정지의례	석재운반 (상석,벽석, 바닥석 등)	운반 과정		
정지 — 상석, 석대의 이동	I단계 정지의례	석재운반 (상석,벽석, 바닥석 등)	도착		
매장시설의 축조	II단계 축조의례	묘광 파기		천광의례	
매장시설의 축조	II단계 축조의례	바닥석 및 벽석 (4벽)설치		축조의례	비파형동검, 관옥
매장 — 시신의 운반(運柩)	III단계 매장의례	시신안치 및 유물부장		매장의례 매납의례	비파형동검 · 동모 · 동촉, 마제석검 · 석촉, 적색마연토기, 가지무늬 토기관옥, 곡옥, 소옥
매장 — 시신의 안치 (매장)	III단계 매장의례	시신안치 및 유물부장		매장의례 매납의례	비파형동검 · 동모 · 동촉, 마제석검 · 석촉, 적색마연토기, 가지무늬 토기관옥, 곡옥, 소옥
매장 — 유구 내부 매몰	IV단계 매장의례	매장주체부 내부 채우기		밀봉의례	마제석검, 석촉, 적색 마연토기, 가지무늬토기
매장 — 개석 덮기	IV단계 매장의례	개석 덮기		밀봉의례	마제석검, 석촉, 적색 마연토기, 무문토기
매장 — 개석 덮기	IV단계 매장의례	개석상부 채우기		밀봉의례	
매장 — 지석 및 상석 얹기	IV단계 매장의례	지석 및 상석놓기		상석의례	
묘역 만들기		묘역시설 설치 (敷石, 鋪石, 積石)		묘역의례	마제석검, 석촉, 석부, 적색마연토기편, 무문토기편
그 후	V단계 제사의례	묘구(묘역)관리? 보수(벌초및보수작업)		제사의례	

해 언급하면서 墓壙祭, 築棺祭, 入棺祭, 揷入祭, 蓋石祭라는 단어로 표현 하여 제사행위 과정을 제시한 바가 있다.[36] 그 중에서 묘지의 선정으로 부터 묘구, 묘역 축조 후의 관리까지 이어지는 장송의례의 과정을 지적 한 이상길과 윤호필의 견해를 정리한 것이 〈표 11〉이다.

매장행위를 진행시키는 데 있어 여러 단계에서 의례행위가 이루어진

것은 이미 지적[37])되어 왔는데, 여기서는 의례행위의 각 단계에서 쓰인 구체적인 유물의 종류를 제시하면서 그 성격에 대해 정리하고자 한다.

1) 墓地 選定 및 整地 段階

먼저 묘지 선정과 조성 단계에서 이루어진 것으로 추정되는 산천의례와 지신의례, 채석의례[38])에 대해서는 구체적인 고고자료가 확인되지 않았기 때문에 현시점에서는 언급할 수 없는 부분이다.

묘지 선정 후에 이루어진 것으로 추정되는 정지의례에 대해서는 송죽리유적에서 확인된 구덩이 안에 세워진 석부나 꽂아놓은 동검의 사례, 칠곡 복성리에서 확인된 석부가 정지의례일 가능성을 지적하였다.[39])

2) 埋葬施設 築造 段階

무덤 축조 장소가 정해진 후 매장시설 축조단계로 들어갈 것으로 생각되는데, 이 단계로부터 구체적인 고고자료가 확인된다. 매장시설 축조단계와 관련되는 의례행위도 매장주체부 축조 이전에 이루어진 의례, 매장주체부 축조 도중에 이루어진 의례, 매장시에 이루어진 의례, 시신 안치후에 이루어진 의례로 세분할 수 있다.

---

36) 崔鍾圭, 2010, 앞의 글
37) 李相吉, 2000, 앞의 글.
　　尹昊弼, 2007, 앞의 글.
38) 尹昊弼, 2007, 앞의 글.
39) 李相吉, 2000, 앞의 글.

(1) 埋葬主體部 築造 以前에 이루어진 儀禮

먼저 윤호필이 지적한 천광의례[40]의 존재를 증명해주는 자료는 아직 없다. 현시점에 있어 확인된 첫 번째 의례관련자료는 바닥석 설치 이전에 관외부장된 비파형동검(이금동 D-4호)과 관옥(이금동 A-1·C-9·D-3·D-4호, 옥방 1지구 45호)이다. 즉 이상길이 제시한 II단계 축조의례의 첫 번째 단계에 해당된다. 이러한 의례의 성격에 대해 '土地(神)에 대한 제사 내지 사방에 대한 제사'일 가능성도 제시된 바가 있다.[41] 그리고 이러한 바닥석 설치 이전에 이루어진 의례자료가 사천 이금동과 진주 옥방 1지구에서만 확인되기 때문에 남한지역 전체에 적용하기가 어렵고, 특정 분묘축조집단의 특징이라고 생각된다.

(2) 埋葬主體部 築造 途中에 이루어진 儀禮

매장주체부를 구축해가는 도중에도 신촌리 I지구 2호 석관묘와 같이 조립된 석관과 묘광 사이를 메우는 과정에서 적색마연토기 1점을 관외부장하는 사례가 있다. 또 신촌리 I지구 3호 석관묘와 같이 마제석검·석촉, 적색마연토기가 세트를 이루고 확인되기도 한다. 이러한 사례들은 시신의 안치 즉 매장하기 전에 이루어진 것으로 볼 수 있다. 그 성격에 대해서는 '무덤이 오랫동안 견고하게 유지되도록 祈願하는 것'으로 상정한 바가 있다.[42] 다만 마제석검과 석촉과 같은 무기가 완형으로 보이고, 무기가 원래 가지고 있는 기능을 감안하면 『벽사』라는 의미를 부여할 수 있다.

---

40) 尹昊弼, 2007, 앞의 글.
41) 崔鍾圭, 2010, 앞의 글.
42) 李相吉, 2000, 앞의 글.

(3) 埋葬時에 이루어진 儀禮

이 단계는 시신의 운반, 시신의 안치와 그것에 따른 유물의 매납 즉 부장이 이루어지는 단계이고, 이상길이 제시한 III단계 매장의례[43]에 해당된다. 이 단계에서는 비파형동검 · 동모, 마제석검 · 석촉, 적색마연토기, 가지무늬토기, 관옥, 곡옥, 소옥 등 가장 다양한 종류의 유물들이 확인된다.

관내부장된 청동기 즉 비파형동검 · 동모 · 동촉들의 출토위치 특히 비파형동검의 출토위치를 보면 허리 부근 즉 허리 오른쪽에 佩用하는 모습을 나타낸 것이 특징이다.

관내부장된 마제석검의 성격에 대해서는 위에서 언급한 바와 같이 佩用狀態를 나타내는 것과 『僻邪』의 기능을 가지는 것, 그리고 사용했던 것을 부장한 것으로 구분할 수 있다.[44] 또 佩用狀態를 보여주거나 『僻邪』의 기능을 상정할 수 있는 경우에는 비실용품이 부장되는 경향이 있다.

(4) 屍身 安置 後에 이루어진 儀禮

이 단계는 매장주체부 구축이 완료된 후 즉 개석으로 매장주체부를 덮고, 시신의 안치 · 매장이 종료된 후에 이루어진 의례이다. 이 단계에 보이는 유물로서는 마제석검 · 석촉, 적색마연토기, 무문토기 등이 있다.

마제석검은 춘천 발산리 5호 지석묘에서 오각형을 띤 소형석관의 개석 위에 석촉 2점과 함께 관외부장되었다.[45]

적색마연토기는 개석은 덮은 후에 설치된 함안 오곡리 8 · 34호의 사

---

43) 李相吉, 2000, 앞의 글.
44) 平郡達哉, 2008, 앞의 글.
45) 江原文化財研究所, 2004, 「1. 春川 鉢山里 支石墓群 發掘調査 報告書」, 『春川地域 支石墓群 發掘調査 報告書』 江原文化財研究所 學術叢書 17冊.

례가 있다.

무문토기는 양산 소토리 7호의 경우 개석 위에서 약간 뜬 상태로 출토되었는데, 이것도 개석은 덮은 후에 설치된 것이다.

3) 墓域施設 構築 後 段階

지표면에 구축되고, 무덤의 영역을 표시하는 묘역시설에서 출토되는 유물들은 묘역시설 구축 후에 이루어진 의례행위를 보여준다. 이 단계에 보이는 유물로는 마제석검 · 석촉, 석부, 적색마연토기편, 무문토기편 등이 있다. 다만 이러한 유물들이 묘역시설이 구축된 직후에 이루어진 의례와 관련되는지, 아니면 시간차를 두고 이루어진 의례[46]와 관련되는지 명확한 구분기준을 찾기가 어렵다. 이상길과 윤호필이 제시한 제사의례[47]에 해당된다.

모든 과정에서 검, 촉 등이 보인다는 점이 특징이라고 할 수 있다.

---

46) 尹昊弼, 2007, 앞의 글.
47) 李相吉, 2000, 앞의 글.
　　尹昊弼, 2007, 앞의 글.

● IV

副葬遺物로 본
地域間 交流網과 相互作用網

1. 가지무늬토기로 본 地域間 交流

한반도 무문토기 연구에서 가지무늬토기에 대해서는 비교적 빠른 시기부터 인식 · 언급[1]되어 왔음에도 불구하고, 정식 발굴조사를 통해 얻어진 자료가 부족하거나 정식보고서가 간행되지 않았던 상황 즉 一等資料의 不在에 따라 연구가 진전하지 못했던 부분이 있다. 그러나 남강댐 수몰지역에 대한 조사를 계기로 관련자료가 증가하여, 근년에도 그 정식보고서가 간행되는 상황이다. 즉 고고학적 맥락이 확실한 자료가 등장하면서 가지무늬토기의 분포지역 · 상세한 편년 등 기초적 연구를 진행시킬 수 있는 무대가 형성되었다. 따라서 여기서는 기존의 연구성과를 받아들이면서 기초적 연구 · 즉 자료집성, 분류를 통한 편년안을 제시한다. 그 후 출토유구의 종류 · 출토상태, 특히 부장행위에 대한 검토를 통해

---

1) 藤田亮策, 1948, 『朝鮮考古學硏究』, 高桐書院.

시간의 흐름에 따른 가지무늬토기의 성격 변화 및 지역간 교류에 대해서도 언급하고자 한다.

1) 研究史

가지무늬토기에 대한 인식은 1948년에 발표된 藤田亮策의 글[2]에서 찾을 수 있다. 藤田이 함북 웅기 松坪洞에서 인골과 함께 출토된 토기에 대해 문양의 유사성으로 보아 중국 앙소문화기의 '채문토기'[3]를 연상시킨다고 한 바가 있는데, 이 유물을 단도마연토기의 한 종류로 간주한 것이다.[4]

그 후 가지무늬토기에 대한 조사·연구는 거의 이루어지지 않았는데, 얼마 안 되는 자료를 美術陶磁全集의 일부로서 소개된 정도였다.[5]

최초의 본격적인 고고학적 검토는 李健茂에 의해 이루어졌다. 거기서는 당시까지 알려져 있었던 가지무늬토기를 집성한 후 출토유구와 共伴遺物을 검토하여 그 연대에 대해서도 언급하였다. 또 가지무늬토기와 홍

---

2) 藤田亮策, 1948, 앞의 책.

3) 기원과 관련해서 주의해야 할 것은 용어 문제이다. 연구 시작 단계에 중국의 彩文土器와의 유사성을 염두해 그 명칭이 붙여졌지만, 중국고고학에서 사용하는 彩文土器와 직접적 관련성이 없는데도 불구하고, 그 명칭을 사용하는 것은 불필요한 혼동을 초래할 가능성이 있다. 이 점에 대해서는 본고에서 대안을 제시하는 것보다 앞으로 적당한 명칭이 제기되면 그 명칭을 사용하겠고 일단 본고에서는 가지무늬토기라는 용어를 쓰겠다.

4) 그러나 그 후 유사한 자료가 확인되지 않았다는 점, 북한지역 특히 咸鏡道와 같은 한반도 동북지역의 고고자료에 관한 정보가 충분하지 않아, 본고에서 다루는 전형적인 가지무늬토기와 기종·형태 등에 있어 차이가 보이기 때문에 이것은 계보의 차이를 나타낸 것으로 생각하고 싶다.

5) 김원룡, 1973, 『韓國美術全集 I -原始美術-』, 동화출판공사.
   윤무병, 1979, 『世界陶磁全集』 17 韓國古代, 小學館.

도(赤色磨研土器)의 형태비교를 통해 양자간의 관련성을 보다 구체적으로 제시하였다.[6)]

그 후 가지무늬토기에 관한 논문이 몇 편 발표[7)]된 바가 있는데, 그것들은 개별 자료의 소개이며 李健茂의 논문 이후 잠시 연구의 空白期間이 존재한다.

1995년에 河仁秀가 가지무늬토기의 편년에 관한 논고를 발표하였다. 적색마연토기와의 관련성을 중시하면서, 본인의 적색마연토기 편년과 대조시켜 공반유물을 가미해 가지무늬토기의 편년을 재검토하였다.[8)] 李健茂의 연구에서는 깊이 언급되지 않았던 형태적 특징의 변천을 구체적으로 제시했다는 점에서 硏究史的 意義를 찾아낼 수 있다.

禹枝南은 새로 조사된 자료를 소개하면서 가지무늬토기의 연구현황을 정리하였다.[9)] 그 중에서 가지무늬토기의 특징으로서 2점 세트로 출토되는 점을 지적하였다.

姜仁旭은 중국 遼寧省 撫順市 新賓縣 東升유적에서 출토된 가지무늬토기를 상세히 소개하면서, 그 형태적 특징·시간적 위치에 대해 언급하여 한반도 출토품과 비교하였다. 그리고 양 지역의 가지무늬토기가 2점 세트로 출토하는 점, 정선된 태토를 사용한 副葬用임으로 보아 양자간의

---

6) 李健茂, 1986, 「彩文土器考」, 『嶺南考古學』 2, 嶺南考古學會.
7) 이윤조·신숙정, 1987, 「제원 황석리유적 출토의 붉은간토기와 가지무늬토기의 고찰」, 『三佛金元龍敎授停年退任紀念論叢』, 一志社.
   한영희, 1987, 「晉陽 新塘·德梧里의 先史遺蹟」, 『三佛金元龍敎授停年退任紀念論叢』, 一志社.
   이영문, 1987, 「昇州 九山里遺蹟과 出土遺物」, 『三佛金元龍敎授停年退任紀念論叢』, 一志社.
8) 하인수, 1995, 『博物館硏究論集』 4, 釜山廣域市立博物館.
9) 禹枝南, 2002, 「附錄1. 彩文土器의 硏究現況」, 『固城 頭湖里 遺蹟』, 慶南考古學硏究所.

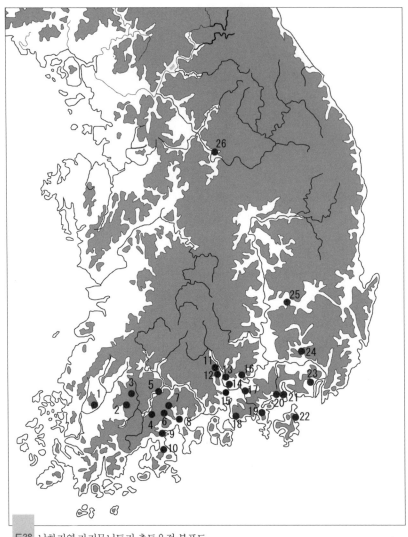

도38 남한지역 가지무늬토기 출토유적 분포도

1 : 나주 회진토성 내	8 : 순천 복성리 상비	15 : 진주 상촌리	22 : 거제 농소
2 : 화순 다지리	9 : 고흥 한천	16 : 진주 신당리	23 : 김해 율하리
3 : 화순 장학리	10 : 고흥 석봉리	17 : 진주 이곡리	24 : 밀양 전사포리
4 : 승주 우산리 내우	11 : 산청 강루리	18 : 사천 이금동	25 : 대구 상동
5 : 승주 구산리	12 : 산청 소남리	19 : 고성 두호리	26 : 제원 황석리
6 : 순천 유평리 유천	13 : 진주 어은	20 : 마산 망곡리	
7 : 순천 서평리	14 : 진주 옥방	21 : 마산 진동리	

공통성이 있다고 지적한 바가 있다.[10)

한반도 출토 가지무늬토기의 대부분이 西部慶南에 집중하는데, 그 다음에 많이 분포하는 곳이 전남지역이다. 이 지역의 가지무늬토기에 대해서는 鄭一이 언급한 바가 있다.[11) 그 내용에 대해서는 나중에 언급하겠지만, 전남지역 출토 가지무늬토기를 크게 두 가지로 구분하여 그것이 계통 차이를 나타내는 것으로 보았다.

宋永鎭은 상세한 속성분석과 공반유물에 대한 검토 등을 통해 보다 자세한 편년안을 제시하였다. 또 彩文의 施文方法에 관한 기존 견해의 문제점을 지적하였다. 그리고 彩文의 施文방법에 대해서는 불완전 연소에 의한 것으로 하면서 倒置燒成으로 구어진 것으로 보았다.[12)

이건무와 하인수의 논문은 한반도 출토 가지무늬토기의 기초적 연구가 된 중요한 논문이며, 그 견해의 영향은 크다. 그 연구성과를 정식발굴된 자료에 대한 상세한 분석을 통해 한 단계 높인 것이 송영진의 연구이다. 그러나 근년의 자료증가는 형식분류, 최고형식의 인식에 대해 의문점을 품게 하여 재고를 요구한다. 또 고고학연구의 기초작업인 자료집성도 충분히 이루어지지 않았던 점은 위와 같은 의문점을 만들게 하는 한편 분포론 · 지역간 교류를 생각하는 데 있어도 걸림돌이 되고 있다. 아래에서는 이러한 의문점 · 문제점을 구체적으로 지적 · 정리하면서 새로운 자료를 가지고 어떠한 결론을 도출할 수 있는가에 대해 언급하고자 한다.

---

10) 姜仁旭, 2003,「遼寧地方 太子河上流地域 新發見 彩文土器에 대하여」,『考古學』2-2호, 서울京畿考古學會.
11) 鄭一, 2003,「전남지방 채문토기에 대한 일소고 -순천 중흥 - 완지 유적을 중심으로-」,『목포대학교 박물관 20주년 기념논총』, 목포대학교박물관.
12) 宋永鎭, 2007,「彩文土器 研究」,『東西文物』創刊號, (財)東西文物研究院.

2) 가지무늬토기 出土 現況

먼저 지금까지 보고된 가지무늬토기를 집성하여 그 출토지역·출토
유구 등 출토현황에 대해 살펴보고자 한다.

지금까지 정식적으로 보고된 가지무늬토기는 모두 92점인데, 〈표 12〉
에 제시하였다.

(1) 出土地域의 樣相

〈도 38〉 및 〈표 12〉를 보아도 알 수 있듯이 출토유적의 수 및 가지무
늬토기의 점수를 보면, 西部慶南에 밀집하는 것을 알 수 있다. 특히 남강
중유역에서의 밀집은 특이한 양상이라고 말할 수 있다. 나중에 자세히
살펴보겠지만 시기 및 수량으로 볼 때 가지무늬토기 제작의 중심지 및
중심집단은 이러한 대평리 취락을 구성한 집단으로 상정할 수 있을 것
이다.

그 다음은 전남지역이다. 전남지역의 가지무늬토기는 寶城江流域의
다섯 유적, 남해안 서부지역의 두 유적, 榮山江流域의 한 유적에서 출토
된 바가 있는데, 羅州에서 高興, 順天에서 보이지만, 전남지역 안에서도
동남부에 주로 분포한다. 자연지형에 의한 구분으로 말하면 寶城江流域
과 南海岸地域이 주요 분포지역이 된다.

이외에는 제원 황석리유적에서 출토되었을 뿐인데, 이것은 위의 두 지
역과 상당한 거리를 두고 단발적으로 보인다.

이와 같이 가지무늬토기의 분포는 지역적 편차가 극히 심한 것을 알
수 있다. 그와 함께 東升유적 출토품과의 유사성은 단순한 우연으로 간
주하기가 어렵고, 중국 동북지역과 한반도 남해안지역의 관계를 어떻게
보느냐가 포인트가 될 것이다.

표 12 _ 남한지역 출토 가지무늬토기 일람

번호	유적	유구	형식	높이	동체부 최대경	구연부 직경	공반 유물	문헌
	東升1	동굴제사	-	17	13.4	4.6		무순박 2002
	東升2	동굴제사	-	14	13.8	5.8		무순박 2002
1	화순 장학리	1호 지석묘(할석형)	-	7.8*	-	8		최몽룡 외 1982
2	화순 장학리	2호 지석묘(할석형)	IV	14.5*	16	9		최몽룡 외 1982
3	화순 다지리	5호 지석묘 주변	-	6	-	-		전남대박 2003
4	나주 회진토성 내	지석묘(판석형)	-	-	-	-		전남대박 1995
5	승주 우산리 내우	24호 지석묘(할석형)	-	12*	-	-		전남대박 1988
6	승주 구산리	지표수습	-	13.8	-	-		이영문 1987
7	순천 유평리 유천	4호 지석묘(할석형)	IV	-		9*		이청규 1988
8	순천서평리	5호 석곽(할석형)	IV?	8.8*	13.4	6.4*		전남대박 1997
9	순천 복성리 상비	2호 지석묘(할석형)	IV	14.5	17.7	9.5		전문연 2003
10	고흥 석봉리	2호 지석묘(판석형)	IV	-	-	10.7		순천대박 2003
11	고흥 한천	17호 지석묘(판석형)	IV	13.2	-	-		목포대박 1999
12	고성 두호리	1호 석관묘A	I	19.3	18.3	9.8		경고연 2002a
13	고성 두호리	1호 석관묘B	I	15.3*	19.7			경고연 2002a
14	사천 이금동	47호묘-1 (주구묘,할석형)	II	21.9	23.9	11.1	옥	경고연 2003
15	사천 이금동	47호묘-2 (주구묘,할석형)	II	19	19.8	10	옥	경고연 2003
16	사천 이금동	48호묘(토광묘)	III	10.1*	16.8	-	적	경고연 2003
17	산청 강루리	?	-	-	-	-		이건무 1986
18	산청 소남리	61호 주거지	-	24	-	9.8		경상남도 외 1999
19	진주 상촌리 II구역	3호 석관묘	II	17.1	17.3	8	적, 석촉	대전보건대박 2005
20	진주 상촌리 D 어성초	트렌치 바닥	II?	25.8	24.5	11.2		건국대 2001
21	진주대평리옥방	1호 주거지	I	19	19	10.4		이건무 1986
22	진주 옥방 1지구	446호 석관묘	-	-	-	-		경상남도 외 1999
23	진주 옥방 1지구	463호 석관묘	-	-	-	-		경상남도 외 1999
24	진주 옥방 1지구	13호 수혈	III	12.6*	-	-		진주박 2001
25	진주 옥방 4지구	1호 주거지 A	-	3.5*	-	-		동의대박 2008
26	진주 옥방 4지구	1호 주거지 B	-	3.4*	-	-		동의대박 2008
27	진주 옥방 4지구	1호 주거지 C	-	3.4*	-	-		동의대박 2008

28	진주 옥방 4지구	8호 주거지 A	-	3.8*	-	7.2		동의대박 2008
29	진주 옥방 4지구	8호 주거지 B	-	4.8*	-	9.3		동의대박 2008
30	진주 옥방 4지구	8호 주거지 C	I	14.2*	-	10.6		동의대박 2008
31	진주 옥방 4지구	11호 주거지 A	-	8.6*	-	8.2		동의대박 2008
32	진주 옥방 4지구	11호 주거지 B	-	3.6*	-	8.2		동의대박 2008
33	진주 옥방 4지구	11호 주거지 C	-	4.4*	-	10.2		동의대박 2008
34	진주 옥방 4지구	11호 주거지 D		17	-	9		동의대박 2008
35	진주 옥방 4지구	11호 주거지 E		16.8*	-	8.6		동의대박 2008
36	진주 옥방 4지구	11호 주거지 F	II	25	-	13		동의대박 2008
37	진주 옥방 4지구	11호 주거지 G		14.6*	-	6		동의대박 2008
38	진주 옥방 4지구	11호 주거지 H		16.8*	-	8.6		동의대박 2008
39	진주 옥방 4지구	15호 주거지		7.8*	-	-		동의대박 2008
40	진주 옥방 4지구	2호 석관묘 A	II	24	-	11.1		동의대박 2008
41	진주 옥방 4지구	2호 석관묘 B	II	13.2*	-	-		동의대박 2008
42	진주 옥방5-D지구	4호 주거지 A	-	10.6*	-	9.8		선문대박 2001
43	진주 옥방5-D지구	4호 주거지 B	III? IV?	12.6*	-	9.3		선문대박 2001
44	진주 옥방5-D지구	4호 주거지 C	-	10.5*	-	7.8		선문대박 2001
45	진주 옥방 8지구	주구묘(3호 석관 A)	II	16.4	18	9.1		창문연 2003
46	진주 옥방 8지구	주구묘(3호 석관 B)	II	17.6	19.8	10		창문연 2003
47	진주 옥방 8지구	주구묘(5호 석관 A)	II	23	10.8	24.9		창문연 2003
48	진주 옥방 8지구	주구묘(5호 석관 B)	II	20.4	11.5	23.4		창문연 2003
49	진주 옥방 8지구	주구묘(7호 석관)	III	16.7	9.2	10		창문연 2003
50	진주 옥방 8지구	주구묘(9호 석관)	III	16.3	18.8	9.7		창문연 2003
51	진주 옥방 8지구	15호 석관묘 A	III	16.2	18.3	10.1		창문연 2003
52	진주 옥방 8지구	15호 석관묘 B	III	19.8	20.7	10.7		창문연 2003
53	진주 옥방 8지구	16호 석관묘	II	18	19.2	10		창문연 2003
54	진주 옥방 8지구	20호 석관묘	III	17.5	17.7	10.3		창문연 2003
55	진주 옥방 9지구	7호 주거지	V	22.6				경고연 2002b
56	진주 어은 1지구	17호 석관묘 A	-	10.5	-	-		경상남도 외 1999
57	진주 어은 1지구	17호 석관묘 B	-	-	-	-		경상남도 외 1999
58	진주 어은 2지구	3호 집석	-	7*	-	11		창문연 2002
59	진주 어은 2지구	18호 집석	-	4	-	10.6		창문연 2002
60	진주 이곡리	16호 지석묘(판석형)	-	11.9	13.8	7.6	옥	동아세아 2007
61	진주 이곡리	27호 지석묘(판석형)	-	9.4*	12.9	7.6		동아세아 2007
62	진주 이곡리	29호 토광묘	-	-	-	-		동아세아 2007

63	진주 이곡리	33호 지석묘(할석형)	-	14.8	15.4	8.8	옥	동아세아 2007
64	진주 이곡리	41호 석관묘	-	11.5*	14.2	-		동아세아 2007
65	진주 이곡리	10호 수혈	-	14.7+	-	10.1		동아세아 2010
66	진주 이곡리	대형구 1구간	-	8.7+	-	19		동아세아 2010
67	진주 이곡리	구 주변	-	5.4+	-	-		동아세아 2010
68	밀양 전사포리	?	V	22+	20.6	10.5		이건무 1986
69	밀양 전사포리	석관묘	-	?	?	?		이건무 1986
70	진양 신당리	석관묘	I	16.2		9		한영희 1987
71	마산 진동리	1호 석관묘	V	15.7	17.1	7.6		경발연 2008
72	마산 망곡리	10호 석개토광묘 A	II	12.9+	17.4	-		경발연 2009b
73	마산 망곡리	10호 석개토광묘 B	II	17.6+	19.5	10.1		경발연 2009b
74	거제 농소	1호 지석묘(할석형)	V	14.5	17	7.2		경고연 2007
75	김해 율하리 A1지구	14호묘 A (할석형석관?)	II	18.1+	17.1	12		경발연 2009a
76	김해 율하리 A1지구	14호묘 B (할석형석관?)	II	22+	22.4	12.4		경발연 2009a
77	김해 율하리 A1지구	20호묘 (할석형석관?)	II	17.1	16.8	10.5		경발연 2009a
78	대구 상동	5호 주거지	V	21.4	21.6	7.4*		경북연 2002
79	대구 상동	8호 주거지	-	9.5+	18*	-		경북연 2004
80	대구 상동	9호 주거지 A	V	21.2	19.5	9.4		경북연 2004
81	대구 상동	9호 주거지 B	-	10+	14.1	7.2		경북연 2004
82	대구 상동	12호 주거지 A	V	12.9	14.2	7.9*		경북연 2004
83	대구 상동	12호 주거지 B	V	14.8	14.1	8.4*		경북연 2004
84	대구 상동	12호 주거지 C	V	11.7	14.1	8.2		경북연 2004
85	제원 황석리	16호 지석묘(판석)	V	26.7	23.4	11		이융조·신숙정 1987
86	傳 사천		II	17	18.2	9.8		이건무 1986
87	경주박물관	A	II	19	18	9.8		이건무 1986
88	경주박물관	B	I	21.7	22.2	10.8		이건무 1986
89	진주박물관	A	III	16.7	14.3	9.8		한영희 1986, 이건무 1986
90	진주박물관	B	IV	16.6	16.1	9		한영희 1986, 이건무 1986
91	호림박물관	A	IV	18.5	-	10.6		이건무 1986
92	호림박물관	B	-	10	-	8		이건무 1986

(2) 出土遺構의 種類

가지무늬토기가 출토된 유
구는 生活遺構인 주거지·수
혈·집석유구와 구, 埋葬遺構
인 지석묘, 석관묘, (석개)토광
묘, 주구묘로 나눌 수 있다(도
39, 표 13).

유구별 성격에 따른 차이를
보면 생활유구에서 33점, 매장
유구에서 47점 출토되었는데,

표 13 _ 가지무늬토기 출토 유구 현황

遺構別	遺蹟數	遺構數	數量(個體)
住居址	7	12	28
竪穴	2	2	2
集石遺構	1	2	2
溝	1	1	1
支石墓	12	15	15
石棺墓	11	15	20
(石蓋)土壙墓	3	3	4
周溝墓	2	5	8
不明			12
總	39	55	92

다소 매장유구에서 많이 보인다. 생활유구 특히 주거지의 경우, 하나의
유구에서 複數 혹은 多量 출토하는 점(옥방 4지구 1·8호·11호 주거
지, 5지구 4호 주거지 등), 그리고 完形品보다는 파편이 많다는 점이 특
징이다.

한편 매장유구 출토품은 47점이고, 수량으로 보면 석관묘 출토품이 20
점으로 가장 많다. 그 다음으로 많은 것이 지석묘 출토품 15점인데, 그
중 10점은 전남지역, 나머지 3점은 이곡리유적에서 확인된 자료이다. 모
두 하나의 유구에서 가지무늬토기가 1점씩 출토되었다. 또 주구묘의 매
장주체부나 토광묘에서는 2점 세트로 출토되는 경향을 확인할 수 있다.
이 부분에 대해서는 나중에 자세히 살펴보도록 하겠다.

이와 같은 출토지역과 출토유구를 정리하면, 가지무늬토기는 남한지
역 중에서도 남강 중유역과 寶城江流域, 南海岸 西部地域에 집중분포하
는 극히 지역적으로 한정된 토기라고 할 수 있다. 그와 함께 무덤의 부장
품으로서 完形으로 출토된 것이 60%를 차지하는 한편, 주거지 등 생활유
구에서도 출토되는데, 그것들은 대부분 파편인 점이 특징이다.

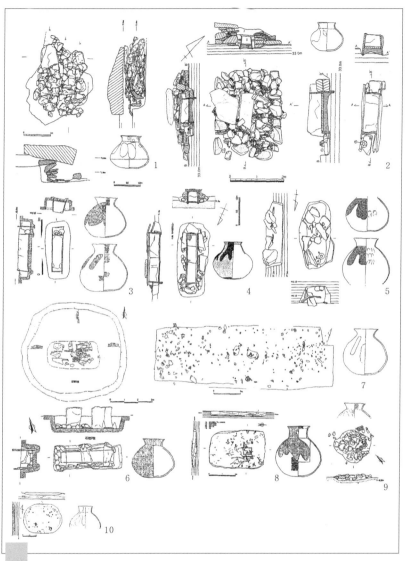

도39 가지무늬토기 출토 유구(지 : 지석묘, 석 : 석관묘, 토 : 토광묘, 주 : 주거지)

1 : 복성리 2호 지   5 : 망곡리 10호 토   9 : 漁2-3호 집석
2 : 이곡리 16호 지   6 : 玉8-9호 주구묘   10 : 이곡리 10호 수혈
3 : 玉8-15호 석   7 : 대평리 1호 주
4 : 진동 1호 석   8 : 상동 9호 주

3) 가지무늬토기의 分類와 編年

(1)가지무늬토기의 分類

기존의 분류 및 편년에 관한 어떤 연구에서도 중요시되어 온 것은 동체부의 형태 및 최대경의 위치, 저부의 형태이다.[13] 최근의 연구 성과로서 宋永鎭의 연구[14]가 있는데, 거기서는 상세한 형식분류와 편년이 이루어져 필자도 동의하는 점이 많다. 본고에서는 기존의 분류·편년연구의 성과 특히 宋永鎭의 견해를 받아들이면서 필자가 가지는 약간의 의문점을 제시하면서 가지무늬토기의 분류와 편년을 시도하고자 한다.

분류기준의 요소는 그다지 많지 않아 기존 연구에서 지적되어 온 바와 같이 주로 ① 동체부 형태와 ② 동체부 최대경의 위치 등을 들 수 있다.

이외에 경부 형태도 분류기준으로 삼을 수 있을 것이다.[15] 구체적으로 길게 외반하는 것, 짧게 외반하는 것, 직립에 가까운 것, 내경하는 것 등으로 구분할 수 있다. 그러나 후술하듯이 직립에 가까운 것과 내경하는 경부는 영남지역에서 적색마연토기와 접촉함으로서, 짧게 외반하는 것은 전남지역에서 송국리형토기와 접촉함으로서 나타난 것으로 생각되

---

13) 李健茂, 1986, 앞의 글.
　　河仁秀, 1995, 앞의 글.
　　禹枝南, 2002, 앞의 글.
14) 宋永鎭, 2007, 앞의 글.
15) 기존 연구에서도 구경부 형태에 주목한 연구가 있다. 송영진은 구경부 형태를 구경부가 길게 외반하느냐 구연구가 짧게 외반하느냐에 따라 Ⅰ·Ⅱ·Ⅲ의 세 가지로 구분하였다. 그러나 여기서 말하는 Ⅰ에 해당되는 것은 동승자료 밖에 없는 것이다. 결국 구경부는 길게 외반하느냐 구연구가 짧게 외반하느냐의 차이밖에 없게 된다. 물론 이러한 구분은 분류 기준으로서 '大別'은 가능하겠지만 세분하는 기준으로서는 충분하지 않다고 생각한다.
　　宋永鎭, 2007, 앞의 글.

고, 모두 후기에 나타난 현상이다. 즉 경부 형태의 차이는 큰 시간차 즉 전기와 후기와 같은 대구분의 기준이 될 수 있지만, 보다 자세한 시기차를 언급할 수 있는 요소가 아니라고 생각한다. 역시 기존 연구에서 중요시되어 왔듯이 넓은 범위에서 通時的으로 가지무늬토기의 분류기준이 되는 요소는 동체부 형태와 동체부 최대경의 위치가 될 것이다. 따라서 본고에서도 동체부 형태와 동체부 최대경의 위치가 가장 시간성을 많이 반영한 것으로 판단하여 이러한 두 가지 요소를 감안하면 Ⅰ~Ⅴ式으로 분류할 수 있다(도 40).

도40 가지무늬토기 형식 분류도

Ⅰ式 : 胴體部가 球形을 이루는 것. 胴體部 最大徑은 中位에 있음.

Ⅱ式 : 胴體部가 옆으로 긴 球形을 이루는 것. 胴部 最大徑은 中位에 있음. Ⅰ式에 비해 胴體部가 전체적으로 옆 방향으로 확대된 것. 橢圓形化가 시작한다.

Ⅲ式 : 胴體部가 橢圓形을 이루는 것. 胴體部 最大徑은 中位·中下位에 있음. Ⅱ式보다 더 胴體部가 옆 방향으로 확대되는데, 胴體部 最大徑의 돌출이 극대화되면서 橢圓形에 가까워진다.

Ⅳ式 : 胴體部가 주머니모양을 띤 것.[16) 胴部 最大徑은 下位에 있음.

Ⅴ式 : 赤色磨硏壺에 彩文이 시문된 것.

---

16) 和順 獐鶴里 2號 出土品과 같이 동체부 下位가 주머니모양을 띤 것을 시기차로 보는 견해(李健茂 1986)와 계통차로 보는 견해가 있는데, 주머니모양 동체부의 계보는 다른 가지무늬토기 속에서 찾을 수 없는 것이며, 이러한 형태의 중심분포지역이 현시점에서는 전남지역에 있는 것을 감안하면 계통차 또는 지역차로 보는 鄭一의 견해가 타당하다고 생각된다.
鄭一, 2003, 앞의 글.

(2) 가지무늬토기의 編年 檢討

여기서는 각종 共伴遺物에 대해 살펴보면서 분류와 편년안의 타당성을 검토하는 것과 함께 가지무늬토기의 시간적 위치에 대해 언급하겠다.

① 磨製石劍(도 41)

가지무늬토기와 共伴된 磨製石劍은 3점(옥방 8지구 3 · 5호 석관, 마산 진동 1호 석관묘) 있는데, 모두 무덤의 부장품이다. 完形品은 옥방 8지구 3호 석관 출토품(이단병식)뿐이다.

옥방 8지구 3호 석관 출토품의 경우, 유사한 형태의 石劍이 합천 저포리 8호 지석묘의 부장품으로서 출토된 바가 있다.[17] 양자를 비교하면 石劍의 기본적 형태에 있어 유사성이 보인다. 물론 柄部 下段部의 벌어짐과 段 連結部 형태에 차이가 있어 저포리 8호 지석묘 출토품에 형식학적으로 새로운 요소가 보인다. 이것을 감안하면 옥방 8지구 3호 석관 출토품도 역시 전기 · 후엽 후반의 석검으로 보아도 문제는 없을 것이다.

옥방 8지구 5호 석관 출토 석검은 형식구분의 중요한 부분인 柄部가 결실되었기 때문에 구체적인 시기에 대해 언급하기가 어렵다. 다만 검신 형태를 보면 하부의 폭이 넓고, 첨단부까지 완만하게 뻗은 점은 옥방 8지구 3호 석관 출토품과 같은 전기 후엽 후반의 石劍에 보이는 형태이다.[18]

그리고 마산 진동리 1호 석관묘에서도 일단병식 마제석검이 출토된 바가 있다. 미완성품인 것 같아 자세한 형식을 알 수 없지만 병부 길이에 비해 긴 신부를 가진 점과 병부가 일단인 것을 보면 후기에 속하는 것으로 추정된다. 또 공반된 가지무늬토기가 내경하는 구경부를 가진 적색마연토기의 형태인 것도 이 석검이 후기에 속하는 것을 방증해준다.

---

17) 釜山大學校 博物館, 1987, 『陝川 苧浦里 E地區 遺蹟』.
18) 朴宣映, 2004, 『南韓 出土 有柄式石劍 硏究』, 慶北大學校 大學院 碩士學位論文.

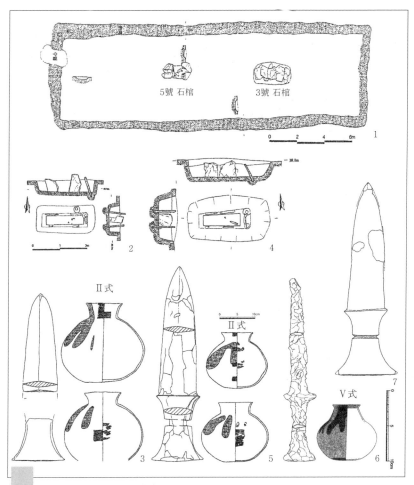

가지무늬토기와 공반된 마제석검

　　1 : 옥방 8지구 주구묘(3호, 5호 석관)　　　　6 : 마산 진동 1호 석관 출토 마제석검
　　2・3 : 동 5호 석관과 출토 마제석검　　　　　7 : 저포리 8호 출토 마제석검(참고자료)
　　4・5 : 동 3호 석관과 출토 마제석검

② 磨製石鏃(도면 42, 표 14)

　가지무늬토기와 共伴된 磨製石鏃은 7개의 유구에서 확인되었는데. 磨製石鏃의 각 형식과 가지무늬토기 및 출토유구의 관계는 〈표 14〉와 같다.

표 14 _ 형식별 마제석검의 시간적 상대관계 (박선영 2004에서 인용)

마제석촉 형식	유구	가지무늬토기
삼각만입	신당리 석관	I 식
삼각만입+이단· 평근일단유경식	옥8-3호 석관, 옥8-5호 석관, 옥8-15호 석관	II · III식
평근일단유경식	상촌리 3호 석관, 복성리 상비	III · IV식
첨근일단유경식	서평리 5호 석곽	IV식

우선 시기적으로 앞서는 것은 三角形灣入石鏃이다. 一段莖式 磨製石
鏃은 莖部 말단부 형태에 따라 평근(平根)과 첨근(尖根)으로 크게 나눌
수 있는데, 平根으로부터 첨근으로 변천한다.[19] 이러한 一段莖式 磨製石
鏃의 시간적 위치에 대해서는 平根一段莖式의 시기를 대체로 전기 후반,
尖根一段莖式을 후기로 본다.[20] 한편 순천 福星里 상비 나지구 2호 지석
묘에서 출토된 마제석촉에 대해 鄭一은 "無文土器 中期 中後半"으로 보
고, 이러한 石鏃들과 송국리문화의 영향으로 가지무늬토기가 제작되었
다고 추정되는 점을 들어 전남지역 지석묘 출토 가지무늬토기의 시기를
"무문토기시대 중기 전반부터 송국리문화단계인 중기 중후반대까지 존
속"했다고 한 바가 있다.[21]

---

19) 安在晧, 1991, 『南韓 前期無文土器의 編年 -嶺南地方의 資料를 中心으로-』, 慶北大學
校 大學院 碩士學位論文.
中村大介, 2005, 「無文土器時代前期における石鏃の變遷」, 『待兼考古學論集 -都出比
呂志先生退任記念-』, 大阪大學考古學研究室.
20) 安在晧, 2002, 「적색마연토기의 출현과 송국리식토기」, 『한국 농경문화의 형성』, 한
국고고학회.
安在晧, 2006, 『靑銅器時代 聚落 研究』, 釜山大學校 大學院 博士學位論文.
金賢, 2006, 「慶南地域 靑銅器時代 무덤의 展開樣相에 대한 考察」, 『嶺南考古學』 39.
21) 鄭一, 2003, 앞의 글.

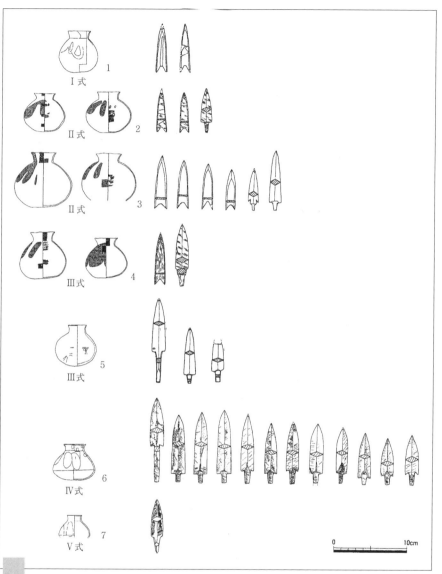

가지무늬토기와 공반된 마제석촉

1 : 신당리	4 : 동 15호	7 : 서평리 5호
2 : 옥방 8지구 3호	5 : 상촌리 3호	
3 : 동 5호	6 : 복성리	

③ 無文土器(도 43, 표 15)

가지무늬토기와 공반된 無文土器는 이중구연단사선문, 공열문, 구순
각목문, 검단리식토기 등이 있다.

〈표 15〉와 같이 공열문 옹은 주거지에서 많이 출토되는 경향이 보인
다. 共伴土器로 보면 I 식과 함께 이중구연단사선문이 주거지에서 출토

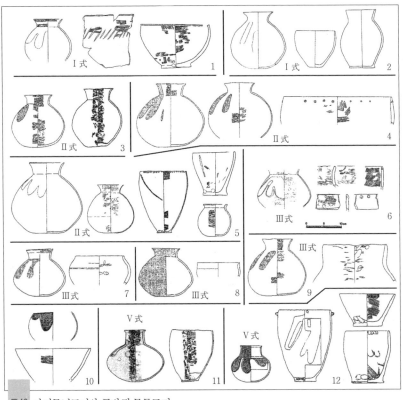

도43 가지무늬토기와 공반된 무문토기

1 : 옥4-8호 주거지	5 : 옥4-11호 주거지	9 : 동 15호 석관묘
2 : 대평리(문) 1호 주거지	6 : 옥1-13호 수혈,	10 : 상동 8호 주거지
3 : 옥8-16호 석관묘	7 : 옥8-7호 석관묘	11 : 옥9-7호 주거지
4 : 동 5호 석관	8 : 동 9호 석관묘	12 : 상동 12호 주거지

표 15 _ 가지무늬토기와 공반된 무문토기

무문토기 형태	유구	가지무늬토기
이중구연단사선문 옹·천발	옥4-8호 주	Ⅰ식
외반구연호	대평리(文)1호 주거지, 옥8-16호 석관	Ⅰ·Ⅱ식
공렬 옹	옥1-13호 수혈, 옥4-1·11호 주, 옥8-5호 석관	Ⅱ·Ⅲ식
직구호	옥8-15호 석관	Ⅲ식
소형 천발	옥8-7·9호 석관	Ⅲ식
무문 옹	옥9-7호 주	Ⅴ식
검단리식	상동 12호 주	Ⅴ식

되는데, 이 시기는 전기 후엽에 해당하고, Ⅱ식 이후 외반구연호나 공열
문토기와 함께 석관묘의 부장품으로서 등장하게 된다. 게다가 늦게 옥방
9지구 7호 주거지 출토품과 같은 적색마연 호에 彩文이 베풀어진 것 즉
Ⅴ식은 검단리식토기가 출토되는 시점에 해당된다. 이 시기에는 주거지
출토품이 많다.

④ 石製 裝身具(도 44)

가지무늬토기와 共伴된 石製 裝身具로서는 곡옥이 있는데, 西坪里 5
호, 옥방 4지구 2호에서 출토되다. 곡옥만으로는 상세한 시기를 알 수
는 없지만, 청동기시대의 飾玉에 대해 언급한 李相吉의 분류와 단계설정
을 참고로 하면, 小型의 초승달 모양을 띠는 西坪里 5호 출토품은 B1형
식, 橫楕圓形을 반으로 잘라 중앙에 얕은 抉部가 있는 옥방 4지구 2호 석
관 출토품은 A2형식에 해당된다. 이것들은 남한지역에서의 비파형동검
이 출토되는 시기와 평행하고, 양자의 선후관계는 B1형식이 A2형식보다
앞서 나타난다.[22] 이 이외에 小玉이 石鳳里 2號 고인돌에서 1점, 梨琴洞

---

22) 李相吉, 2002, 「裝身具로 본 細形銅劍文化期의 特徵」, 『細形銅劍文化의 諸問題』, 嶺
南考古學會·九州考古學會 第5會 合同考古學大會 發表資料.

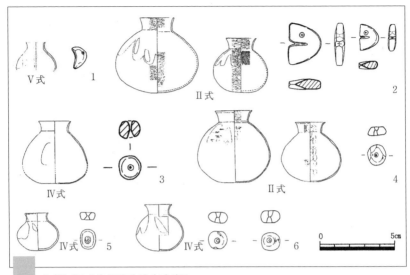

도44 가지무늬토기와 공반된 석제 장신구

1 : 서평리 5호	3 : 석봉리 2호
2 : 옥방 4지구 2호	4 : 이금동 47호

5 : 이곡동 16호

6 : 동 33호

47號墓에서 1점, 耳谷里 16號 고인돌에서 1점(가지무늬토기와 함께 관외부장)·33號 고인돌에서 2점(관내부장), 환옥이 옥방 8지구 20호 석관에서 3점 출토된 바가 있다. 이러한 소옥·환옥에 대해서는 송국리 이전으로 보고 있다.[23]

위와 같이 공반유물을 검토한 결과 가지무늬토기의 형태변화는 동체부 형태는 球形→橫長球形→楕圓形으로, 동체부 최대경의 위치는 중위→중하위→하위로 변천하는 것으로 생각된다. 즉 Ⅰ→Ⅱ→Ⅲ식으로 변화해 가는 것으로 생각된다.

---

23) 李相吉, 2002, 앞의 글.

한편 Ⅳ · Ⅴ식은 후술하듯이 각각 전남 동남부와 영남 동남부를 中心으로 보인다는 지역적 특징을 가진 형식이며, 모두 후기 전반의 범주에 들어가는 것이다.

그러면 아래에서 각 형식의 구체적인 시기에 대해 살펴보고자 한다.

(3) 各 型式의 時期 比定

다음은 공반유물을 통한 각 형식의 시기비정을 행하고자 한다. Ⅰ~Ⅴ식에 대한 시기비정은 시간적 · 공간적으로 넓은 범위에서 출토된 마제석촉을 중심으로 마제석검 · 토기가 중심적 지표[24]가 되는데, 그것들의 조합관계를 바탕으로 살펴보고자 한다.

Ⅰ식 : 삼각만입석촉, 이중구연단사선문토기, 공열문토기 등이 보인다. 마제석촉의 조합관계를 보면 삼각만입만으로 구성되었기 때문에 다른 型式보다 선행할 가능성을 제기할 수도 있다. 그러나 신당리 출토품의 경우 석관이 파괴된 상태로 수습된 유물이기 때문에 부장되었을 때부터 삼각만입석촉만으로 구성되었는지 확증을 얻기 어렵다는 문제점도 있다. 다만 이중구연단사선문토기의 존재와 후속하는 Ⅱ식과 같은 대형품이 없는 점으로 보아 앞 시기로 구분할 수 있다고 생각하고, 전기 후엽 전반 즉 흔암리식단계[25]로 볼 수 있다.

-----

24) 영남지역 청동기시대 편년은 庄田(2007, 2010)과 안재호(2009)의 견해를 참고하였다.
庄田愼矢, 2007, 『청동기시대의 생산활동과 사회』, 學研文化社.
庄田愼矢, 2010, 「朝鮮半島南部靑銅器時代の編年」, 『考古學雜誌』 第93卷 第1號, 日本考古學會.
안재호, 2009, 「嶺南地域 靑銅器時代 時期區分의 現況과 問題」, 『한일 취락 연구』, 한일취락연구회.
25) 庄田愼矢, 2010, 앞의 글.

II식 : 삼각만입과 이단경식 이외에 평근일단경식석촉이 보이는 점, 이단병식 마제석검의 등장과 그 시기를 감안하면 I식보다 후행하는 전기 후엽 후반로 볼 수 있다.

III식 : 마제석촉은 三角灣入과 平根一段有莖式이 세트를 이루는 것과 평근일단유경식만으로 구성된 것이 있다. 일단경식이 평근인 점(옥방 8지구 15호 석관)은 前期의 범주에 들어가는 것으로 생각되는데, 삼각만입석촉이 보이지 않는 것(상촌리 II-3호 석관묘)도 있어 II식보다 늦은 요소도 보인다. 또 後期의 지표가 되는 첨근일단경식석촉이 공반되지 않는 점으로 보아 전기 후엽 후반과 후기의 경계 즉 전기 말로 볼 수 있다.

IV식 : 평근 · 첨근일단경식석촉이 보인다. 복성리 출토품과 같이 평근일단경식이 보인다는 것은 전기와의 시간적 연속성 혹은 근접성을 보여주는 것으로 생각된다. 한편 첨근일단경식의 공반은 서평리에서만 보이는데, 이러한 석촉은 가지무늬토기와 공반된 석촉 중 가장 늦은 것이며 후기 전반에 해당되는 것으로 생각된다.

V식 : 다른 型式에서 보이는 마제석촉이 공반되지 않았고, 검단리식토기(옥방 9지구 7호 주거지), 일단병식석검(마산 진동 1호)을 가지고 시기비정할 수밖에 없는데, 모두 후기 전반으로 생각할 수 있다.[26]

이와 같이 IV · V式은 모두 후기에 속하는 것이고, 전기와 후기의 경계는 아마 III式과 IV · V式 사이에 있을 것으로 생각된다. 공반유물을 보아도 알 수 있듯이 I~III式은 명확한 단절관계에 있다기 보다는 각각 일부 중복관계에 있다. 그리고 III式의 일부는 후기까지 잔존하는데, 거의 같은 시기 즉 후기 전반에 IV · V式이 각각 全南 東南部와 마산 · 김

---

26) 安在晧, 2006, 앞의 글.

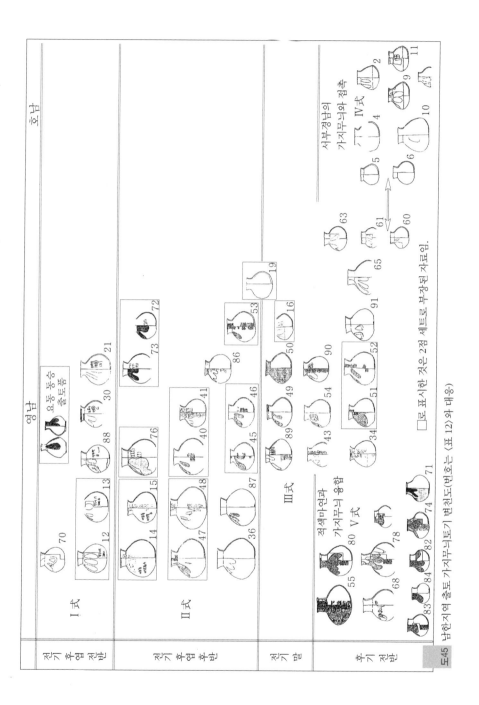

도45 남한지역 출토 가지무늬토기 변천도(번호는 〈표 12〉와 대응)

표 16 _ 가지무늬토기의 형식과 시기구분

시기구분			형식	공반 석촉	공반 석검	공반 토기
전기	후엽	전반	I식	삼각만입		이중구연단사선문, 공렬
		후반	II식	삼각만입+ 이단·평근일단경	이단병	공렬
	말		III식	삼각만입+ 평근일단경		공렬 옹, 직구호, 소형천발
후기전반			IV·V식	평근, 첨근일단유경	일단병	무문 옹, 검단리식

해·밀양·대구 등 영남동남부에서 나타난 것이다.

위의 내용을 정리한 것이 〈도 45〉와 〈표 16〉이다.

4) 南韓地域 가지무늬토기의 最古型式과 起源에 관한 問題

(1) 最古型式 問題

먼저 最古型式에 대해 살펴보겠다. 남한지역 출토 가지무늬토기 중 최고형식으로 여겨지는 것으로 상촌리 4호 주거지 출토품이 있다.[27] 필자가 유물을 실견한 결과 이 토기는 호형인데, 흑색마연이 이루어져 가지무늬가 베풀어지지 않은 것을 확인하였다. 기형은 동승유적 출토품과의 관련성을 연상시키지만, 흑색안료가 전면으로 도포되었거나 가지무늬가 없는 것을 보면 이것을 가지무늬토기에 포함시키는 것은 문제가 있다. 그리고 이 토기는 주거지에서 출토되었지만, 주거지 파괴와 삭평이 심한 상황이고, 게다가 주거지 내부 상부에 퇴적되었던 교란토를 제거하는 과정에서 출토되었다.[28] 즉 주거지와 직접적인 관련이 없을 가능성이 있다

---

27) 宋永鎭, 2007, 앞의 글.
28) 東義大學校 博物館, 2002, 『上村里 遺蹟』.

는 것이다. 실제로 주거지 바닥면에서는 많은 빗살무늬토기 파편, 숫돌, 석제 어망추 등이 출토되어 신석기시대 유구인 것을 알 수 있다. 이 토기에 관해서는 출토상황 그리고 무엇보다도 토기 전면에 흑색마연이 베풀어진 점을 감안하면, 이를 가지무늬토기에 포함시키고 더구나 최고 형식으로 간주하는 것은 문제가 있다고 생각한다. 따라서 본고에서의 분류·편년에서 제외시켰다. 결론적으로 말하자면 한반도 남부지역에서 가장 빠른 가지무늬토기는 위의 편년 결과를 보면 신당리 석관 출토품이 해당된다.

(2) 起源 問題

한반도 출토 가지무늬토기의 기원에 관한 문제도 연구가 시작되었을 때부터 지적되어 왔다.[29] 이러한 기원에 대해서는 중국 채문토기의 영향을 지적하는 견해,[30] 홍도(적색마연토기)에서 찾으려고 하는 견해[31]가 있었다. 그 가운데 기원 문제에 대해 보다 구체적으로 언급할 수 있게 된 것은 2003년에 중국 遼寧省 東升유적의 자료가 소개되고 나서이다.[32] 거기서 보다 구체적인 기원지 및 기원 형태가 제시되었다. 특히 함북 웅기

---

29) 藤田亮策, 1948, 앞의 책.
   金元龍, 1973, 앞의 글.
   尹武炳, 1979, 앞의 글.
   李健茂, 1986, 앞의 글.
   河仁秀, 1995, 앞의 글.
30) 藤田亮策, 1948, 앞의 글.
   金元龍, 1973, 앞의 글.
31) 尹武炳, 1979, 앞의 글.
   李健茂, 1986, 앞의 글.
   河仁秀, 1995, 앞의 글.
32) 姜仁旭, 2003, 앞의 글.

송평동 출토 호형토기와의 관련성이 지적되어 온 기존의 견해보다 형태와 가지무늬의 유사성에 있어 신뢰할 수 있는 자료라고 할 수 있다.[33]

위에서 언급했듯이 한반도 남부지역에서 가장 빠른 가지무늬토기는 신당리 석관묘 출토품이다. 그렇다면 東升유적 출토품과 상당한 형태적 차이를 보이게 된다. 즉 직립에 가까운 구경부, 굽의 존재는 한반도 출토품에는 보이지 않는 요소이다. 이러한 차이가 보이는 이유에 대해서는 위와 같은 형태적 차이를 들어, 직접적인 계보를 더듬을 수 없다고 볼 수 있다. 즉 遼東地域에서 시작된 가지무늬토기 제작이 韓半島 北部·中部로 확산된 후 남부지역에서 나타나게 된 것으로 생각하는데, 그 과정에서 각 지역마다 形態的 變化를 일으킨 결과 남부지역에서는 신당리 출토품과 같은 형태로 출현했을 가능성을 상정할 수 있을 것이다.[34] 하여튼 이 부분에 대해서는 앞으로 자료 증가로 답할 수 있을 것이다.

5) 副葬行爲·風習으로 본 가지무늬토기의 特徵

앞 장의 편년을 바탕으로 가지무늬토기의 출토상태를 정리·분석하

---

33) 동승유적의 연대를 마성자 말기 중에서도 늦은 편인 기원전 10세기 정도로 볼 수 있다는 견해가 제시된 바가 있다. 신당리유적의 연대에 대해 언급할 수 있는 자료가 삼각형만입석촉밖에 없다는 점과 이 유구가 수습조사에서 확인된 점을 감안하면 연대 결정자료로서는 약간의 불안정함을 안고 있다. 그러나 빠른 단계의 가지무늬토기는 전기 후엽으로 볼 수 있기 때문에 양자 간의 연대차이는 결코 크지 않다.
姜仁旭, 2003, 앞의 글.
34) 하나의 가능성으로서 현시점의 분포상황이 과거 몇 십년에 걸쳐 진행된 조사결과가 반영되었다는 것을 중시하여 요동지역과 한반도 남해안지역의 직접적인 관계를 상정할 수도 있다. 직접적 관련을 상정하면서 한반도 남해안지역에서 출현했을 때부터 바로 재지화를 일으켜 신당리 출토품과 같은 형태가 나타났다고 보는 것이다. 이러한 가능성에 대해서는 어디까지나 추측에 불과하지만, 직접적 관계를 배제할 필요는 없을 것이다.

여 부장풍습의 특징을 살펴보겠다. 따라서 여기서 다루는 자료는 매장유구에서 출토된 가지무늬토기이다.

부장풍습이라는 측면에서 보면 가지무늬토기를 2점 세트로 부장하는 점이 역시 가장 특징적이라고 말할 수 있다. 이 점에 대해서는 종래부터 지적되어 왔다.[35] 여기에서는 그러한 2점 세트 부장이라는 풍습의 시간적 변천에 대해 검토하고자 한다.

2점 세트 부장은 두 가지 의미에서 중요하다. 하나는 청동기시대 묘제에 있어 토기가 한 유구에 1점이 부장되는 것이 기본적인 풍습인 것을 보면 그 특이성이 주목된다는 점이다. 그러한 풍습은 언제, 어디서 시작된 것인지, 언제까지 이루어졌는지, 그리고 시간의 흐름과 함께 풍습에 어떤 변화가 일어났는지, 일어났다면 왜 그러한 변화가 일어났는지 등등 많은 의문이 있다. 또 하나는 동일한 시기에 존재해 부장된 것을 증명하는 일괄유물로서의 가치이다. 이 점은 편년작업을 하는 데 있어 매우 유익하다.

이러한 2점 세트 부장은 석관묘 · 토광묘에서 보이지만, 지석묘에서는 보이지 않는다는 점은 중요하다. 단순한 무덤구조의 차이뿐만 아니라, 부장풍습에서도 차이가 있다는 것이다.

가지무늬토기의 편년을 방증하는 데 있어 2점 세트로 무덤에서 共伴되는 가지무늬토기에 대한 검토는 유효하다. 교란되지 않는 무덤에서의 출토품이라면 각 형식의 同時性은 비교적 높은 가능성을 가진다. 현시점으로 상세한 출토상황을 알 수 있는 가지무늬토기끼리의 共伴은 8例 있다(도 46, 표 17).

---

35) 禹枝南, 2002, 앞의 글.
　　姜仁旭, 2003, 앞의 글.

표 17 _ 2점 세트로 출토된 가지무늬토기 사례

가지무늬토기 2점 공반	가지무늬토기 1점 + 적색마연토기 혹은 무문토기 공반
Ⅰ식:두호리 1호 석관묘 Ⅱ식:이금동 47호묘(주구묘, 할석형석관) Ⅱ식:옥방 4지구 2호 석관묘 Ⅱ식:옥방 8지구 3호 석관(주구묘, 판석형) Ⅱ식:옥방 8지구 5호 석관(주구묘, 판석형) Ⅱ식:망곡리 10호묘(석개토광묘) Ⅲ식:옥방 8지구 15호 석관묘 이곡리 29호 토광묘(복원 불가)	Ⅱ식:상촌리 Ⅱ-3호 석관묘(적색마연토기) Ⅱ식:옥방 8지구 16호 석관묘(무문토기 호) Ⅲ식:이금동 48호묘(토광묘, 적색마연토기)

옥방 8지구의 자료는 부장풍습의 시간적 변천을 생각하는 데 있어 중요한 자료가 된다. 옥방 8지구에서는 1기의 주구묘에서 2기의 매장주체부(3호·5호 석관)가 확인되었다.[36] 이 2기의 매장주체부의 완전한 동시성은 증명할 수 없지만, 1기의 주구묘에서 발견된 점과 거기서 출토된 공반유물은 양자간의 축조시기에 큰 시간차이가 없다는 것을 보여준다.[37]

주구묘에서 출토된 가지무늬토기에 2점 세트 부장이 보이는 점은 중요하다. 그리고 가지무늬토기와 적색마연토기 혹은 無文土器와 함께 2점 세트를 이루는 것도 있다. 전자는 주구묘를 중심으로, 후자는 토광묘, 할석형·판석형 석관에서 출토되었다. 명확히 주구묘에서의 가지무늬토기 2점 세트 부장풍습이 존재했던 것을 예상할 수 있다.

그리고 이 2개의 세트 관계는 시기차이를 보여주는 것으로 생각된다. 즉 옥방 8지구 3호·5호 석관(동일한 주구묘) 출토품(가지무늬토기 2점 세트)은 동체부 최대경이 중위 혹은 중위에서 약간 떨어진 것에 비해 옥방 8지구 7호 석관(주구묘의 매장주체부)·9호 석관(주구묘의 매장주체

---

36) 國立昌原文化財硏究所, 2003, 『晉州 大坪里 玉房8地區 先史遺蹟』.

37) 宋永鎭, 2007,

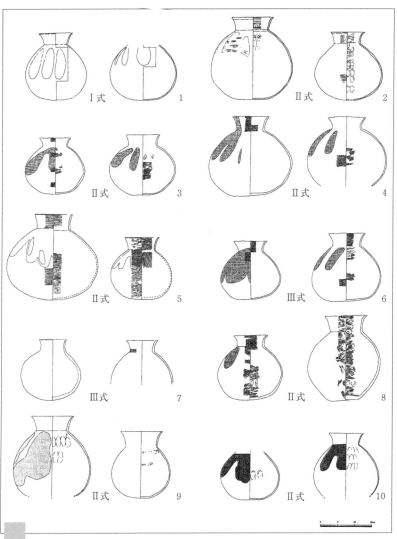

2점 세트로 출토된 가지무늬토기

1 : 두호리 1호   5 : 옥방 4지구 2호   9 : 이금동 48호
2 : 이금동 47호   6 : 옥방 8지구 15호   10 : 망곡리 10호
3 : 옥방 8지구 3호   7 : 상촌리 II구역 3호
4 : 동 5호   8 : 옥방 8지구 16호

부)출토품은 동체부 최대경이 중위보다 아래쪽에 있어, 동체부의 형태가 橫楕圓形이 된다. 위의 편년에 따르면, 형식학적으로는 옥방 8지구 3호 · 5호 석관 출토품→옥방 8지구 7호 석관 · 9호 석관 출토품으로 변화를 상정할 수 있다. 즉 가지무늬토기 2점 세트→가지무늬토기 1점 부장이라는 부장풍습의 변화가 보인다는 것이다.

그러면 이러한 차이는 무엇에 기인하는 것일까? 하나의 가능성으로서 생각할 수 있는 것은, 가지무늬토기끼리 2점 세트로 부장하는 풍습[38]이 엄격하게 지켜져 왔던 것이 시간의 흐름에 따라 그 정형성이 무너지는 부장 풍습의 퇴화가 일어나 가지무늬토기와 그 이외의 토기가 세트를 이루게 되었다는 것이다. 전기 후엽에는 지켜져 왔던 가지무늬토기끼리의 2점 세트 부장풍습이 후기가 되면서 앞 시기만큼 固守되지 않게 된 것일 것이다. 토기의 형태뿐만 아니라 부장풍습에도 변화가 나타나기 시작된 것이다.

이러한 부장풍습의 변화가 일어난 원인으로서는 새로운 문화와의 접촉을 상정할 수 있다. 이 시기에 보이는 채문이 시문된 적색마연토기 등은 다른 토기문화와의 접촉에 의해 두 개의 토기 요소가 융합한 것이다. 또 호남지역의 경우, 지적되어 온 것처럼 적색마연토기의 형태를 가지는 소형품의 등장 및 송국리형 토기의 영향을 받아 등장하게 된 동체부 최대경이 하위에 있는 주머니모양 동체부를 가진 것 등도 역시 가지무늬토기를 사용한 문화와 접촉한 결과 나타난 것으로 생각된다. 가지무늬기법이나 가지무늬토기 자체는 西部慶南地域과의 교류하면서 나타나게 된 것으로 추정된다.

---

38) 남한지역 출토 가지무늬토기의 특징으로서 언급되는 2점 세트 부장풍습은 그 기원지일 가능성이 높은 동숭유적에서도 확인된다.
강인욱, 2003, 앞의 글.

전남지역과 서부경남의 교류를 보여주는 것으로서 상기한 가지무늬 기법 이외에 양 지역에서의 소형품의 존재(예 : 九山里 출토품과 耳谷里 16號 출토품의 유사), 또 석봉리 2호 지석묘(1점), 이금동 47호묘(1점), 이곡리 16호 지석묘(1점) 등에서 출토된 석제 장신구가 있다. 이러한 자료들은 양 지역간의 교류 혹은 접촉을 보여주는 자료라고 말할 수 있다.[39]

또 후기가 되면 마산·김해·밀양·대구 등 경남 동부 및 경북쪽으로 가지무늬토기의 분포지역이 확산된다. 이 지역에서는 기존의 가지무늬 토기와 달리 적색마연토기에 가지무늬가 시문된 것이 가장 특징적이다. 이것은 위에서 언급했듯이 가지무늬토기의 단순한 전파가 아니라 가지무늬토기 제작집단과 적색마연토기 제작집단의 접촉에 의해 일어난 현상이라고 파악할 수 있을 것이다.

후기가 되면 전남 동남부 지역과 서부경남, 동부 경남 및 대구와 서부경남은 서로 정보교환이 가능한 관계를 유지하고 있었던 것으로 생각된다.

6) 가지무늬토기로 본 地域間 交流의 性格

이상으로 남한지역 출토 가지무늬토기의 출토현황·형식분류와 편

---

39) 이러한 부분에 대해서는 최종규가 두호리유적에서 출토된 천하석제 球玉을 가지고, 그 분포범위와 옥 제작도구의 출토, 유적 규모를 고려하면서 '대평유적군을 중심으로 남해 중부지방이라는 하나의 블록'을 상정한 바가 있다. 그 범위 안에서 묘제, 청동기, 가지무늬토기, 주거지형태, 장식품 등의 정보전달이 이루어졌다는 견해를 밝힌 바가 있다.
최종규, 2002,「두호리 출토 天河石製 球玉에서」,『固城 頭湖里 遺蹟-大田-統營間 高速道路 建設에.따른 試發掘調査』, 慶南考古學硏究所.

년, 부장풍습의 특징 등에 대해 살펴보았다. 마지막으로 이상의 내용을 정리하면 아래와 같다.

① 가지무늬토기는 청동기시대 전기 후엽 이후에 한반도 남부 특히 전남 남해안과 서부경남을 중심으로 지역적으로 상당히 한정된 상태로 출현·전개·쇠퇴해 갔다.

② 西部慶南에서 먼저 石棺을 매장주체부로 한 무덤의 부장품으로서 가지무늬토기가 2점 세트로 부장되었다. 그 후, 다른 묘제나 주거지에서도 출토되었다.

③ 西部慶南에서 출현한 후, 시간 차이를 두어 후기가 되면 전남 남해안지역에서도 발견된다. 다만 모두 지석묘(매장주체부는 할석형 석관이 많다. 단 고흥 석봉리 2호만 판석형 석관)의 부장품으로서 1점만 부장된 점은 西部慶南과 큰 차이가 있다. 이러한 차이는 시간적으로 늦게 나타나며 지석묘의 묘제풍습에 받아들였기 때문일 것으로 생각된다. 즉 지석묘의 기본적 부장 패턴인 1점의 磨製石劍, 복수의 磨製石鏃, 1점의 적색마연토기라는 세트 관계 속에 서부경남의 가지무늬토기문화와 접촉하면서 적색마연토기와 융합해 부장용 토기로서 채용된 것으로 생각할 수 있다. 기존의 지적과 같이 송국리문화의 영향에 의해 장학리 출토품과 같은 형태가 나타나는 것도 그러한 다른 토기문화와 접촉한 결과로서 이해할 수 있다. 가지무늬토기를 제작하는 문화와 적색마연토기를 제작하는 문화와의 접촉 즉 문화변용의 결과로서 전남지역의 가지무늬토기를 이해하고자 한다.

④ 후기의 특징으로서 마산·김해 밀양 대구 등 분포지역이 동쪽으로 확산된다는 점을 들 수 있다. 이것은 단순한 전파가 아니라, 마산·김해·밀양·대구 등의 적색마연토기 제작집단이 서부경남의 가지무늬토기집단의 접촉에 의해 일어난 것으로 상정할 수 있다. 즉 후기가 되면 가지무늬토기 및 가지무늬 기법을 매개로 전남 동남부와 서부경남, 동부

경남 및 대구와 서부경남은 서로 정보교환이 가능한 관계를 유지하고 있었던 것으로 생각된다.

⑤ 또 하나의 특징으로서 토기의 형태에 있어 '한반도화' 가 보인다는 점이다.[40] 한반도남부에 전파·도달하는 사이에 '한반도화' 라고 표현할 수 있는 형태적인 변화·변용을 일으킨 것으로 생각된다. 다만 부장풍습에서는 한반도 남부지역에서 출현한 단계에는 2점 세트 부장이 固守된 것을 알 수 있다. 그러나 그러한 2점 세트 부장도 시간에 흐름에 따라 가지무늬토기 1점 혹은 가지무늬토기 1점과 적색마연토기나 무문토기와 세트로 부장하게 되는 등 변화가 보인다. 그러한 변화가 보이기 시작한 것은 청동기시대 후기부터이다.

2. 有節柄式石劍으로 본 埋葬儀禮의 共有

1) 有節柄式石劍을 둘러싼 諸問題

1910년대부터 연구되어온 마제석검의 연구는 有光敎一[41]이 세형동검 모방설을 제기하면서 韓日의 많은 연구자들에 의해 다양한 형식분류·편년안이 제시되었다.

대체로 1980년대 이전만 하더라도 석검의 祖型연구에 치우쳐 석검들 간의 비교검토는 제대로 이루어지지 못하였다.[42] 1980년대 말에 접어들

---

40) 宋永鎭, 2007, 앞의 글.
41) 有光敎一, 1959, 『朝鮮磨製石劍の硏究』, 京都大學文學部考古學叢書 第二冊.
42) 1915년부터 1987년까지의 마제석검의 연구성과는 아래의 논고를 참조하기 바란다.
   田村晃一, 1988, 「朝鮮半島出土の磨製石劍について」, 『MUSEUM』 452.

어 田村晃一[43]과 沈奉謹[44]의 연구에 의해 한반도 마제석검에 대한 형식 분류·편년의 큰 틀이 만들어졌다. 그들의 견해는 현시점에서도 대체로 유효한 것으로 받아들여지고 있다. 박선영[45]은 석검에 대한 구체적인 형식 분류와 편년, 공반유물에 대한 형식변천 등을 검토하여 기존의 연구를 한 단계 진전시킨 것으로 평가할 수 있다.

손준호는 마제석검에 대한 연구의 동향·성과 및 그 기원문제에 대해 잘 정리하였다.[46] 그는 호서지역 출토 마제석검에 대한 논고에서 유절병식 석검의 등장에 대한 견해를 피력하였다.[47] 석검의 節의 등장을 도씨검의 영향으로만 보는 견해는 본고와 깊은 관련이 있음은 물론 흥미로운 학설이지만, 그 타당성에 대해서는 아직 많은 논의가 필요한 실정이다.[48]

---

43) 田村晃一, 1988, 앞의 글.
44) 沈奉謹, 1989, 「日本 彌生文化 初期의 磨製石劍에 대한 硏究 -韓國 磨製石劍과 關聯하여-」, 『嶺南考古學』 6, 嶺南考古學會.
45) 박선영, 2004, 앞의 글.
46) 손준호, 2006, 『韓半島 靑銅器時代 磨製石器 硏究』, 高麗大學校 博士學位論文.
   손준호, , 2009a, 「湖西地域 磨製石劍의 變化相」, 『湖西考古學』 20, 湖西考古學會.
47) 손준호, 2009a, 앞의 글.
48) 손준호의 견해는 시사하는 바가 많지만, 필자들은 이에 대해 약간의 의문을 제기하고자 한다. 한반도에서 출토된 도씨검은 모두 비파형동검 말기(재령 고산리 출토품)부터 세형동검문화 후기(함평 초포리)에 해당되는 유물과 공반되었다. 그리고 한반도 출토 도씨검의 분포지역과 유절병식 석검의 분포지역은 서로 공통점을 찾기가 어렵다. 이와 같이 제작된 시기와 분포상태로 볼 때 현시점의 자료를 가지고는 유절병식 석검의 기원으로 도씨검을 상정하기가 어렵다고 생각한다. 결국 시간적, 공간적인 분포가 겹치거나 서로간의 접촉이 있어야만 도씨검과 유절병식 석검의 관계에 대해 구체적으로 언급할 수 있을 것이다. 무엇보다 한반도에서 출토된 도씨검에 대한 구체적인 검토가 먼저 이루어져야 한다.
   손준호, 2009a, 앞의 글.

그런데 기존 연구는 마제석검의 형식분류와 편년에 치우쳐 청동기시대에 이것이 어떠한 사회적 또는 상징적 의미로 제작되었는지, 매장의례와는 어떠한 관련이 있는지에 대한 논의는 제대로 검토되지 못하였다.

마제석검의 여러 속성들을 근거로 석기제작과정에서 우연히 발생한 것이 아니라 특별한 器物을 모방하여 제작되었을 가능성은 지속적으로 제기되어 왔다.[49] 그만큼 청동기시대에서 마제석검은 석기시대에 출토되는 보통의 도구와는 다른 의미를 지니고 있는 석기로 볼 수 있다.

우선 마제석검은 단순한 모방행위로 제작될 수 있는 석기가 아니다. 청동기시대에 제작되는 석기 중 대칭성이 뛰어나 美的으로 아름다울 뿐만 아니라, 큰 원석을 사용해서 직접타격, 마연, 고타, 찰절기법과 같은 석기제작에 사용되는 모든 제작기술이 사용되는 제작과정에서 정교함을 요구한다. 또한 석검제작장이 유적 내에서 확인되지 않는 점, 전문공인이 제작했을 가능성, 동일한 석검이 원거리지역에서 확인되는 점, 석검이 대개 死者를 위한 부장품으로 사용되는 점, 지석묘와 깊은 관련이 있는 점 등이 마제석검과 관련된 특징적인 현상이다.

그 중에서도 전국적으로 출토되는 마제석검(특히 유절병식 석검)이 형태적으로 왜 그렇게 흡사한지에 대한 의문은 여전히 풀리지 못하고 있다. 有光教一의 주장대로 단순히 고도의 문명을 지닌 정복자의 도구를 모방해서 마제석검이 출현[50]했다면, 출토양상이나 유물의 공반관계 등과 같은 많은 점에서 유사성을 가질 수가 없을 것이다.

---

49) R. Torii, 1915, 「populations prehistoriques de la Mandchourie meridionale」, 『Journal of the College of Science, Imperial University of Tokyo』.
   有光教一, 1959, 앞의 글.
   金元龍, 1971, 「韓國 磨製石劍 起源에 관한 一考察」, 『白山學報』 第10號.
   田村晃一, 1988, 앞의 글.
50) 有光教一, 1959, 앞의 글.

우리가 습관적으로 언급하는 매장의례는 개인에 의해 이루어지는 私的의례와 집단 단위에서 이루어지는 공적의례로 크게 구분할 수 있다. 사적의례가 개인에 의해 이루어져 의식의 내용이 단순하면서 집단 내 구성원들에게 확산되거나 전수되지 않는 반면, 공적의례는 집단구성원들의 참여는 물론 많은 인력과 시간이 필요하고 규범화된 의식을 반복적으로 수행하는 행위가 나타난다. 아울러 외부집단으로의 전파도 가능하다. 福永伸哉[51]는 무엇보다 공적의례가 의식내용이 복잡하고, 참가자격자가 제한되고, 의례를 수행할 수 있는 종교적 전문가를 포섭하여 통제하기도 한다고 하였다.[52] 개인에 의해 이루어지는 사적의례보다 공적의례로 나타나는 매장의례의 공유를 파악하기 위해 본고에서는 유절병식 석검의 여러 속성 중 형태와 규격의 유사성, 출토지역의 상관관계, 공반유물, 부장양상 등에 주목하여 청동기시대의 매장의례의 공유를 추론해보고자 한다.

2) 形態的 特徵

(1) 有節柄式石劍의 定義

마제석검은 먼저 검신부와 병부를 동시에 제작하느냐에 따라 유병식

---

51) 福永伸哉, 2005, 『三角緣神獸鏡の研究』, 大阪大學出版會.
52) 얼(Earle)은 이데올로기의 물질화의 표현형태로 공적의례, 상징적 기물, 공적기념물을 포함하는 경관, 문자기록을 언급하였다. 상징적 기물은 특수한 기술을 지닌 전문공인의 장악과 유통을 통제하고 입수 가능한 사람을 제한하는 것이다. 공적기념물은 보는 사람의 언어, 연령, 성별, 문화의 차이를 넘어서 권력과 부의 순전한 메시지가 되고 그 구축을 일구어낸 수장의 존재를 상기시켜야만 하는 것이다.
Timothy K. Earle(김경택 역), 2009, 『족장사회의 정치 권력』, 도서출판 고고.
福永伸哉, 2005, 앞의 책.

표 18 _ 이단병식 석검의 분류와 분기(박선영 2004를 근거로 작성)

분기	형식 요소	단연결부 길이	단연결부 단면 형태	절대
I 기	I 형식	1.5cm 이상	원형 · 타원형	없음
	II 형식	1~1.5cm	장타원형 · 말각장방형	없음
II 기	III 형식	1cm 미만	렌즈형 · 능형, 렌즈형 많음	있음
	IV 형식	1cm 미만	렌즈형 많음	명확해짐. 병부 폭보다 바깥으로 돌출
III 기	V 형식 (유절식)	1cm 미만	렌즈형 · 능형이 같은 비율	더 명확해짐. 측면의 돌출도 명확해짐
	VI 형식 (유절식)	절대 1조와 동일함	능형 많음	병부의 表裏만 있음. 측면은 마연

과 유경식으로 대별된다. 유병식은 병부의 형태적 특징에 대해 이단병
식, 유절병식, 일단병식으로 세분된다. 이단병식은 병부 중앙에 보이는
단 연결부의 길이, 단면 형태, 鍔部 돌출, 병두부 형태, 검신 형태, 검신과
병부의 연결 형태, 혈구 유무 등을 기준으로 I ~VI型式으로 분류할 수 있
다. 그러한 속성들 중 단연결부가 형식변화의 흐름을 가장 민감하게 반
영한다.[53] 각 型式의 공반유물을 근거로 I ~VI형식으로의 변천이 성립
되고, 공반유물의 세트관계로 부터 I · II型式을 1기, III · IV型式을 2
기, V · VI型式을 3기로 하였다. 각 형식의 특징은 〈표 18〉과 같다. 〈표
18〉을 보면 V형식 이후가 유절병식 석검에 해당한다.

유절병식은 병부 중간에 두 줄의 마디를 가지며, 검신 형태도 공통성
이 있다. 그것은 검신의 양쪽이 심부에서 신부 선단 가까이까지 거의 평
행하고, 특정 부분에서 갑자기 가늘어지면서 뾰족한 선단부를 가진다.[54]

상기한 바와 같이 박선영의 V · VI형식이 기존의 유절병식에 해당하
는데, 병부의 폭보다 바깥쪽으로 돌출하는 IV형식도 엄밀히 말하면, 유

---

53) 朴宣映, 2004, 앞의 글.
54) 田村晃一, 1988, 앞의 글.

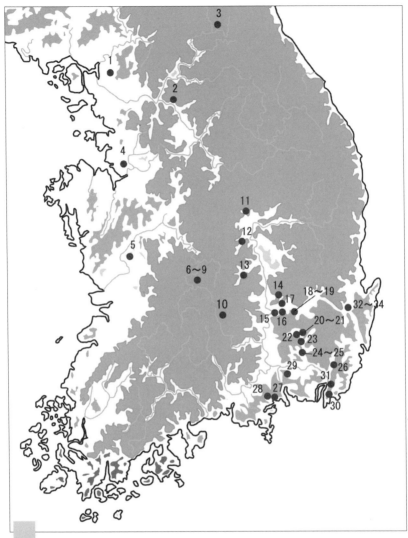

도47 유절병식 석검의 분포도(번호는 〈표 19〉와 동일)

절병식의 범주에 포함시킬 수 있다고 생각된다. 즉 Ⅰ·Ⅱ형식에서는 단 연결부의 위아래에 마디모양의 융기는 보이지 않지만, Ⅲ형식에서 약간 의 節帶를 확인할 수 있다. 이러한 절대가 보다 명확해지고 병부 폭을 넘게 된 것이 바로 IV형식이며, 절대는 병부 外周를 일주하는 마디와 같은 형태가 된다. 이처럼 外周하는 마디를 가지는 것이 가장 일반적인 유절 병식 석검의 모습으로 볼 수 있기 때문에 박선영이 분류한 이단병식석검 IV형식 단계부터 유절병식 석검으로 보고자 한다. 후술하겠지만, 이 단 계부터 청동기시대 내 새로운 사회적 변화가 나타나기 시작한다.

이러한 절상융기의 형성으로부터 발달 그리고 완성에 이르는 형태변 화의 모습은 이단병식 석검과 유절병식 석검을 동일한 계통으로 보는 것 에 대한 타당성을 나타내는 형식학적 요소라고 말할 수 있다.

표 19 _ 남한지역 출토 유절병식 석검 일람 (*는 殘存値)

번호	유적명 및 소재지	유구	형식	전체 길이	신부 길이	병부 길이	검심·병부 비율	공반 유물	문헌
1	파주 옥석리	주거지	?	*16.8	*8	8.8		석촉 다수	국박 1964
2	양평 상자포리	4호 지석묘	I	39.6	28.6	11	2.6	석촉13?	문관국 1974
3	양구 송우리	석실	III	*31.6	*21.2	10.4		석촉5	有光敎一 1959
4	평택 토진리	석관 관외	III	*16.1	*6.6	9.5		석촉1	기문연 2006
5	부여 가중리	제3호 석실 내	II	39.4	29	10.4	2.8	석촉3	有光敎一 1959
6	진안 여의곡	20호 지석묘	II	30.1	19.1	11	1.74	석촉9	전북대 2001
7	진안 여의곡	30호 지석묘	I	36.3	24.3	12	2.03	석촉6	전북대 2001
8	진안 여의곡	3호 지석묘	I	31.9	21.5	10.4	2.07		전북대 2001
9	진안 여의곡	11호 지석묘	III	35.5	24.9	10.6	2.35	석촉2	전북대 2001
10	거창 대야리	2호 지석묘	III	36.2	26	10.2	2.55	석촉42?	동의대 1987
11	문경 서중리	?	II	*43	31.6	11.4		석촉	이백규 1991
12	김천 삼거동	?	II	51.2	39.9	11.3		석촉	이백규 1991
13	상주 청리 I	나 4호	II	40.8	29.4	11.4	2.58	석촉9	한문보재 1999
14	대구 침산동	기반식 지석묘	IV	34.2	24.2	10	2.42	석촉6 이상, 적색마연토기	有光敎一 1959
15	대구 천내리		III	*36.4	26	10.4			有光敎一 1959
16	대구 월성동 585	3호	II	44.8	35	9.8	3.57	석촉9?	영남대박 2007
17	대구 상인동	1호	II	44.3	33.4	10.9	3.06	석촉10	경북대박 2004
18	대구 시지동 I	3호	II	42	30.3	11.7	2.59	석촉3, 적색마연토기2	영남대박 1999
19	대구 시지동 I	15호	II	40.8	29.6	11.2	2.64	적색마연토기1	영남대박 1999
20	청도 진라리	1호 지석묘	III	39.8	29.9	9.9	3.02		영문연 2005

21	청도 진라리	3호 지석묘	II	66.7	49.3	17.4	2.83	석촉10	영문연 2005
22	청도 송서동		III	*36.8	*27.4	9.4		석촉2	有光敎一 1959
23	전 청도		III	40	30.6	9.4	3.26		有光敎一 1959
24	밀양 가인리	10호 지석묘?	III	37.8	28.8	9	3.2	유병식석검1, 적색마연토기1	밀양대박, 경고연 2002
25	밀양 가인리	11호 지석묘?	III	36.4	27.4	9	3.04	유경식석검1	밀양대박, 경고연 2002
26	양산 소토리	41호 석개토광	III	33.3	24.6	8.7	2.83	석촉3, 무문토기1	경고연 2005
27	마산 다구리		IV	45	30.3	14.7	2.06		정성희 1985
28	마산 신촌리	I-3호 석관	IV	33.9	23.8	10.1	2.36	석촉2, 적색마연토기1	최종규, 안재호 1983
29	창원 화양리		IV	41	30.7	10.3	2.98	석촉2	정성희 1985
30	부산 대신정	조합식 석관내	II	*34.8	*24.4	10.4		토기편	有光敎一 1959
31	부산 사직동		III	24.4	*14	10.4			복천박 1997
32	전 경주1		III	40.6	29.6	11	2.69		有光敎一 1959
33	전 경주2		IV	33.4	21.4	12	1.78		有光敎一 1959
34	전 경주3		IV	42.4	31.2	11.2	2.79		有光敎一 1959

(2) 形態的 特徵

유절병식 석검을 구성하는 형식적 요소를 자세하게 추출하고, 그것들이 가지는 의미, 즉 시간성 · 공간성 · 기능성에 대해 언급하고자 한다.

① 石劍의 大形化

유절병식 석검은 전반적으로 길이가 길다. 출토지점 · 상황이 확실한 영남지역의 무덤에서 출토된 이단병식 석검 자료를 구체적으로 살펴보자(표 4-8). 각 형식의 평균 길이는 II형식 32cm, III형식 36cm, IV형식 44.7cm, V형식 33.3cm, VI형식 37.5cm이다. 다만 II형식과 III형식은 평균치를 계산할 수 있는 자료가 2~3점씩밖에 없고, 각 형식 내에서 전체 길이가 긴 것(45cm 이상)과 짧은 것(21~29cm)을 구분하기 어렵기 때문에 각 형식이 전반적인 경향을 반영한다고는 말할 수 없다.

유절병식 석검으로 간주되는 IV형식이 되면 전체 길이가 길어짐을 알 수 있다. 이번에 분석대상으로 삼은 남한지역에서 출토된 유절병식 석검 34점의 평균 길이는 39.4cm이다. 영남지역 무덤에서 출토된 것과 비교하면 5cm나 차이나지만, 이것은 진라리 3호 지석묘출토품이 66.7cm나 되는 超大形品이 포함되었기 때문에 평균치를 내기 위한 母數가 큰 데 따른 것이다.[55]

참고로 일단병식 석검인 A1형식 30.2cm, A2형식 27.4cm, A3형식 24.7cm(1점), B1형식 32.2cm(1점뿐이고 선단부 결실), B2형식 29.7cm, B3형식 34cm, C형식 35.8cm(1점), D형식 27cm(선단부 결실)가 된다. 일

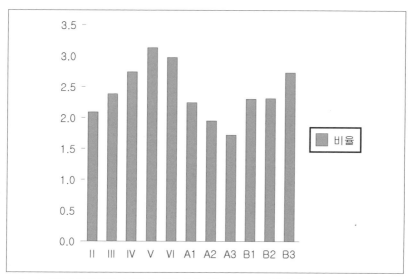

그래프 2 　영남지역 형식별 검신부와 병부 길이 비율(A1~B3은 일단병식)

---

55) 진라리 3호 출토품과 같은 대형 유절병식 석검이 있기 때문에 평균 길이가 길게 나온 것도 사실이지만, 그러한 대형품을 제외하고 평균치를 산출해도 38.2cm가 되므로 유절병식석검이 다른 마제석검보다 길이가 길다. 이러한 수치는 사직동 출토품과 같은 길이가 짧은 것도 포함시켜 계산한 수치이다. 전체적인 양상도 다른 마제석검보다 크다고 할 수 있다.

단병식 석검과 비교해 보아도 유절병식 석검이 매우 크고 길게 만들어졌다(그래프 2).

석검의 전체 길이뿐만 아니라 검신과 병부의 비율에서도 다른 석검에 비해 유절병식 석검이 매우 긴 것이 특징적이라 할 수 있다.

② 柄部 下段部

유절병식 석검만의 특징적인 속성은 심부와 병두부가 크게 돌출되고, 특히 병부 하단부가 과도하게 벌어지는 게 특징이다. 병부 하단부가 벌어지는 모습은 아래와 같이 세 가지로 나눌 수 있다.

첫 번째는 비교적 직선적으로 뻗은 것이다. 그 수량은 많지 않는데, 달성 침산동, 傳 경주출토품 2, 마산 다구리, 마산 신촌리 I -3호묘 등 마산, 경주, 대구 등 영남 동남부지역에서 확인된다.

두 번째는 매끈매끈한 곡선을 띠면서 과도하게 벌어지는 것이다. 심부의 벌어짐보다 병부 하단부(병두부)의 벌어짐이 큰 게 특징이다. 진안 여의곡 11 · 20호, 거창 대야리 2호, 청도 진라리 3호, 대구 내천리, 시지동 I -3 · 15호, 상인동 1호, 월성동 3호, 상주 청리 I -나 4호 등의 분포로 미루어볼 때 대구를 중심으로 청도와 상주 · 거창 · 전북 산간부인 진안에서 확인된다.

세 번째는 병부 하단부에서 각이 지게 돌출하는 형태이다. 이러한 형태의 유절병식 석검은 병부 · 심부 · 신부 형태는 물론, 크기도 매우 유사하다는 특징이 있어 주목할 필요가 있고, 밀양과 청도에서 확인된다.

결국, 세 가지로 구분되는 병부 하단부에서 벌어짐의 차이는 대구와 청도에서 일정 범위가 중복되어 나타나므로 뚜렷한 지역차로 보기 어렵기는 하지만, 분포지역에 있어서는 어느 정도 지역적 특징을 반영한 것으로 생각된다.

③ 稜의 形態

마제석검에서 稜의 위치에 따라 세 가지로 분류할 수 있다.

첫 번째는 稜이 검신부에만 있는 것이다. 병부 단면은 반드시 타원형을 띠게 된다. 관련유물로는 양평 상자포리 4호, 부여 가증리 3호, 진안 여의곡 3·20·30호, 청도 진라리 3호, 대구 시지동 Ⅰ-3·15호, 대구 상인동 1호, 대구 월성동 3호, 상주 청리 Ⅰ-나-4호, 달성 침산동, 마산 신촌리 Ⅰ-3호, 창원 화양리, 창원 다구리, 부산 대신동, 傳 경주출토품 2가 있다. 이러한 형태는 출토지역이 광범위한 게 특징이다.

두 번째는 稜이 봉부부터 병부 상단까지 있는 것이다. 진안 여의곡 11호, 傳 경주출토품 3으로 사례가 매우 적다.

세 번째는 稜이 검신으로부터 병부에 이르기까지 있는 것이다. 마디[節]의 돌출이 작거나 병부와 단연결부의 차이가 적은 것으로 한정된다. 병부에서 稜은 필요 없는 요소임에도 불구하고, 稜이 만들어진 점은 원래 형태, 즉 동검과 유사성이 높은 것에서 낮은 것으로 변화해가는 형태상의 퇴화로 볼 수 있고 형식적으로도 늦은 편이다. 마디 부분의 형식 변천으로 볼 때도 그러하다.

이러한 稜을 가진 것은 양구 송우리를 제외하고는 거창 대야리 2호, 대구 천내리, 청도 송서동, 전 청도 출토품, 청도 진라리 1호, 밀양 가인리 10·11호, 양산 소토리 41호, 傳 경주출토품 1 등 대부분 영남지역에서 출토되었다. 稜 형태의 차이는 대체로 분포 차이를 나타내면서 지역차를 반영하기도 하지만, 경주에서는 세 가지 모두가 확인되기도 한다.

유절병식 석검은 이렇게 대형화되고 무기로서의 실용성[56]을 잃으면서

---

56) 유절병식 석검의 실용성에 대해서는 인부의 예리함, 신부와 병부 길이의 비율, 그리고 심부와 병두부의 돌출도 등의 기준을 가지고 구분할 수 있을 것으로 생각된다. 그중에서도 신부와 병부 길이의 비율은 유물이 파손되지 않았다면 부장되기 이전의 상태와 거의 같다고 볼 수 있어, 수치로서 계측이 가능한 요소이다. 또 극단적으로 신부 길이가 길 경우 도구로서 사용할 때 균형을 유지하기가 어렵기 때문에 실용품으로 보기가 어려울 것이다. 그리고 영남지역 무덤 출토 유절병식 석검의 신부와 병부 길이의 비율을 보면, 본고에서 유절병식으로 본 박선영 분류 Ⅳ식은 평균 2.84이고,

점차 儀器가 되는 경향은 영남지역에서 현저하다. 특히 심부와 병두부가 과도하게 커지는 등 마제석검의 의기화는 청도·대구를 중심으로 확인된다. 가장 특징적인 사례가 청도 진라리 3호 지석묘 출토품이다. 최근 달성 평촌리 유적에서도 진라리 3호 지석묘 출토품과 거의 비슷한 형태·길이를 가진 유절병식 석검이 출토된 바가 있어 주목된다.[57]

④ 劍身 形態

한반도 마제석검 연구 중 형식 분류와 변천에 관해 언급할 때, 가장 중요시되어 온 분류기준은 柄部 형태이다. 병부 형태를 기준으로 제시된 형식 분류와 변천 과정은 마제석검 연구의 진전에 큰 역할을 하였다. 한편, 검신 형태도 포함시켜서 마제석검의 형식 변천을 연구하여야 한다는 지적도 있다.[58]

그러한 시각에서 볼 때 유절병식 석검의 형태적·형식적 특징으로서 劍身 형태를 예로 들 수 있다. 구체적으로 검신의 양측 刃部가 거의 평행하고, 검신의 첨단부 부근에서 각이 지고, 길게 뾰족해지면서 봉부와 검신을 구분할 수 있다.[59] 이러한 검신 형태가 모든 유절병식 석검에서 보이는 것이 아니라 청도·밀양·대구를 중심으로 확인되었다는 점에 유의할 필요가 있다. 즉 검신 형태도 유절병식 석검의 세분과 그 지역적 혹은 시간적 특징을 보여주는 요소 중 하나일 가능성이 있다.

앞 단계인 박선영 분류 III식의 2.48보다 높은 것을 알 수 있다. 박선영 분류 V식은 1점밖에 없지만 그 비율은 3.13이고, VI식에서는 2.97이 된다. 대체적인 변화의 방향이 실용성이 없어지는 흐름을 알 수 있다. 물론 검신 길이만이 절대적인 기준이 아니라 검신의 예리함, 단면 형태 등을 포함해서 생각할 필요가 있다.

平郡達哉, 2008, 「영남지역 '검형 마제석기' 부장의 의미에 대한 고찰」, 『COGITO』 64, 釜山大學校 人文學研究所.

57) 경상북도문화재연구원, 2010, 『달성 평촌리·예현리 유적』 학술조사보고 제147책.

58) 田村晃一, 1988, 앞의 글.

59) 田村晃一, 1988, 앞의 글.

(3) 形態的 相關關係

여기서는 앞서 검토한 마제석검의 속성들 사이의 상관관계를 살펴보고자 한자.

마제석검의 형태적 특징은 세분이 가능하다. 검신 형태는 심부로부터 봉부에 이르기까지 완만한 것과 심부로부터 직선적으로 뻗고, 선단부 부근에서 각이 지고 뾰족해지는 것, 稜은 검신만, 검신과 병부 상단, 그리고 검신과 병부 전체에 만든 것으로, 병두부의 벌어짐은 직선적인 것, 완만하게 경사하는 것, 하단에서 각이 지는 것으로, 단 연결부는 凹부가 명확한 것과 명확하지 않은 것으로 크게 나눌 수 있다(표 20~22).

稜은 위에서 언급한 바와 같이 원래 형태의 상실이라는 변화의 방향성을 상정하였을 경우, 검신에만 만든 것에서 검신+병부 상단에 만든 것, 검신과 병부 전체에 만든 것으로 변화한다. 또한 단 연결부의 형태는 凹부가 명확한 것에서 불분명해지는 것으로 변화하며,[60] 稜 형태와의 상관

표 20 _ 단 연결부와 검신 형태 상관관계

단 연결부 검신 형태	명확함	명확하지 않음
완만한 것	○	
각 진 것	○	○

표 21 _ 병부 하단 벌어짐과 검신 형태 상관관계

병부 하단 벌어짐 검신형태	직선적	완만함	각짐
완만한 것	○	○	
각 진 것		○	○

표 22 _ 稜과 검신 형태 상관관계

稜 검신 형태	검신 만	검신+ 병부 상단	검신+ 병부 전체
완만한 것	○		
각 진 것		○	○

표 23 _ 稜과 단연결부 상관관계

稜 단 연결부	검신 만	검신+ 병부 상단	검신+ 병부 전체
명확함	○		
명확하지 않음		○	○

---

60) 박선영, 2004, 앞의 글.

표 24 _ 병부 하단 벌어짐과 단 연결부 상관관계

단 연결부 ＼ 병부 하단 벌어짐	직선적	완만함	각 짐
명확함	○	○	
명확하지 않음		○	○

표 25 _ 병부 하단 벌어짐과 稜 상관관계

稜 ＼ 병부 하단 벌어짐	직선적	완만함	각 짐
검신 만	○	○	
검신+병부 상단		○	
검신+병부 전체			○

관계(표 23)를 보더라도 이러한 점을 확인할 수 있다.

〈표 24 · 25〉의 병부 하단의 벌어짐을 稜의 형태와 단 연결부의 형태로 보았을 때 직선적인 것에서 완만한 경사를 나타내는 것으로 점차 변화된 후, 병두부 부근에서 각이 지는 것으로 변화하였다.

그리고 稜의 형태, 단 연결부의 형태, 병부하단의 벌어짐으로 판단할 때 검신 형태는 완만한 것으로부터 각이 진 것으로 변화한다.

3) 型式分類와 共伴遺物

(1) 型式分類와 그 變遷

① 분류

유절병식 석검은 분포 및 형태적 특징으로부터 네 가지로 분류할 수 있다(도 48). 각 형식의 특징은 다음과 같다.

유절병식 석검 Ⅰ식은 검 전체의 길이가 다른 것에 비해 짧다. 검신 형태는 완만한 곡선을 이루면서 봉부를 향해서 뾰족해진다. 稜은 검신에만 있다. 이단병식 석검처럼 병부에 凹部를 만드는 형식이다. 유절병식 석검으로 가기 전 단계의 형태이다. Ⅰ식은 그 수가 적은 편으로 양평, 진안 등 남한강과 금강 유역에서 산발적으로 분포한다.

유절병식 석검 Ⅱ식은 검 전체의 길이가 Ⅰ식에 비해 길어진다. 검신 형태는 완만한 것도 있지만, 대부분 심부에서 직선적으로 뻗고, 봉부 부

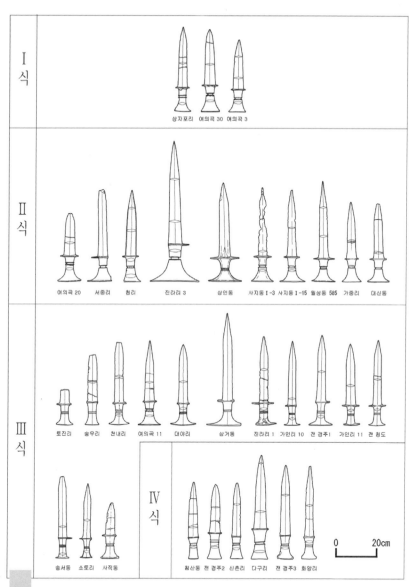

<table>
<tr><td>Ⅰ식</td><td>상자포리 여의곡 30 여의곡 3</td></tr>
<tr><td>Ⅱ식</td><td>여의곡 20 서종리 청리 진라리 3 상인동 사지동Ⅰ-3 사지동Ⅰ-15 월성동 585 가중리 대신동</td></tr>
<tr><td>Ⅲ식</td><td>토진리 솔우리 천내리 여의곡 11 대야리 삼거동 진라리 1 가인리 10 전 경주1 가인리 11 전 청도</td></tr>
</table>

Ⅳ식

송서동 소토리 사직동   월산동 전 경주2 신촌리 다구리 전 경주3 화양리

0   20cm

도48 유절병식 석검의 형식 분류

근에서 각이 지며 뾰족해진다. 稜은 검신에만 보인다. 단 연결부는 凹部가 명확한 것과 그렇지 않은 것이 혼재하지만, 명확한 것이 많다. 석검의 규격성이 가장 높은 형식이다. 진안, 상주, 대구, 청도, 부산에서 확인된다.

유절병식 석검 III류는 검 전체의 길이는 II식과 더불어 길다. 특히 병부 길이에 대한 검신 길이의 비율이 II식에 비해 커진다. 검신 형태는 거의 모든 석검이 병부에서 직선적으로 뻗고, 봉부 부근에서 각이 지며 뾰족해진다. 稜은 검신과 병부 상단에 있는 것이 1점뿐(여의곡 11호 출토품)이고, 나머지는 모두 검신과 병부 전체에 만들어진다. 단 연결부는 여의곡 11호 출토품 이외는 모두 명확하지 않다. II식과 더불어 출토 석검들이 규격적이다. 양구, 진안, 거창, 대구, 청도, 밀양, 양산, 경주 등에서 확인되고, II식과 마찬가지로 넓은 분포 범위를 보인다. 중심 분포지역은 청도 · 밀양이다.

유절병식 석검 IV식은 심부 형태가 다른 형식과 차이가 있고, 명확한 심부가 형성되지 않으며 좌우로 크게 돌출하지 않은 게 특징이다.[61] 稜은 대부분 검신에만 있다. 이 형식에서는 검의 전체 길이와 검신 형태가 상관관계를 보인다. 즉 검의 전체 길이가 짧은 것은 완만한 검신 형태이고, 검의 전체 길이가 긴 것은 검신 형태가 각이 지며 뾰족하다. 단 연결부의 형태는 명확한 것이 많다. 대구, 마산, 창원, 경주 등 영남지역에서도 동남부에 집중한다.

---

61) 옥석리 출토품의 경우, 그 형태적 특징에서 다른 유절병식 석검과의 형식적 연속성을 찾아내기가 어렵고, 상당히 변칙적인 형태를 띤다. 또, 출토된 유구가 주거지라는 점과 공반유물 중에 이단경식 석촉과 삼각형 만입석촉이 있는 점 등으로 보아 다른 유절병식 석검에 비해 시기적으로 이른 것으로 생각된다. 따라서 옥석리 출토품에 대한 평가는 현재로서는 곤란하다.

② 변천 방향

이상, 네 가지 형식으로 나눌 수 있는 유절병식 석검은 稜의 형성 부위, 검신의 長大化, 무기로서의 실용성 상실에 따른 의기화라는 관점에서 변화의 흐름이 인정된다. 즉 I식에서 III식으로 변화이다. 물론 석검 중에는 각 형식 사이의 중간적인 형태도 있기 때문에 I식에서 III식으로 변화는 단절적이지는 않다.

예를 들면, I식과 II식 사이에서는 여의곡 20호 출토품과 진라리 3호 출토품이 중간적인 형태이다. 검신 형태가 완만하거나 凹部가 있는 점은 I식의 특징이지만, 병두부의 돌출이 명료하고 단 연결부가 I식에 비해 명료하지 않은 점은 II식에 가깝다. 여의곡유적에서 함께 출토된 3호 · 30호 출토품이 I식인 점을 고려한다면, I식과 II식 사이에는 시간적인 차이를 반영한 것이다. 또 II식과 III식 사이에서는 여의곡 11호 출토품이 중간적인 형태에 해당한다. 稜이 검신과 병부 상단에 있는 점은 II식과 III식의 중간적인 요소이고, 병두부의 벌어짐은 II식에 비해 약간 각진 점이 III식의 요소이다.

IV식은 분포지역이 상당히 한정적이다. 심부 형태의 차이에서 I · II · III식과는 계통이 다를 가능성이 높기 때문에 별개로 검토할 필요성이 있다. 석검의 전체 길이, 검신 형태가 두 종류로 확인되므로 좀더 세분할 수도 있겠지만, 稜 형태가 傳 경주출토품 3의 검신과 병부 상단에 稜이 있는 형태인 것 이외는 모두 검신에만 보이므로 획기는 두 시기밖에 나눌 수 없다. 오히려 I · II식에 평행하는 시기의 작은 지역차로도 생각할 수 있다.

(2) 共伴遺物

유절병식 석검과 공반되는 유물로는 마제석촉, 적색마연토기가 있는데, 비록 그 수량은 적은 편이지만, 형식의 시기설정과 부장관계 등을 파악하기 위해 살펴보고자 한다.

유절병식 석검과 공반되는 마제석촉은 옥석리 출토품을 제외하면 모두 일단경식석촉이다(도 49). 이것은 경부 말단부의 형태에 따라 平根과 尖根으로 크게 나눌 수 있고, 그 큰 흐름은 평근에서 첨근으로 변천한다.[62] 우선, 마제석촉이 공반된 유적을 마제석촉의 형식별로 정리하면 〈표 26〉과 같다.

그 다음에 각 형식과 석촉의 관계를 정리하면 〈표 27〉과 같다. 여의곡 20호의 경우, 출토된 유절병식 석검이 Ⅰ식과 Ⅱ식의 특징을 가지는 중간 형태이면서 공반된 석촉도 Ⅰ식과의 관련성을 상정해 볼 수 있다. 이러한 일단경식 마제석촉의 시간적 위치에 대해서는 평근일단경식의 시기를 대체로 전기 후반, 첨근일단경식을 후기로 보는 것이 일반적이다.[63]

표 26 _ 검의 형식과 석촉의 관계

석검 형식	공반된 석촉의 형태
Ⅰ식	평근일단경식과 첨근일단경식
Ⅱ식	평근일단경식이 많지만, 일부 첨근일단경식이 공반(여의곡 20호)
Ⅲ식	첨근일단경식만
Ⅳ식	평근일단경식과 첨근일단경식

표 27 _ 마제석촉의 형식별 정리

마제석촉 형식	마제석촉 공반 유적과 석검 형식
평근일단경식만 출토	상자포리 4호, 청리 Ⅰ-나 4호, 월성동 585, 시지동 Ⅰ-3, 침산동(Ⅰ·Ⅱ·Ⅳ식)
평근과 첨근일단경식 공존	여의곡 20호, 상인동 1호, 진라리 3호(Ⅱ식)
첨근일단경식만 출토	여의곡 30號, 여의곡 11호(Ⅰ·Ⅲ식), 대야리 2호, 소토리 41호, 신촌리 Ⅰ-3호(Ⅲ·Ⅳ+식)

----

62) 안재호, 1991, 앞의 글.
　　中村大介, 2005, 앞의 글.

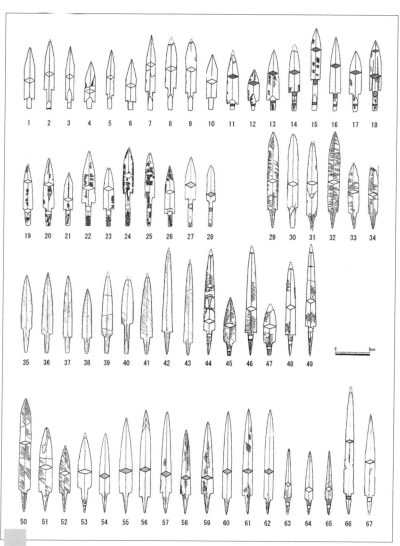

도49 유절병식 석검과 공반된 마제석촉

1~10 : 상자포리	29~34 : 여의곡 20호	53 : 여의곡 11호
11~18 : 청리	35~43 : 상인동	54~62 : 대야리 2호
19~26 : 월성동	44~49 : 진라리 3호	63~65 : 소토리
27~28 : 시지동	50~52 : 여의곡 30호	66~67 : 신촌리

I 식에서는 평근일단경식(상자포리 4호)과 첨근일단경식(여의곡 30호)이 확인된다. 이 형식의 사례수가 적다는 점과 분포지역이 많이 떨어져 있기 때문에 I 식의 시기를 확정하기는 곤란하다. 다만, 평근과 첨근이 함께 출현하는 점을 감안할 때 후기에 가까운 전기, 즉 전기 말부터 후기 전반으로 볼 수 있다.

II식에서도 평근일단경식이 보이지만, 그 분포의 중심지역이 대구지역에 있고, 이 지역에서는 평근일단경식이 후기 전반까지 남는다.[64] 유절병식 석검은 반드시 평근일단경식 석촉과 공반되는 경우가 많으므로 깊은 관련성이 있다. 김현이 지적한 바[65]와 같이 적어도 영남지역에서는 후기 전반에 I 식이 출현한 후에 II식에 이어서 나타난다.

III식에서는 모두 첨근일단경식이 공반되기 때문에 후기 후반으로 볼 수 있고, IV식은 그 존속 기간이 후기 전반에 속한다.

위와 같이 유절병식 석검은 각 형식마다 공반된 석촉에 차이가 있으면서 변화양상은 대체로 기존의 마제석촉 변천과 동일하다. 다만 여의곡 30호에서는 I 식 석검과 첨근일단경식이 공반하였고 마제석촉 변천의 흐름과 일치하지 않는다. 이것은 여의곡 20호와 같이 I 식과 II식의 특징을 가지는 중간 형태가 존재함으로서 I · II식은 단절적인 분류가 아니라 연속적이면서 시간차가 그다지 크지 않았기 때문이다. 즉 I 식을

---

63) 安在晧, 2002, 앞의 글.
    安在晧, 2006, 앞의 글.
    金賢, 2006, 앞의 글.
64) 이수홍, 2005, 「검단리식토기의 시공간적 위치와 성격에 대한 일고찰」, 『영남고고학』 36, 영남고고학회.
    庄田愼矢, 2007, 『남한지역 청동기시대의 생산활동과 사회』, 忠南大學校 大學院 博士學位論文.
65) 金賢, 2006, 앞의 글.

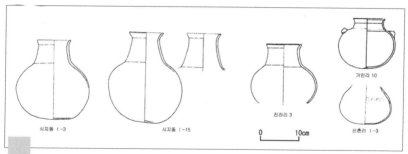

도50 유절병식 석검과 공반된 적색마연토기

전기 말부터 후기에 속하는 시기로서, 약간의 시간적인 간격을 두고 싶다. 앞으로 유물 편년이 세분화되면 보다 명확한 시기 비정이 가능할 것이다. 두 석검은 호남지역의 동일 유적에서 출토된 유물이기 때문에 유절병식 석검의 중심 분포지역인 영남지역과는 시기적으로도 다른 양상일 가능성도 있다.

한편, 적색마연토기의 출토지를 참조하면, 모두 영남지역에서 발견되었다. 이것의 출토수량은 겨우 6점에 불과하다(도 50). 유절병식 석검의 II식에서 4점(시지동 I-3호, 동 I-15호, 진라리 3호), III식(밀양 가인리 10호)·IV식(신촌리 I-3호)에서 1점씩 확인되었다. 적색마연토기들의 형태적 특징은 구경부가 결손되어 형태를 추정하기 곤란한 신촌리 이외에는 모두 구경부가 內傾한다. 이러한 특징으로 볼 때 후기에 속한다.

위와 같이 일단경식석촉과 적색마연토기 등 공반유물로 미루어 짐작하건대 유절병식 석검의 출현과 전개 시기는 청동기시대 전기 말부터 후기 후반까지이다. 또 각 형식의 차이는 시간차이를 반영한다.

4) 石劍으로 본 埋葬儀禮의 共有

(1) 類似 石劍과 儀器 石劍

유절병식 석검은 출토된 지역에 상관없이 크기뿐만 아니라, 형태가 흡사한 것이 가장 큰 특징이다. 물론 다른 형식의 마제석검에서도 유사한 사례가 출토될 가능성은 얼마든지 있다. 하지만, II식과 III식의 경우 거의 같은 형태의 것들이 광범위한 지역에 걸쳐서 분포하고 있다. 그러한 사례에 대해 구체적으로 살펴보자.

대구지역에서 확인된 상인동 1호, 월성동 585 3호, 시지동 I-3·15호 출토품이 있다. 이것들은 심부·병두부의 돌출도에서 차이가 있을 뿐, 거의 같은 형태이다. 특히 월성동·시지동 유적에서 출토된 석검은 동일한 것으로 보아도 무방할 정도로 흡사하다(도 51). 그리고 원격지에서의 유사라는 측면에서는 부여 가증리 출토품과 부산 대신동 출토품도 상당한 유사도를 보여준다(도 52). 이러한 자료들은 모두 II식에 속한다.

청도·밀양지역에서 확인된 석검 중 가인리 10·11호, 송서리, 傳 청

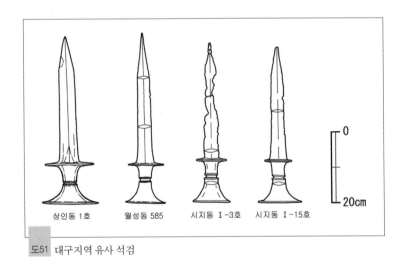

도51 대구지역 유사 석검

도 출토품 등이 있다(도 53).[66] 모두 Ⅲ식에 속하는 것으로 다른 지역에서 출토된 것들과 비교하더라도 규격성이 뛰어나다. 특히 청도 송서리와 밀양 가인리는 직선거리로 대략 26km 떨어진 곳에 위치한다. 두 지역 사이에는 산이 있기 때문에 하천을 따라 이동한 것으로 생각되는데, 그럴 경우 실질적인 거리는 50km 정도로 추정된다.

영남지역이 아닌 여의곡 유적에서도 유절병식 석검 4점이 출토되었다. 이 중 3호와 30호 출토품은 Ⅰ식에 속하는 것으로 석검의 전체 길이와 병부 상단부와 하단부 길이의 비율에 차이가 있지만, 거의 유사한 모티프이다(도 54).

Ⅱ식과 Ⅲ식 중 규격성이 높은 석검의 경우 동일한 장소에서 제작되어 유통되었다고 생각할 수도 있다. 현실적으로 현지 또는 특정 거점지역에서 제작되었다고 한다면, 돌을 이용하여 만드는 석기의 독특한 특성을 감안할 때 실물표본이 없거나 특별한 지침서가 없다면 동일한 크기나 형

도52 부여·부산지역 유사 석검

도53 밀양·청도지역 유사 석검

66) 청도군 풍각면 송서리출토 마제석검은 마제석촉과 함께 1933년에 발견되어 국립박물관에 등록된 유물이다. 현재 국립대구박물관에 소장되어 있다.

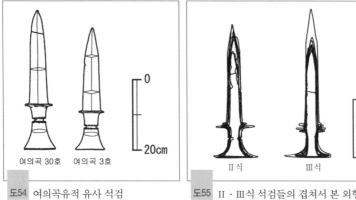

<table>
</table>

| 도54 여의곡유적 유사 석검 | 도55 II · III식 석검들의 겹쳐서 본 외형의 유사성 (III식에서 길이가 확연히 차이나는 한 점은 김천 삼거동에서 출토된 것) |

태로 결코 제작할 수 없다.

〈도 55〉와 같이 다른 형식의 마제석검에 비해 유독 유절병식 석검만 이 병부의 돌대나 병부 하단부의 형태, 長大한 검신 형태, 검신의 동일한 폭 등 형태적 유사성이 극히 높은 점은 우연한 사실로 받아들이기 어렵 다. 즉 현재까지의 자료로 볼 때 대부분의 마제석검이 그러하듯 석검제 작의 근원지를 정확히는 파악하기 어려운 상황이지만, 유절병식 석검의 유통망·제작 정보의 전달망과 같은 석기제작과 관련된 네트워크의 존 재가능성을 상정해볼 수 있다.

아울러 유절병식 석검의 II식과 III식은 이단병식이나 일단병식 석검, 유절병식 석검의 다른 형식에 비해 무기로서의 실용성을 대체로 상실되 고, 부장용으로 집중적으로 제작되면서 대구, 청도, 밀양지역에 밀집되 었다. 이러한 사실은 청동기시대 사회 裏面에 작용하고 있었던 사회적 규범 중 마제석검의 제작과정을 매장의례로서 공유하고 있었음을 말해 준다.

(2) 磨製石劍의 副葬慣習

① 石劍의 破碎行爲

무덤에 부장된 마제석검의 특징으로 중에는 파쇄행위가 있다.[67] 이러한 파쇄행위는 유절병식 석검에서만 확인되는 것은 아니지만 다른 석검에 비해 유절병식 석검에서 빈번하게 확인되는 점은 부정할 수 없다. 파쇄행위에는 석검의 신부를 절단하는 것, 석검의 심부를 부러뜨리거나 그 후에 마연하여 심부가 없는 경우가 있다. 특히 진라리 3호, 가인리 10호, 傳 경주출토품 1, 송서동 출토품과 같이 길게 돌출한 심부의 한쪽만을 부러뜨리는 행위는 유절병식 석검에서 보이는 특징적인 파쇄행위이다.

파쇄행위를 거친 석검들은 석관의 바닥에 피장자와 함께 묻는 경우, 석관 안치 이후 적석 위에 석촉과 석검을 놓아두는 경우, 석관의 바깥쪽 측벽에 부장한 경우가 있다.

피장자와 함께 묻는 경우는 진안 여의곡 20호(지석묘, 석검의 신부와 병부를 부러뜨렸는데 거의 비슷한 크기로 부러뜨림), 동 30호(지석묘, 석검의 병부가 부러짐), 거창 대야리(지석묘, 장벽에 붙어서 출토되지만 단벽 쪽에 치우침), 상주 청리 Ⅰ-나(지석묘 하부구조?, 석검파쇄), 양산 소토리 41호(석개토광묘), 대구 상인동 1호(지석묘), 시지동 Ⅰ-3호·15호(지석묘, 중앙 벽쪽에 부장), 청도 진라리 1호(지석묘), 진라리 3호(지석묘, 심부파쇄, 신부를 부러뜨림), 밀양 가인리 10호·11호(지석묘)가 있다. 적석 혹은 상석 아래에 놓인 경우는 진안 여의곡 11호(석검을 부러뜨

---

67) 이상길, 1994, 앞의 글.
    이상길, 2000, 앞의 글.
    조영제, 1998, 앞의 글.
    하인수, 2000, 앞의 글.

린 후 여러 곳에 놓음)가 있다. 석관의 바깥쪽 벽에 부장한 경우는 토진리 1호(석관묘, 화장?), 신촌리 Ⅰ-3(석관묘)이 있다.[68]

이러한 석검의 파쇄행위에 대한 상징적 의미를 간접적으로 추정할 수 있는 자료로 19세기 후반 북아메리카 북서해안에 살았던 원주민들이 포틀래치(potlatch)를 개최하면서 귀중품인 동판을 파괴하는 사례이다. 그들은 동판이 파괴됨으로써 오히려 가치의 증식이 일어나고 증여를 초월한 증여, 즉 보답을 기대하지 않는 순수증여가 완성된다고 믿었다.[69] 결국 석검과 같은 석기를 파쇄하는 행위는 그 자체를 死者에게 바치고자하는 순수한 마음에 대한 가치를 보존하고, 통상의 석기가 가질 수 없는 영적인 가치증식을 위해 이루어진 의례행위로 볼 수 있다. Tambiah는 의례를 형식화된 행동의 諸形態이면서 상징적 소통이 문화적으로 구성된 시스템으로 보기도 했다.[70]

② 石劍의 支石墓 內 副葬

유절병식 석검이 출토되는 시기에는 마을단위 공동묘 또는 집단묘의 출현, 공반유물의 종류(지석묘, 석검, 석촉, 적색마연토기의 부장), 유물 수량(석검 거의 1점만 부장), 지석묘, 파쇄의례 등이 확인된다. 특히 유절

---

68) 한편, 진안 여의곡유적의 무덤의 축조는 토광굴착→바닥석 깔기→측벽석 축조→묘역조성→상석 올리기 등 일련의 과정이 파악되었다. 무엇보다 무덤축조 당시에 있었던 의례행위의 흔적이 발견되었다. 묘역부를 해체하는 과정에서는 토기류나 석기류가 출토되었는데, 무문토기편, 적색마연토기편, 석부편, 마제석검 편, 석촉 편, 미완성 석기 편 등이다. 이것들은 완형으로 출토되기는 했지만, 대부분 의도적 행위에 의한 파쇄 및 흩뿌리기로 매납되었다. 50여 기가 넘는 무덤들이 기획적으로 축조되었다.

69) 中澤新一(김옥희 옮김), 2003, 『사랑과 경제의 로고서 -물신 숭배의 허구와 대안-』, 동아시아.

70) Tambiah,S.J., 1981, performative Approach to Ritual, Radcliffe-Brown Lecture, 1979, The British Academy, Oxford Univ. Press.

병식 석검이 다른 석검에 비해 지석묘에서 대부분 출토된다는 사실은 결코 우연이 아니다. 옥석리 B1호 지석묘 하층에서 확인된 주거지에서 출토된 것 이외는 모두 매장 유구에서 출토되었다.[71] 즉 매장유구 중에서도 지석묘의 하부구조에 부장되는 것이 특징이다.

유절병식 석검이 출토되는 지석묘는 규모가 큰 경우가 많아 개인이나 가족단위의 수준에서 석기를 제작하고 지석묘를 축조할 수 있는 게 아니라 집단 내부의 공동작업에 의해 이루어진 전형적인 公的의례의 결과물일 가능성이 높다.[72] 지석묘는 축조에 있어 공정이 복잡하고 제작에도 많은 시간이 소요되므로 일련의 작업행위 그 자체가 바로 의례행위의 일부로 간주될 수 있다. 물론 지석묘가 완성된 후의 웅장한 모습 등은 축조 이후에도 공적 기념물로서의 역할도 수행하였을 것이다. 권력이라는 것은 이데올로기만으로 소유가능하거나 유지시킬 수 있는 게 아니다. 지배자의 이데올로기를 반영할 수 있는 물질적 형태로 표출되어야지만, 피지배자로부터 지배자에 대한 사회내부의 존경과 위엄을 세울 수 있고, 사

---

71) 보고서에는 '석관', '석곽', '묘' 등으로 표현되었는데, 소토리가 석개토광묘, 신촌리가 석관인 것 이외는 모두 소위 '석곽형'으로 불리는 형식의 매장 유구이다. 특히 석곽형식을 가진 매장 유구의 경우 지석묘의 하부구조로 보아도 좋을 것이다.

72) 지석묘의 성격에 대해 '농경사회의 기념물'이라는 시각에서 고찰한 이성주는 장기적인 공동 의례를 통해 집단의 관계를 심화·확대시킨 사회적·이념적 의미가 있다고 지적하였다. 이러한 지적은 매우 중요하다고 생각되는데, 역시 지석묘 축조와 그 후의 관리에 있어 피장자가 소속된 가족뿐만 아니라 공동체 내의 여러 가족들도 참여한 것으로 추정할 수 있다. 다만 지석묘 축조에 동원된 구체적인 노동력과 의례에 참여할 수 있는(혹은 해야 할) 사람들의 범위가 공동체 내에서 어디까지 포함되었느냐에 대한 자세한 검토는 본고에서 다루지 못 하였다. 지석묘의 군집양상 등 여러 측면에서 검토해야 될 문제이기 때문에 다음 기회에 다루도록 하겠다.
李盛周, 2000, 「支石墓 : 農耕社會의 記念物」, 『韓國 支石墓 硏究 理論과 方法 -階級 社會의 發生-』, 周留城.

73) 김종일, 2007, 「"계층 사회와 지배자의 출현"을 넘어서」, 『韓國考古學報』 제63집.

회성원들에게서 두려움을 느끼게 할 수 있다. 김종일의 견해[73]대로 지석묘와 같은 무덤은 죽은 사람의 정체성을 어떻게 부여하느냐와 더불어 자신들의 정체성을 어떻게 형성하는지를 보여주는 매개물일 수 있다. 그렇다면 마제석검은 지석묘와 같은 매장유구에서 어떤 상태로 출토되었을까? 여기서는 마제석검의 부장 관습 및 부장된 마제석검의 성격에 대해서 살펴보고자 한다. 이를 통해 유절병식 석검의 부장관습이 시간적 혹은 공간적으로 어떠한 定型性을 갖췄는지를 추측할 수 있을 것이다.

남한지역에서 출토된 유절병식 석검 중 매장유구 내에서의 출토상황을 알 수 있는 예는 17점이 있고, 그 중 12점이 영남지역의 사례이다. 매장유구 내에서의 출토지점을 보면 ① 장벽 중앙에 붙어서 출토되는 것이 6점, ② 장벽에 붙어 출토되지만 단벽 쪽에 치우친 것이 3점, ③ 매장주체부 중앙에서 2점, ④ 관외에서 2점이다.

매장주체부 내에서는 장벽 중앙에 붙어 부장되는 것이 기본적인 부장형태이고, 이러한 부장형태는 다른 형식의 마제석검에서도 확인되는 일반적인 경향이다. 특히 장벽에 붙어 부장되는 석검은 다른 부장 위치에서 발견된 석검에 비해 검신이 긴 것이 특징이며, 무기로서는 비실용적인 것이 부장된 경향이 있다.[74]

또한 장벽 중앙은 바로 피장자의 허리 부분에 해당하는 부분이며, 석검을 佩用한 상태로 부장한 것으로 추정할 수 있다.[75] 물론 모든 마제석검의 출토위치가 패용상태를 보여주지는 않지만, 석검을 패용한 상태로 부장된 점은 마제석검 부장의 기본 패턴이고, 다른 형식의 유병식 석검에서도 나타나는 일반적인 경향이다. 하지만 유절병식 석검의 경우 다른

---

74) 平郡達哉, 2008, 앞의 글.
75) 平郡達哉, 2008, 앞의 글.

마제석검에 비해서 장대화된 비실용품이 부장된다는 차이점이 있고, 그러한 석검은 실용적인 무기로서의 석검이 아니라 무기의 상징성을 강조하고 피장자의 신분을 강조한 것으로 추정해 볼 수 있다. 이런 측면에서 유절병식 석검의 등장 의의는 크다.

다음으로 부장관습의 출현시기에 대해서 살펴보자. 유절병식과 다른 형식의 마제석검의 부장관습을 비교하기 위한 것이 〈표 28〉이다. 어느 정도 자료가 축적된 영남지역의 경우 유절병식 석검의 출현에 앞서 일단 병 A1식과 이단병 II식 단계에서 장벽의 중앙에 붙여 부장하는 관습이 확인된다. 이 단계에서는 장벽 중앙에 부장하는 타입만이 확인되는 것이 아니라 다른 부장유형도 같이 나타나고, 마제석검의 부장이 다양한 게 특징이다. 그러나 박선영이 분기한 II기에는 이단병식 · 유절병식, 일단 병 A · B식은 장벽 중앙에 부장하는 것이 대부분이다.

즉, 유절병식 석검이 출현하기 이전에도 마제석검의 장벽 중앙에 부장 하는 행위는 출현하지만, 어떠한 형태의 부장이 더 빠르냐의 문제보다 마제석검의 형태에 보이는 높은 규격성, 부장 위치, 부장 관습 등 마제석 검의 제작에서 부장에 이르기까지의 일련의 관습이 일정한 지역에서 관

표 28 _ 영남지역 무덤 출토 마제석검의 형식과 부장위치의 관계
(石劍 分類는 朴宣映 2004에 따름)

| 분기 | 이단병식 | 일단병식 | | 이단병식 | | | | | 일단병식 | | | | | | | | | |
| | | | | | | | | | A | | | | | B | | | | |
		A	B	장벽중앙	단벽쪽에치우침	단벽에붙음	중앙	관외	장벽중앙	단벽쪽에치우침	단벽에붙음	중앙	관외	장벽중앙	단벽쪽에치우침	단벽에붙음	중앙	관외
I	I	1							4	3	2	2						
	II			1	?													
II	III	2	12	2					3					5	1			
	IV			4				1			1	1					2	1
III	V	3	3	1				1	1					3				
	VI			1	1			1			1				1			

찰된다는 점이 더욱 중요하다.[76] 즉 개인적인 행동양식인 '습관' 이 아니라, 어떤 집단에 의해 공유되고, 사회 내부에서 반복적으로 이루어지는 행동양식인 '관습' 으로서 유절병식 석검을 사용한 의례가 존재하였다. 그리고 그것이 일정한 지역에서 공통적으로 보이는 점으로 미루어 볼 때, 각 집단마다 임의적으로 의례를 수행했다기보다 집단 또는 집단 간의 '매장의례' 가 공유되고 있었음을 추정할 수 있다.

무기로서의 실용성을 잃은 대형 마제석검을 피장자의 허리부분에 부장되거나 심부를 한쪽만 파쇄하는 행위 등 다른 형식의 마제석검에서는 찾아볼 수 없는 독특한 부장관습이 관찰된다.[77] 이러한 부장관습은 유절병식 II식 단계부터 시작되었다. 공간적으로는 대구를 중심으로 한 지역으로 생각되며, 진라리 3호 출토품으로 볼 때 청도도 그러한 부장관습이 매우 발달하였던 지역으로 추정된다.

(3) 石劍 製作의 特徵

이단병식 석검은 병부의 홈을 제작하거나 혈구의 형성과 같은 공통점이 있다. 그러나 기본적으로 각 지역에서 제작되므로 석기 형태가 동일하다기 보다는 기술적 속성을 공유하고 있었다고 표현하는 것이 맞다. 형식도 4가지로 분류가 가능하다.[78]

이단병식 석검은 동해안과 영남, 호남, 충청 지역을 기반으로 하여 주

---

76) 진주 옥방 8지구유적에서 석검은 세장방형의 주구로 둘러싸인 묘에서만 출토되며 석검묘는 주구로서 개별공간을 구획하고 있다.
裵眞晟, 2006, 「無文土器社會의 威勢品 副葬과 階層化」, 『한국고고학회 창립 30주년 기념 한국고고학전국대회』, 한국고고학회.
77) 일단병식에서 확인되는 심부의 파쇄행위는 유절병식의 영향으로 나타났을 가능성이 있다.
78) 박선영, 2004, 앞의 글.

로 제작되었다. 대개 이것들은 현지 유적 내 제작·조달되어 지석묘에 부장된 예이다. 각 지역마다 석검을 제작할 수 있는 제작자가 존재하고 있었고 기술적 속성은 서로 공유하였지만, 석기 자체를 교환하거나 분배하였을 가능성이 비교적 낮았다.

반면, 유절병식 석검은 일단병식 석검과 달리 앞서 살펴본 바와 같이 II식과 III식의 경우, 크기는 물론 형태가 흡사한 유물들이 다량으로 출토된다. 유절병식 석검이 규격적으로 제작되었음을 잘 보여주는 속성은 다음과 같다. 〈표 20~24〉에서 알 수 있듯이 전반적인 형태 이외에 병부의 위치와 비율, 절대 위치, 석검 두께, 신부의 폭 등이 있다. 즉 숙련된 제작자, 기술적인 표준이나 설계도가 없다면 불가능한 것이다.[79] 〈도 55〉처럼 이단병식과 달리 유절병식은 병부 형태가 다소 차이가 있어도 검신의 폭은 지역에 상관없이 거의 일정한 양상을 보인다. 석검의 외형을 겹쳐보면 유물의 유사성은 물론이거니와 일부 유물의 경우 실제 동일한 사람이 제작해서 유통시켰음을 분명히 알 수 있다.

제작원칙의 준수와 더불어 II식 단계부터는 석기자체를 거점지역에서 제작한 후 유통시키는 방향으로 변화하였던 것 같다. 거점취락이 등장하고, 지석묘가 대량으로 축조되는 사실은 전문장인의 출현과 더불어 석검의 제작활동이나 공인의 이동이 사회내부의 통제 혹은 관리를 받고 있었음을 암시해 준다.[80]

---

79) 비파형동검 중 완형품인 부여 송국리, 여수 적량동, 창원 진동리 출토품에 대해 동일한 전문장인집단에 의해 주조되었을 가능성이 추측되고 있다.
이영문, 2006b, 「'계층 사회와 지배자의 출현'에 대한 토론」, 『한국고고학회 창립 30주년 기념 한국고고학전국대회』, 한국고고학회.
80) 물론 이러한 통제나 관리를 알기 위해서는 석검제작 공방과 같은 생산유구와 거기서 출토되는 미완성품이나 제작도구 등 제작과정을 보여주는 고고자료가 필요하다. 그러나 아직 그러한 제작과정을 알 수 있을 만한 확실한 자료가 없기 때문에 본고에서

아울러 청동기시대 사회에서 매장의례에 따른 공간 사용의 제한은 여러 곳에서 확인된다. 산청 사월리 배양유적의 경우 주거지 내에서 석기 제작의 흔적이 보이지 않는데 반해, 환호 내부에서 유물이 대량으로 출토되었다. 석기나 토기는 모두 파손된 채 출토되었다.[81] 또한 암각화는 대부분 하천변이나 외진 수직암면에 새겨져 있고 인접해 취락이 분포하지 않는다는 점에서 청동기 매납유적과 공통점이 있다. 의례적인 목적의 구나 환호가 돌려진 유적이 청동기시대 전기에서는 확인되지 않는다.[82]

청도를 중심으로 한 지역에서 석검의 제작을 직접적으로 보여줄 수 있는 유구는 아직까지 확인된 바 없다. 주거지군이나 지석묘군의 범위에서 마제석검을 제작하였던 제작장과 같은 흔적이 확인되지 않음은 세 가지로 가정할 수 있다.

첫째는 석검제작을 위해 취락이나 분묘와는 유리된 지역에 작업장을 설정했을 가능성이다. 예를 들면, 마제석검은 하천에서 작업하는 것이 매우 유리하다. 특히 강에는 다양한 종류의 석재가 많고, 마연작업에는 반드시 물이 필요하며 대형 원석이나 지석을 옮기는 등의 수고를 줄일 수 있기 때문이다.[83]

둘째는 마제석검처럼 의례행위로 사용될 유물에 대한 不淨을 막기 위해 특별한 공간이나 장소, 관리되는 별도의 장소에서 제작되었을 수 있다. 그런 측면에서 다른 석기 기종과 달리 유절병식 석검을 포함한 각종

는 자료상의 한계를 인정하면서 그 가능성을 제시하는 정도로 그쳐야 할 것이다. 이 부분에 대해서는 앞으로의 연구과제로 남길 수밖에 없을 것 같다.

81) 이상길, 2000, 앞의 글.

82) 이상길, 2006, 祭祀와 權力의 發生」, 『한국고고학회 창립 30주년 기념 한국고고학전국대회』, 한국고고학회.

83) 물론 유절병식 석검이 제작되었을 가능성이 높은 청도지역도 제작지유적은 아직 확인되지 않음은 조사지역이 한정적이기 때문으로 생각된다.

석검류가 사회내부에서 아무나 제작가능한 凡常의 석기가 아니었을 가능성도 조심스레 추정해 본다.

셋째는 매장의례나 사회조직의 운용에 있어 필요성이 제기될 때마다 완제품을 다른 지역에서 입수했을 가능성이다. 앞서 살펴보았듯이 유절병식 석검을 비롯해 유사한 석검이 원거리 유적간에 확인되는 사실은 석검입수와 관련된 네트워크가 있었을 가능성이 높다. 특히 유절병식 석검처럼 흡사한 석기가 광범위하게 확인되는 사실은 모든 지석묘축조집단에서 매장의례가 이루어질 때마다 석검을 제작하지 않았음을 시사한다.

5) 石劍의 分布와 相互作用網

유절병식 석검이 어느 지역에서 몇 점정도 확인되었는지 살펴보자. 우선 이것은 남한지역에서만 출토되는 것이 가장 큰 특징이다(도 47). 분포지역은 아래와 같이 크게 세 지역으로 나눌 수 있다.

① 파주, 양구, 양평과 같은 북한강 및 남한강 유역에서 산발적으로 분포하는 지역

② 부여, 진안 등의 금강 유역

③ 거창, 청도, 밀양, 대구, 경주, 양산, 부산, 창원, 마산의 영남지역

유절병식 석검의 출토수량으로 보았을 때 중심적 분포영역은 영남지역이며, 그 중에서도 청도, 대구지역에 집중된다. 출토 수량을 보더라도 ①지역에서 4점, ②지역에서 5점, ③지역에서 22점이다.

유절병식 석검이 집중적으로 출토되고 있는 곳은 충청·전북의 금강수계권과 대구·경북을 중심으로 한 영남의 낙동강수계권이다. 이단병식 석검의 분포는 금강수계권과 낙동강수계권을 중심으로 분포하며, 유절병식 석검보다 출토범위가 넓은데 반해 수량이 적다. 반면, 유절병식 석검은 금강수계권과 낙동강수계권의 거점지역을 중심으로 집중적으로

제작된다. 그리고 여기서 만들어진 석검은 소백산맥의 촉천과 소백산맥과 지리산의 경계지점인 거창과 진안을 통해 유통되거나 기술을 공유했을 가능성이 있다.

경기·강원도지역의 옥석리, 상자포리, 양구 송우리에서 출토된 유절병식 석검은 금강수계권의 것이 유입되었다. 그 증거로 여의곡 3호 출토품과 상자포리나 양구 송우리 출토품이 형식적으로 매우 유사하고, 주교리의 이단병식 석검과 옥석리의 석검이 형식적으로 매우 유사하기 때문이다. 그리고 이러한 석검이 경기·강원도지역에서 제작된 것으로 보기 어려운 이유는 유물수량이 매우 적고 제작공정과 관련된 유적이 확인되지 않기 때문이다. 특히 석촉은 강원지역의 특수한 형식인 마름모꼴 석촉이 출토되고 있어 부장유물양상이 금강수계권이나 낙동강수계권과는 차이가 있다.

결국 유절병식 석검은 낙동강과 금강의 두 수계권에서 중요한 의미를 지님과 동시에 상당한 친연관계가 있음을 알 수 있다.

유절병식 석검의 형식과 분포로 미루어볼 때 동일한 지리적 영역 내에서 몇몇 국지적 문화전통을 교차하는 일련의 거래·계약 체계인 상호작용망(interaction sphere)[84]이 형성되어 있었던 것 같다(도 56). 상호작용망은 국지적 문화들 사이의 지속적인 접촉의 증거를 제공하고, 종교적 의식과 관련된 의례용품처럼 그 성격을 암시해 주는 일단의 공유된 물질들의 존재로 규정되고 있다. 이성주도 청동기사회에 대해 어떤 유물이나 유물군의 확산과정을 광범위한 영역 안에 존재하는 여러 사회적인 실체와 그 관계망의 필요성을 강조하였다.[85]

---

84) Molly Raymond Mignon(김경택 역), 2006, 『考古學의 理念과 方法論』, 주류성출판사.

물론 석검의 공유현상
이 집단의 이주, 傳世,
교환, 교역, 재교역, 분
배(1차, 2차 등)와 같은
다양한 행위의 결과로
나타날 수 있다. 만약 그
렇다고 한다면, 무덤 내
부장된 유물의 실질적인
소유주나 제작자를 밝히
는 것은 더욱 힘들어질
수도 있다. 더 나아가 사
적의례나 공적의례를 주
체를 밝히는 것은 요원

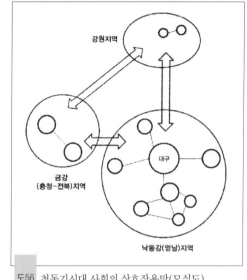

도56 청동기시대 사회의 상호작용망(모식도)

해질 것이다. 특히 교역이 채무와 의무가 만들어지는 중요한 매개체이자
사회지위를 형성시키는 행위임을 감안한다면, 마제석검이 교역에 의해
획득된 물질적 보상물로 보기는 더욱 어렵다. 왜냐하면 마제석검이 단순
히 출토되었다면 기층문화의 공유와 같은 현상은 나타나지 말아야 하지
만, 유절병식 석검이 출토되는 유적에서는 매장의례와 같은 사회내부의
관습의 공유현상이 더 크게 나타나기 때문이다.[86]

따라서 동일한 형태의 마제석검이 여러 지역에서 출토되는 현상은 추
론컨대 상호작용망을 통해 매장의례와 같은 무형의 정보가 여러 집단들

---

85) 李盛周, 2006, 「韓國 菁銅器時代 '社會' 考古學의 問題」, 『古文化』 68, 한국대학박물
관협회.
86) 특정 지역의 석기가 다른 지역으로 이동되면, 본래 도구가 가지는 상징적 의미는 달
라질 수 있겠지만, 유절병식 석검의 경우는 유물의 공반관계 등으로 미루어 볼 때 그
러한 흔적을 찾아보기 어려웠다.

에게 공유되고 있었음을 방증해 준다. 특히 석검의 공유현상은 종족구성원에 대한 지배권을 강화하고 내부 통합을 유도하면서 타 집단에 대한 정보수집과 물자교류의 결과물일 수 있다. 아울러 매장의례를 통해 석검을 받은 사람은 기존의 석검보유자와 동일한 권력을 부여받은 것으로 볼 수 있다는 측면에서 청동기시대 사회를 획일적 혹은 일률적 계층사회로의 발전으로 보는 견해에 반대한다.[87]

---

87) 분묘군의 수적규모는 조영기간에 따라 다를 수 있고, 유구 구조와 유물의 차이는 집단과 계층의 차이라기보다는 조상과 자손간의 시간차이일 가능성도 제기되고 있다. 아울러 동일 세대에서 개인적인 역량차이를 반영할 수도 있다.
趙鎭先, 2006, 「無文土器社會의 威勢品 副葬과 階層化에 대한 토론」, 『한국고고학회 창립 30주년 기념 한국고고학전국대회』.

● V

무덤資料로 본
青銅器時代 社會의 變遷

지금까지 遺構論으로서 묘구 구조의 파악과 분석, 遺物論으로서 개별 유구로 출토된 유물에 대한 출토위치를 기초로 한 구분개념과 그 종류의 파악, 그리고 각종 부장유물의 성격 파악, 부장유물을 이용한 장송의례의 프로세스 등에 대해 살펴보았다.

여기에서는 상기한 유구론·유물론 등 무덤자료에 대한 분석결과를 바탕으로 청동기시대 사회의 변천에 대해 논하고자 한다.

1. 墓區構造의 變遷과 그 意味

여기서는 제II장에서 제시한 각 시기별의 묘구구조의 변천에 대해 정리하고자 한다.

먼저 청동기시대 묘구의 특징을 밝히기 위해 먼저 신석기시대의 묘구구조, 그리고 부장품의 특징을 가미하여 비교했지만, 양자 간에는 공통성이나 계승성보다 단절성을 인식할 수밖에 없었다.

청동기시대 전기 후반에 들어 토광뿐만 아니라 석재, 목재를 이용한 매장주체부를 가진 무덤을 축조하게 되는데, 그러한 토광묘 · 석관묘 · 주구묘 등은 각 무덤이 군집하지 않고, 독립적으로 분포하는 獨立型으로 墓區가 조영되기 시작되었다. 또 지석묘 축조와 함께 일정한 공간을 향후 계획적이고 지속적으로 묘구로서 이용할 것을 전제로 하여 墳墓築造가 시작되는데, 그 결과가 群集a型으로 보인다.

특히 주목되는 것은 獨立型에는 보이지 않는 個別 무덤의 묘역시설이 群集a型인 지석묘에서 이미 보인다는 점이다. 확실히 개인의 무덤 영역을 의식하고, 향후 계획적으로 무덤 축조를 시작하겠다는 의도를 보여줌으로서 그것이 묘구 조영의 계기가 된 것으로 생각된다.

후기가 되면 지석묘 · 석관묘가 주묘제가 되고, 석개토광묘 · 옹관묘 등이 부수적인 성격으로 築造되었다.[1] 後期 前半에는 獨立型이 적어지고, 대신에 群集型이 주류를 이루게 되고, 群集a · b · c型 등 모든 형태가 보이게 된다. 또 청동기 부장묘 특히 비파형동검의 부장이 여수반도, 고흥반도 등에서 집중적으로 보인다. 이러한 지역 특히 여수 적량동유적에서는 하나의 묘구를 구성하는 각 그룹마다 비파형동검을 부장하는 모습[2]이 보이고, 이 집단은 유력집단이나 유력군집묘의 최상위피장자,[3] 특정 유력집단묘[4]로 간주된다.

후기 후반에 보이는 개별 무덤의 墓域이 極端적으로 巨大化하거나 埋葬主體部의 地下化[5]는 영남 남해안지역과 인접하는 지역을 중심으로 보

---

1) 李榮文, 2002, 앞의 책.
2) 李榮文 · 鄭基鎭, 1993, 『麗川 積良洞 상적 支石墓』, 全南大學校博物館 · 麗川市.
3) 金承玉, 2007, 「분묘자료를 통해 본 청동기시대 사회조직과 변천」, 『계층사회와 지배자의 출현』, 한국고고학회.
4) 武末純一, 2002, 「遼寧式銅劍墓와 國의 形成 -積良洞遺蹟과 松菊里遺蹟을 中心으로-」 『淸溪史學』 16 · 17合輯, 韓國精神文化研究院.

이는데, 비파형동검이 집중적으로 출토되었던 여수반도에서는 아직 확인되지 않았다. 이와 같은 巨大化된 墓域施設의 존재는 무덤의 可視的 要素, 埋葬主體部의 地下化는 무덤의 非可視的 要素가 각각 궁극적으로 구현화된 것으로 생각된다. 거대한 묘역시설은 그 축조과정에 있어 무덤의 존재를 인식시키고 피장자가 가졌던 생전의 힘이나 신분을 生者에게 可視的으로 보여주는 역할을 했던 것으로 추정된다. 한편 埋葬主體部의 地下化는 매장과 관련된 행동을 하는 데 있어 공간이 한정되기 때문에 무덤의 핵심부분인 시신안치, 그리고 매장주체부의 밀봉에 이르는 일련의 매장프로세스에서 많은 사람들의 참여를 허용하지 않는다. 특히 시신 안치와 부장품 매납과 같은 작업은 가족이나 친족과 같은 극히 친밀한 사람들만이 참여할 수 있었던 것으로 추정된다. 특정한 개인을 위해 거대한 묘역시설을 축조하고, 그와 친밀한 사람들만이 매장행위, 매장의례에 참여하는 등 앞 시기에 비해 개인을 더 중요시한 매장이 이루어진 것으로 생각된다.

2. 武器形 副葬品 登場의 社會的 意義

앞에서 부장행위의 증거물인 부장유물에 대해 살펴보았다. 그 결과는 상기한 바와 같이 유물의 출토위치를 바탕으로 관내·관외부장유물로 나눌 수 있다. 그리고 그 차이는 단순한 출토위치의 차이뿐만 아니라 무덤을 축조해가는 과정에서 행하여진 부장행위의 시점 차이도 반영된 것이다.

---

5) 尹昊弼, 2009a, 「青銅器時代 墓域 支石墓에 관한 연구」, 『慶南研究』 創刊號, 慶南發展 研究院 역사문화센터.

그리고 그러한 부장유물의 출토위치를 바탕으로 묘지의 선정으로부터 시작되는, 매장주체부의 축조, 무덤 축조 후의 관리에 이르는 여러 단계가 지적되어 왔는데,[6] 본장에서는 각 단계에 보이는 구체적인 고고자료를 제시하였다. 물론 모든 부장행위가 고고자료로서 남아 있을 수가 없기 때문에 이 연구에서 제시한 의례행위 이외에도 다른 부장이나 의례행위가 존재했을 가능성은 충분히 있을 것이다. 부장행위가 단지 사체를 埋納하는 공간에서, 埋納하는 시점에만 행하여지는 것이 아니라 무덤의 축조이전 · 축조 시작 · 축조 도중, 축조 종료에 이르기까지의 여러 단계에서 관외 · 관내부장이 이루어졌다. 그리고 각 단계의 부장에 있어 유물 부장위치에는 엄격한 공통성을 찾아내기가 어렵고, 하나의 무덤에서 단계별 부장 행위가 모두 확인되지 않는다. 단지 공통적으로 보이는 것이 劍(銅劍 · 石劍), 鏃(石鏃)과 같은 무기의 형태를 띠는 유물을 부장한다는 점이다. 여기서는 무덤에 부장된 비파형동검 · 동모, 동촉, 마제석검 · 석촉 등 무기의 모양을 가진 부장품을 포괄하여 '武器形 副葬品'으로 규정하고자 한다.

그 중에서도 被葬者와 밀접한 관련(부장품의 所有 · 管理 등)을 가진 棺內副葬遺物로서 비파형동검 · 동모, 동촉, 마제석검[7] · 석촉과 같은 무

---

6) 李榮文, 1993, 앞의 글.
　　李相吉, 2000, 앞의 글.
　　尹昊弼, 2007, 앞의 글.
　　崔鍾圭, 2010, 앞의 글.
7) 청동기시대 마제석기 중 검 모양을 띤 것을 마제석검이라고 하고, 이는 일반적인 학술 용어로서 정착되어 사용되고 있다. 그러나 현재 '마제석검' 이라고 불리는 유물은 실생활에서 사용된 것, 무기로서 사용된 것, 혹은 상징성을 가지는 것도 있어, 이러한 기능과 성격을 고려할 때 한마디로 '검' 이라고 단언하기에는 다양한 성격이 존재하는 것으로 여겨진다. 따라서 그러한 '마제석검' 이 가지는 다양한 성격을 포괄하면서도

기형 부장품이 발견된다는 점은 중요하다. 특히 비파형동검과 마제석검은 하나의 매장주체부에서 1점만 출토되는 것이 기본 부장풍습이고, 그 출토위치가 패용상태를 보여주는 사례가 많다. 이점을 고려하면 청동기시대 사회에 있어 비파형동검과 마제석검은 특정한 개인(피장자)이 사용하는 것으로 인정받은 물건으로 생각된다. 즉 한 個人에 속하는 물건으로 볼 수 있다.

다음으로 무기형 부장품과 피장자의 연령이나 성별의 관계에 대해 살펴봄으로써 무기형 부장품의 성격을 파악하는 단서를 제시해 보고자 한다. 무기형 부장품과 그 소유자인 피장자의 연령이나 성별의 관계에 대해 알기 위해서는 원위치를 유지한 부장품의 출토는 물론, 양호한 인골자료의 확보가 중요하게 된다. 그러나 한반도 토양의 성질상 청동기시대 인골 자료가 남아있는 경우는 드물지만 소수의 인골자료가 확인된 바가 있고, 작은 인골편까지 포함해서 60 개체 정도가 알려져 있다. 그 중 30 개체에서 성별 혹은 연령 등의 정보를 얻을 수 있다. 그러한 자료 중 청동기 특히 비파형동검과 공반된 인골에는 형질학적 정보를 얻을 수 있는 만큼 잘 남아있는 것은 발견되지 않았다. 한편, 마제석검의 경우 달성 평촌리에서 양호한 인골자료와 그것과 공반된 마제석검·석촉과 같은 부장품, 그것들이 埋納된 개별분묘, 그리고 개별분묘가 유기적인 관계를 유지하면서 축조된 것으로 추정할 수 있는 墓區가 확인되었다. 여기에서

그 의미가 좀 더 명확한 '검형 마제석기' 라는 표현이 더 적절하다고 생각한다. 물론 지금까지의 긴 연구사의 흐름을 고려할 때, 새로운 용어를 만들어 사용하는 것은 혼란을 일으킬지도 모르겠다. 그리고 이 글에서 필자가 제기하는 용어가 가장 좋다고는 생각하지 않는다. 그러나 어떤 유물의 성격을 고고학자가 해석하는데 있어 반드시 그 명칭(즉 본고에서는 석검)에 구애받지 않고, 원래 그 유물의 당시 사회에서의 기능·역할을 추정하기 위해서는 새로운 시각이 필요하다고 생각한다.

는 坪村里의 사례를 바탕으로 부장품·부장행위의 성격에 대해 추측하고자 한다. 이 유적에서는 매장주체부에서 인골이 확인된 유구는 12기 (3, 28, 20, 13, 12, 11, 16, 21, 17, 22, 23호) 이다. 이 중 11, 21호에서 출토된 인골은 성별을 알 수 없었지만, 나머지 인골은 모두 남성이었다. 또 피장자의 연령은 12~18세(25호), 20~24세(12호), 25~29세(13호), 30~34세(20, 3, 28, 17, 22호), 45~55세(11, 16호), 50세 이상(21호)으로 감정되었다. 무기형 부장품이 부장되는 피장자의 연령은 30~34세 중심으로 보이지만, 12~18세라는 비교적 젊은 연령층뿐만 아니라, 40세 이상의 피장자에게도 부장되었고, 연령이라는 카테고리가 반드시 무기형 부장품의 부장 기준이 되지는 않았던 것으로 생각된다.

유구의 시기에 대해서는 석검은 상세한 형태를 알 수 있는 것이 적기 때문 명확한 시기를 말하기가 어려우나, 20호에서 출토된 유절병식 석검을 보면, 평면형태는 청동 진라리유적 3호 지석묘 출토품과 유사하지만, 신부뿐만 아니라 병부에도 稜이 보이는 점이 다르다. 제Ⅳ장에서 검토했는데, 평면형태는 Ⅱ식, 병부에도 稜이 보이는 점은 Ⅲ식의 특징을 갖추고 있다. 단지 공반유물인 석촉이 모두 尖根一段莖式인 점은 이 석검이 Ⅲ식의 시기에 가까운 것을 보여주고, 후기 후반에 속하는 것[8]으로 말할 수 있지만, 평면형태에 Ⅱ식의 요소가 남아있기 때문에 후기 후반 중에서도 후기 전반에 가까운 시기에 해당할 가능성이 있다. 석촉은 대부분의 유구에서 尖根一段莖式이 출토되었는데, 3호에서만 平根一段莖式과 尖根一段莖式이 공반되고, 平根一段莖式이 주를 이루는 것으로 보아 다른 유구보다 약간 빠른 요소가 있어 후기 전반으로 볼 수 있을 것이다.[9]

---

8) 張龍俊·平郡達哉, 2009, 「有節柄式石劍으로 본 無文土器時代 埋葬儀禮의 共有」, 『韓國考古學報』 第72輯, 韓國考古學會.

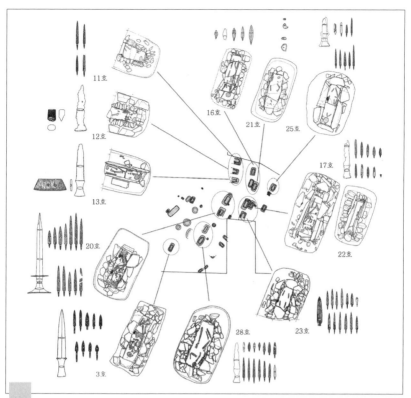

도57 달성 평촌리 인골 출토 유구와 공반유물

유구의 전반적인 시기는 후기 후반의 빠른 단계에 해당하는 것으로 생각
된다.

인골이 확인된 매장유구의 주축방향과 인접양상을 바탕으로 일곱 개
그룹으로 나눌 수 있다(도 57). 각 그룹마다 석검+석촉을 세트로 부장하

9) 이수홍, 2005, 「검단리식토기의 시공간적 위치와 성격에 대한 일고찰」, 『영남고고학』
36, 영남고고학회.
   庄田愼矢, 2007, 『남한지역 청동기시대의 생산활동과 사회』, 忠南大學校 大學院 博士
   學位論文.

는 무덤이 존재하고, 그것들은 열상배치를 보이는데, 그 열상배치 안에서도 각 그룹마다 약간의 거리를 두고 있다. 또 11호, 12호, 13호의 경우 다른 유구의 주축방향과 직교하는 방향에 주축을 두었다.

인골이 확인되고, 유구가 완전한 형태로 남아있는 경우에는 상당히 높은 비율로 석검+석촉이 세트를 이루는 것[10]을 알 수 있다. 석검+석촉의 세트부장이 보이지 않는 21호, 22호는 모두 각각 석검+석촉이 세트부장된 16호, 17호에 접하고 있고, 모두 비슷한 나이의 남성이 매장되고 있어, 양자 간의 관계성이 주목된다.

達城 坪村里의 경우, 무기형 부장품의 부장에 있어 연령이라는 카테고리보다 성별이라는 카테고리를 기준으로 부장이 이루어진 것으로 추정된다. 물론 이러한 내용을 남한지역 전체에 적용할 수 있다고는 생각하지 않지만,[11] 무기형 부장품으로서의 석검의 성격을 생각하는 데 있어 하나의 힌트를 제공하는 것으로 생각한다.

위와 같이 청동기시대의 부장유물·부장행위의 특징으로서는 個人性이 강한 무기형 부장품인 동검·석검 1점, 석촉 여러 점을 한 명의 피장자를 위해 부장했다는 점, 그리고 모든 피장자에게 부장되는 것이 아니라 소수의 사람에게 이루어진다는 점[12]을 들 수 있다. 또 출토 위치로 볼 때 佩用 상태를 보여주는 것에 대해서는 생전에 사용한 것을 부장하는

---

10) 16호의 경우 보고서 도면에는 석촉만 제시되었는데, 조사과정에서 마제석검이 확인 되었지만 토양화 되어버려 도면작성이 불가능했다고 한다.
경상북도문화재연구원, 2010, 『달성 평촌리·예현리 유적』.

11) 마제석검이 부장품으로 출토된 진주 본촌리 2호 석관묘의 경우 발견된 인골이 30대 여성으로 감정된 사례도 있기 때문에 마제석검이 출토되면 반드시 남성으로 볼 수 없다. 피장자의 성별 문제는 인골을 근거로 언급되어야 할 문제이다.

12) 물론 유적에 따라 석검이 부장되는 비율에 차이가 있다. 예를 들어 우산리 내우나 달성 평촌리 등에서는 비교적 많은 유구에서 석검 부장이 확인되었다.

것으로부터 부장용으로 제작된 것으로 생각되는 대형품·의기화된 것을 부장하는 것으로 변하는 것을 지적할 수 있다. 그것은 실제로 무기로서 사용했다기보다 시간의 흐름에 따라 대형화·의기화해 간 것으로 생각된다. 그리고 사람을 공격·殺傷하기 위한 도구라기보다 무기가 가지는 상징성(문제해결 방법으로서의 무력)이 보다 강조되고, 청동기사회에서 생기는 여러 문제들(취락구성원 혹은 취락간의 불화, 갈등 등 긴장관계)을 해결해야 할 상황에서 위세를 상징하고, 그것을 가진 자가 문제해결자로서의 역할을 담당한 것으로 추정된다.

그리고 그러한 문제해결자로서의 리더로서의 지위를 표시하는 특권적인 장치·특별한 위신재으로서도 비파형동검이나 그 대용물로서 마제석검[13]이 사용된 것으로 추정된다.

무기형 부장품의 부장이 시작된 것은 청동기사회에 있어 리더의 출현을 말해주는 하나의 指標로 생각된다.

3. 副葬行爲 · 埋葬儀禮으로 본 社會의 階層化

공통된 유물을 사용한 부장행위·매장의례의 존재는 근거리·원거리를 막론하고, 복수 집단간의 교류·교섭 관계를 보여주는 것으로 생각된다. 여기서는 그러한 지역간 교류 및 매장의례의 광범위한 확산에 대해 분묘 출토유물을 바탕으로 고찰하고자 한다. 그리고 과연 그것들이 청동기시대 사회의 전개 및 계층화와 어떠한 관련성을 가지는지애 대해서도 생각하고자 한다.

---

13) 배진성, 2006, 앞의 책.

1) 가지무늬토기로 본 地域間 交流網와 文化變容

제IV장에서는 남한지역에서 출토된 가지무늬토기에 대한 출토현황·형식분류와 편년작업과 같은 기초적 검토를 통해 부장풍습의 특징 등에 대해 살펴보았다. 그 결과를 간단히 정리하면 아래와 같다.

남한지역에서 가지무늬토기는 청동기시대 전기 후엽 이후에 전남 남해안과 서부경남을 중심으로 지역적으로 상당히 한정된 상태로 출현·전개·쇠퇴해 갔다는 점을 지적할 수 있었다.

출토상황의 특징으로서 서부경남에서 먼저 석관을 매장주체부로 한 무덤의 부장품으로서 가지무늬토기가 2점 세트로 부장된 점을 들 수 있다. 그 후 다른 묘제나 주거지에서도 출토되었다. 그 후 시간 차이를 두어 후기가 되면 서부경남으로부터 두 가지 방향으로 가지무늬토기 혹은 가지무늬기법이 확산되었다. 하나는 전남 남해안지역으로 확산하였다. 다만 거기서는 모두 지석묘(매장주체부는 할석형 석관이 많다. 단 고흥 석봉리 2호만 판석형 석관)의 부장품으로서 1점만 부장된 점은 西部慶南과 큰 차이가 보인다. 이러한 차이는 시간적으로 늦게 나타나며 지석묘의 묘제풍습에 받아들였기 때문일 것으로 생각된다. 즉 지석묘의 기본적 부장 패턴인 1점의 磨製石劍, 복수의 磨製石鏃, 1점의 적색마연토기라는 세트 관계 속에 서부경남의 가지무늬토기문화와 접촉하면서 적색마연토기와 융합해 부장용 토기로서 채용된 것으로 생각할 수 있다. 기존의 지적과 같이 송국리문화의 영향에 의해 장학리 출토품과 같은 형태가 나타나는 것도 그러한 다른 토기문화와 접촉한 결과로서 이해할 수 있다. 가지무늬토기를 제작하는 문화와 적색마연토기를 제작하는 문화와의 접촉 즉 문화변용의 결과로서 전남지역의 가지무늬토기를 이해할 수 있다. 즉 후기에 보이는 서부경남으로부터 전남 남해안으로의 가지무늬토기 확산은 단순한 물질 이동뿐만 아니라 가지무늬기법을 아는 집단과의 접촉으

로 일어난 것이고, 수용자인 전남 남해안지역의 집단도 재지의 토기제작
기술에 가지무늬기법을 수용하면서 받아들인 것이다.

또 하나의 확산방향은 마산 · 김해 · 밀양 · 대구 등의 지역이다. 이러
한 지역에서는 적색마연토기에 가지무늬가 시문된 것(V式)이 보이는 것
이 특징이다. 이것도 역시 단순한 가지무늬토기의 전파가 아니라, 마
산 · 김해 · 밀양 · 대구 등의 적색마연토기 제작집단이 서부경남의 가지
무늬토기집단의 접촉에 의해 일어난 것이고, 적색마연토기 제작집단이
주체적으로 가지무늬 시문기법을 수용으로 상정할 수 있다.

즉 후기가 되면 가지무늬토기 및 가지무늬 기법을 매개로 전남 동남부
와 서부경남, 동부 경남 및 대구와 서부경남은 서로 정보교환이 가능한
관계를 유지하고 있었던 것으로 생각된다.

2) 有節柄式 石劍이 가진 社會的 意味

청동기시대는 신석기시대와 비교해 유물구성이나 도구의 제작수법의
차이 외에도 다양한 차이점이 존재한다. 예를 들어 더욱 복잡해진 집단
의 존재, 집단내부의 응집된 힘의 산출물인 지석묘, 전업집단의 출현, 농
경의 본격화, 사회조직체의 구성, 인구증가, 동일한 유물의 광범위한 출
토, 취락의 출현과 규모의 거대성, 취락내부의 공간조직, 집단 권력자층
의 상징적 유물 공유 및 교환, 분배행위 등이다.

이러한 사회적 특징 중 제IV장에서 유절병식 석검과 관련된 유구와 공
반유물을 중심으로 살펴보았다.

선사인의 정신세계가 투영된 마제석검은 매장의례를 통해 사회조직
내에서 상징적인 의미를 부여받았고, 이러한 마제석검의 부장은 개별 집
단 내에서 죽은 자를 위한 지석묘 축조라는 관습, 즉 묘제의 공유가 먼저
이루어진 후에 발생하는 하위적 현상으로 파악할 수 있었다. 유절병식석

검을 제작한 집단들은 지석묘의 축조, 석검의 파쇄, 별도 관리된 제작지의 운용, 동일한 석검의 공유와 같은 유사한 내세적 세계관을 보유하고 있었다.

마제석검의 제작에는 석재의 암질 특성에 대한 이해가 필수적이고, 석검 공정에 대한 구체적이면서 체계적인 설계 속에서 이루어진다는 점을 감안할 때, 전업적 또는 비전업적 전문화가 사회조직 내에 자리 잡고 있었을 가능성이 높았다. '전문화는 한 사회에서 생업 또는 생필품 생산과 직접적인 관련이 없는 경제활동에 종사하는 사람들의 존재를 의미' 한다고 볼 때,[14] 석검이야 말로 생존을 위한 활동보다는 사회의 한 축을 형성했던 의례 행위에 의해 이루어진 것으로 보는 게 합당하다. 즉, 유절병식 석검의 제작은 특정 집단에 의해 그 제작기법과 형식이 공유되었다. 대개 이들이 만든 석검들은 청동기시대 사회에서 중요한 위치를 차지하는 의례용품이었다.[15]

석검이 출현하는 모든 시기에 걸쳐 적용가능할지는 아직 미지수이지만, 청동기시대 사회의 전기 후반에서 후기 초까지는 석검공유를 매개로 한 사회관습이 존재하였다. 예를 들면, 석검의 제작기술과 제작장소의 선정, 지석묘 내 부장, 부장할 때 석검을 파쇄해서 부장하는 행위, 동일한 공반유물의 부장 등이다. 이러한 현상은 단순히 청동기시대 사회를 위계 및 계층사회의 출현으로만 보는 수직적인 계층화로는 설명할 수 없는 문화현상이다.[16] 사회내부에서 수평적인 하위 문화의 공유현상이 청동기

---

14) Molly Raymond Mignon(김경택 역), 2006, 앞의 책.
15) 마산 진동리에서 확인된 A군 1호는 대형급 무덤이지만 여기서 출토된 것은 청동기가 아닌 석검과 석촉이었다. 따라서 석검의 부장묘가 동검묘의 사회적 지위와 비교하여 결코 뒤처지지 않음을 알 수 있다.
16) 앞으로는 지배자보다 피지배자의 사회적 역할에 좀 더 초점을 맞춰 연구가 진행될 필요가 있다.

시대 사회에서도 작동하고 있었기 때문이다. 다른 형식의 마제석검에서도 확인되지만, 유절병식 석검이 본격적으로 출현하는 시기가 되면 청동기시대 사회 내에서는 사회유지를 위해 매장의례의 공유와 같은 현상이 본격적으로 나타난다.

그리고 위의 현상들은 매장의례의 차원에서 이루어진 행위들로 사회계층화의 진전을 밝히는 직접적인 증거는 될 수 없다. 그런 의미에서 특정 유물들이 부장된 지석묘가 반드시 최상위 신분계층의 무덤이 아닐 수도 있다. 오히려 계층사회의 출현과 연관시키기보다 사회조직을 유지하기 위한 구성원들의 의례행위의 공유차원에서 마제석검의 부장행위를 인식하는 것이 옳다. 그리고 이러한 의례행위를 공유하는 집단은 반드시 혈연관계를 전제로 할 필요는 없다. 조직 유지와 영적 신념에 대한 묵시적 동의가 인정된다면 새로운 집단관계의 형성은 얼마든지 가능하다. 그 결과, 유절병식 석검의 출현시기와 맞물려 매장의례의 공유와 같은 사회적 관습이 확산되었다. 특히 유절병식 석검이 출토되는 지석묘가 군집형태로 분포하는 현상은 농경이 본격화되면서 집단 내 인구가 증가하고 그에 따른 다양한 형태의 집단이 등장하였을 것이다. 청동기시대 사회의 상호작용망은 우리가 생각했던 것보다 상당히 광범위하게 존재하고 있었음에 틀림없다.

의례의 궁극적인 목적은 사람과 사람의 차이, 사회와 사회의 차이, 부장유물의 차이, 무덤형식의 차이 등의 사회적 차별성을 부각시켜 사회조직을 지속시켜 나가는 것으로 생각할 수도 있다.[17] 사회관습의 특징으로 미루어 볼 때 여러 유물 중 유절병식 석검이 조직 내부의 차별적 지위를

---

17) 청동기의 매납 예는 20여 유적정도이다(이상길 2006: 126). 청동기의 부장이 특징적인 의례행위임은 분명하지만, 청동기의 출현이 고고학적으로 어떠한 사회적 변화를 야기시켰는가에 대해서는 제대로 검토되지 못하고 있는 것 같다.

상징하는 가장 대표적인 유물일 수도 있다. 이것이 출현한 시기에는 부장관습과 같은 보수적인 관념의 공유는 물론, 그와 관련된 다양한 규범과 하위 문화체계가 존재하였다. 의례는 그 구성요소를 주고받는 과정에서 구성원들 간의 차이를 유발시킨다. 이러한 사회적 차이는 선택된 인간과 배제된 인간의 절대적인 격차를 만들어내기도 한다. 이를 토대로 사회적 조직이 구축되기 때문에 사회내부의 조직형성과 유지를 위한 의례체계는 강압적인 기능도 수행하게 된다.[18]

의례행위가 사회 내부의 구성원이 생존해 가는 데 실질적인 도움을 주지 못하더라도 사회조직을 유지해 나가는 데 있어 가진 자와 그렇지 못한 자의 사회적 차별을 유발시키면서 사회통제의 중요한 이데올로기적 수단으로 사용될 수 있음에는 유의하여야만 한다.[19]

하지만, 분묘의 축조와 석검의 출현이 계층화의 절대적 지표가 될 수는 없다. 아울러 매장의례의 출현이 반드시 계층화의 출현을 의미하지도 않는다.[20] 매장의례는 조직 운영은 물론 사회통합을 이끌어내기 위한 주

---

18) 竹澤尙一郎, 1987, 『象徵と權力 - 儀礼の一般理論』, 勁草書房.

19) 여기서 주의할 점은 부장양상의 차이가 지배자의 출현을 직접적으로 대변해 줄 수 있는가라는 문제이다. 지배자와 피지배자의 관계를 고고학적으로 증명하는 것이 우선임에도 불구하고 피지배자의 성격규명은 전혀 이루어지지 않고 있다. 또한 지배자가 어떠한 사회적, 정치적 역할을 하였는가에 대한 설명이 부족하다. 계층이 출현했으면 그 계층은 사회내부에서 어떠한 존재였고 무슨 역할을 하였는가에 대한 내용은 거의 다루어지지 못하고 있다. 청동기시대 사회는 오직 차별적 대우를 받은 지배자만 존재하였다는 느낌을 지울 수가 없다.

20) 청동기시대 전기와 후기로의 전환은 유물구성의 변화는 물론 취락유형 변동, 사회의 위계화와 복잡화, 지역집단간의 네트워크 형성, 집단의 정체성 표현에 큰 변화가 있는 것으로 알려져 있다(李盛周 2006: 20-23). 그 중에서도 청동기시대 사회의 가장 큰 사회적 변화는 계층사회의 출현으로 볼 수 있을 것이다. 하지만 김종일(2007: 169)의 지적대로 지나친 사회적 계층화의 강조는 청동기시대의 역동성과 다양성 해석에 장애가 될 수 있다.

요한 수단이기는 하지만, 이것은 계층화에 토대를 둔 수장이나 지도자의 등장만으로는 설명할 수 없는 행위이다. 왜냐하면 매장의례에는 많은 사람이 필요하고 개인의 역할분담이 매우 중요하기 때문이다. 무엇보다 그러한 의례에 불만을 품지 않고 참여할 수 있는 자발적 동조심을 이끌어내는 것이 어쩌면 지도자의 역할이었을 것이다. 그렇다고 해도 청동기시대에 매장의례가 원활히 이루어지기 위해서는 개개인의 자발적 의지가 가장 중요하기 때문이다.[21]

앞서 살펴본 일련의 의례행위의 공유는 사회갈등을 잠재우고 사회통합의 수단으로 매우 중요한 역할을 하였다. 수장의 명령에 의해 계층화된 사람을 동원해서 석검을 제작하고 지석묘를 축조하였다고 해석하기보다 동일한 사회적 통념을 가진 문화권의 사람들이 자발적 참여 또는 협력하여 이루어진 결과물일 가능성이 더 높다.

결국 유절병식 석검의 분포로 미루어 볼 때 각 집단들은 독립성을 유지하면서도 상당한 유기적인 관계를 맺고 있었음은 확실하다. 사회내부의 매장의례는 死者에 대한 제사나 제의를 할 때 자칫 규율적이면서 장엄해질 수 있는 행위를 모든 구성원의 참여를 유도함으로써 사회통합을 위한 祝宴(feast)으로 승화시키는 것이 또 다른 목적이었을 것이다.

위에서 언급해왔던 墓區構造, 副葬遺物에 대한 내용을 정리하면서 청동기시대 사회의 변천에 대해 살펴보고자 한다.

前期 後半 : 무덤 축조가 시작되었고, 토광묘 · 석관묘 · 주구묘 등은 獨立型으로 墓區가 조영되기 시작되었다. 무덤의 규모나 구조상의 탁월

---

21) 아직 확실치는 않지만, 이러한 자발적 참여의 이면에는 보상이 있었을 가능성도 있다.

성을 아직 보이지 않는데, 역시 무덤을 축조할 수 있는 사람은 제한적이었던 것으로 생각된다. 또 지석묘 축조와 함께 群集a型이 보이게 된다. 계획적 및 지속적으로 묘구를 구축하는 것을 전제로 한 군집a형의 출현은 청동기시대 농경사회가 안정화되면서 일어난 것으로 생각할 수 있다.

後期 前半 : 후기 전반에는 獨立型이 적어지고, 대신에 群集型이 주류를 이루게 되고, 群集a·b·c型 등 모든 형태가 보이게 된다. 또 청동기 부장묘 특히 비파형동검의 부장이 여수반도, 고흥반도 등에서 집중적으로 보인다. 후기 이후 대규모 군집을 이루는 묘구가 보이게 되는 것은 農耕社會가 한층 發展해갔던 과정과 연동된 것으로 볼 수 있다.

後期 後半 : 후기 후반에 보이는 개별 무덤의 墓域이 極端적으로 巨大化하거나 埋葬主體部의 地下化는 무덤의 可視的 要素, 埋葬主體部의 地下化는 무덤의 非可視的 要素가 각각 궁극적으로 구현화된 것으로 생각된다. 특정한 개인을 위해 거대한 묘역시설을 축조하고, 그와 친밀한 사람들만이 매장행위, 매장의례에 참여하는 등 앞 시기에 비해 더 개인을 중요시한 매장이 이루어진 것으로 생각된다.

그리고 부장유물에서는 무기형 부장품의 등장이 특징이다. 이러한 무기형 부장품의 등장은 전기 후반에 무덤축조의 시작과 함께 나타난 것으로 생각된다. 그 성격에 대해서는 전기 후반에 명확한 계층분화가 진행되었다기보다는 사회 내에서의 문제해결자로서의 리더의 존재를 상정할 수 있을 것이다. 그러한 리더가 될 수 있는 조건, 즉 연령이 중요시되느냐, 성별이 중요시되느냐, 혹은 단순히 문제해결 능력의 유무에 따라 결정되는가는 무기형 부장품이 출토하는 무덤에서 인골자료의 출토 예가 증가해야 보다 자세한 논의가 가능할 것이다. 현시점에서는 달성 평촌리의 사례로 하나의 가능성을 제시할 수밖에 없다. 즉 달성 평촌리에서는 연령보다 남성이라는 성별이 분묘에 무기형 부장품과 함께 매장되는 조건이 되었을 가능성을 지적할 수 있다.

무덤자료로 보면 모든 사람이 무덤을 축조할 수도 없고, 축조되었다고 하더라도 부장행위가 역시 모든 무덤에서 이루어진 것도 아니다. 적어도 비파형동검 · 동모 · 동촉 등 청동기 부장의 희귀성, 마제석검의 부장비율이 낮은 것을 감안하면 사회 내에서의 불평등은 확실하게 존재한다.[22] 그러한 면에서 볼 때 청동기시대 전기 후반~후기 전반은 평등사회로부터 수장제로 이행해 가는 과도적 불평등사회(transegalitarian society)[23]

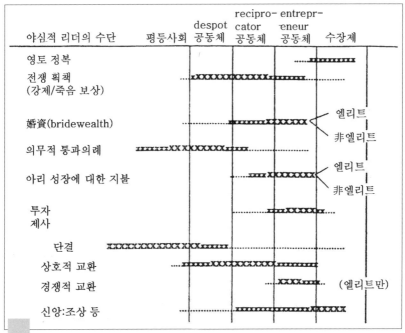

도58 과도적불평등사회(transegalitarian society)에서 리더가 쓰는 수단
(Brian Hayden 1995, 高橋 2004를 번역 · 인용)

22) 이희준, 2011, 「한반도 남부 청동기~원삼국시대 수장의 권력 기반과 그 변천」, 『영남고고학』 58.

와 같은 성격을 띠는 것으로 생각된다(도 58). 즉 지위나 위계에 명확한 상하 관계가 있고, 자원이나 권리 등 富나 재산의 소유와 이용에 있어 개인 간에서 차이가 존재한 사회로 규정할 수 있다.[24]

후기 후반에는 무덤의 구조 혹은 墓區構成에서의 돌출한 개인성, 극단화한 가시적 · 비가시적 요소의 존재로 보아 앞 시기에 비해 계층화가 더 진행되었고, 수장제 단계로 진입한 것으로 생각된다.

---

23) Brian Hayden, 1995, "Pathways to Power: Principles for Creating Socioeconomic Inequalities," in T.Douglas Prince and Gary M. Feinmaa(eds.), Foundations of Social Inequality, New York: Plenum Press.
高橋龍三郞, 2004, 「第7章 階層化過程に關する理論的研究」, 『繩文文化研究の最前線』.
24) 청동기시대 사회에서 복합화 · 계층화가 시작되고 진전해가는 계기로서 생업에 있어 생산성 향상이나 그것에 따르는 잉여생산물의 발생과 관리 등 경제적 요인 이외에 Hayden이 지적한 바와 같이 제사나 의례가 사회계층화의 계기가 된 가능성도 고려해야 할 것이다. 그는 부족사회의 계층화 과정에 대한 연구에서 사회계층화 과정에 있어 한 리더가 출현하는 중요성을 지적하였다. 리더가 제사나 의례를 수행하면서, 경쟁적인 교환을 기초로 富의 집적과 조작을 독점적으로 행하고, 경제적 이익을 유도한 것으로 보았다. 이러한 모습을 평등사회로부터 계층화 사회(stratified society)로 이해하는 과도적 불평등사회(transegalitarian society)로 했다(그림 5-2).
Brian Hayden, 1995, 앞의 글.
高橋龍三郞, 2004, 앞의 글.

• VI
맺음말

청동기시대는 신석기시대와 비교해서 유물 구성이나 도구의 제작기법 차이 이외에도 다양한 차이점이 존재한다. 예를 들어 보다 복잡화된 집단의 존재, 집단 내부의 응집된 힘의 산출물인 지석묘, 전업집단의 출현, 농경의 본격화, 사회조직체의 구성, 인구 증가, 동일한 유물의 광범위한 출토, 취락의 출현과 그 규모의 巨大性, 취락 내부의 공간조직, 집단권력자층의 상징적 유물 공유 및 교환, 분배행위 등이다.

이와 같은 다양한 사회적 특징 중 이 연구에서는 한반도 남부지역 청동기시대 사회의 성격을 파악하기 위해 묘제자료에 대한 분석을 행하였다. 위의 내용을 정리하고, 그것에서 도출할 수 있는 한반도 남부지역 청동기시대 사회의 특징에 대해 언급함으로써 결론으로 하고자 한다.

제Ⅱ장에서는 한정된 지역에 여러 무덤들이 밀집 혹은 일정 간격으로 일정한 축조법칙을 가지고 연속적으로 축조된 매장공간을 '墓區'로 정의한 후, 묘구의 평면형태를 기준으로 獨立型과 群集型으로 대별하고, 다시 군집형을 列狀을 이루는 군집a형, 集塊狀을 이루는 군집b형, 그리고 列狀과 集塊狀이 공존하는 군집c형으로 나누었다.

청동기시대 전기 후반에 토광묘·석관묘·주구묘 등은 獨立型으로 墓區가 조영되기 시작되었다. 또 지석묘 축조와 함께 群集a型이 보이게 된다.

후기 전반에는 獨立型이 적어지고, 대신에 群集型이 주류를 이루게 되고, 群集a·b·c型 등 모든 형태가 보이게 된다. 또 청동기 부장묘 특히 비파형동검의 부장이 여수반도, 고흥반도 등에서 집중적으로 보인다.

후기 후반에 보이는 개별 무덤의 墓域이 極端적으로 巨大化하거나 埋葬主體部의 地下化는 무덤의 可視的 要素, 埋葬主體部의 地下化는 무덤의 非可視的 要素가 각각 궁극적으로 구현화된 것으로 생각된다. 특정한 개인을 위해 거대한 묘역시설을 축조하고, 그와 친밀한 사람들만이 매장행위, 매장의례에 참여하는 등 앞 시기에 비해 더 개인을 중요시한 매장이 이루어진 것으로 생각된다.

제Ⅲ장에서는 유물의 출토위치와 출토상황을 실마리로 청동기시대 묘제의 매장프로세스에 대해 논하였다. 먼저 청동기시대 무덤에서 출토된 유물의 출토위치를 기준으로 해서 분묘출토유물의 구분 개념을 제시하였다. 그리고 분묘출토 유물은 크게 관내부장유물과 관외부장유물로 구분할 수 있는데, 각각 공통적으로 보이는 유물도 있기는 하지만 부장되는 위치나 부장되는 시점에 따라 같은 유물이라고 하더라도 그 성격에 차이가 있었던 것으로 추정된다. 특히 비파형동검의 경우는 출토위치로 볼 때 피장자의 오른쪽 허리부분에서 나오는 경향을 지적할 수 있고, 積良洞 7호 지석묘·21호 석곽, 보성 덕치리 1호 지석묘 출토품과 같이 동검 주변에 확인된 목질의 흔적으로 볼 때 칼집에 놓고 패용(佩用)상태를 표현하면서 부장된 것을 알 수 있다. 그리고 관내부장된 마제석검의 출토위치에 대한 검토를 통해 그 성격을 부장용으로 제작된 석검을 패용(佩用)상태를 보여주는 것, '벽사(辟邪)'의 기능을 가진 것, 생전에 사용한 것을 부장하는 것 등으로 구분할 수 있다. 한편 관외부장된 유물에 대한 검토를 통해서는 관내와 관외의 차이는 유물 성격의 차이뿐만 아니라 부장된 시점의 차이도 반영된 것을 알 수 있다. 즉 ① 매장주체부를 구축하기 전에 이루어진 축조의례1(비파형동검, 관옥), ② 매장주체부를 구축하는 도중에 이루어진 축조의례2(석검, 석촉, 적색마연토기), ③ 시신을 매장주체부에 안치할 때 같이 부장시키는 매장의례1(청동기, 석검, 석촉, 적색마연토기), ④ 시신 매장이 끝나고 매장시설을 밀봉하고 나서 이루어진 매장의례2(석검, 적색마연토기)로 구분할 수 있다.

청동기시대의 부장행위 및 부장유물 중 가장 큰 특징인 비파형동검·동모, 동촉, 마제석검·석촉과 같은 유물들을 '무기형 부장품'으로 규정하고 그 등장의 사회적 의미에 대해 언급했다. 즉 이와 같은 무기형 부장품은 청동기사회에서 생기는 여러 문제들(취락구성원 혹은 취락간의 불화, 갈등 등 긴장관계)을 해결해야 할 상황에서 위세를 상징하는 물건이고, 그것을 가진 자가 문제해결자로서의 역할을 담당한 것으로 추정된다.

제IV장에서는 원격지와의 교류, 인접지역과의 교류 혹은 접촉에 대해 가지무늬토기, 유절병식 석검을 통해 언급해보았다.

가지무늬토기는 청동기시대 전기 후엽에 한반도 남부 특히 전남 남해안과 서부경남을 중심으로 지역적으로 매우 한정되어 나타났다. 그리고 주로 무덤의 부장품으로 출현·전개·쇠퇴해 간 것으로 생각된다. 그리고 부장풍습의 특징으로서는 西部慶南에서 먼저 石棺을 매장주체부로 한 무덤의 부장품으로 2점 세트로 부장된 점을 들 수 있다.

후기가 되면 전남 남해안지역에서도 가지무늬토기가 발견된다. 다만 모두 지석묘의 부장품으로서 1점만 부장된 점이 특징이다. 이러한 차이는 지석묘의 기본적 부장 패턴인 1점의 磨製石劍, 복수의 磨製石鏃, 1점의 적색마연토기라는 세트 관계 속에 서부경남의 가지무늬토기문화와 접촉하면서 적색마연토기와 융합하여 부장용 토기로서 채용된 것으로 생각할 수 있다.

또 동일한 시기에 마산·김해·밀양·대구 등 경남 동부 및 경북쪽으로 가지무늬토기의 분포지역이 확산된다. 이 지역에서는 기존의 가지무늬토기와 달리 적색마연토기에 가지무늬가 시문된 것이 가장 특징적이다. 이것은 가지무늬토기의 단순한 전파가 아니라 가지무늬토기 제작집단과 적색마연토기 제작집단의 접촉에 의해 일어난 현상이라고 파악할 수 있을 것이다. 즉 후기에는 전남 동남부 지역과 서부경남, 동부 경남 및 대구와 서부경남은 서로 정보교환이 가능한 관계가 형성 및 유지되고 있었던 것으로 생각된다.

다음으로 유절병식 석검에 대해 검토하였다. 유절병식 석검은 분포양상 및 형태에 따라 4가지 형식으로 분류되었고, 공반유물로 볼 때 청동기시대 전기 말에 출현하여 후기 후반까지 제작·부장된 것을 알 수 있었다. 유절병식 석검은 길이와 검신형태의 유사성이 매우 높은 것이 특징이다. 이것은 동일 지역권내에서 유사성뿐만 아니라 원격지 간의 유사성도 인정된다. 그런 차원에서 석검과 관련한 유통망과 정보전달망의 존재를 확인할 수 있다.

제Ⅴ장에서는 제Ⅱ~Ⅳ장에서 행하였던 遺構論·遺物論 등 무덤자료에 대한 분석결과를 바탕으로 청동기시대 사회의 변천에 대해 언급하였다.

무덤 축조는 전기 전반에 시작되었는데, 이 시기에는 단독형으로 묘구가 구성되는 것과 동시에 지석묘 축조도 시작되면서 열상으로 묘구가 구성되기 시작한다. 후기 전반에는 군집형 즉 집단성을 보여주는 묘구구조가 보이는데, 후기 후반에는 거대한 묘역시설이나 매장주체부의 지하화와 같은 개인성이 강조되는 무덤이 단독적으로 축조하게 되었다.

그리고 부장유물·부장행위의 특징에 대해 언급하였다. 특히 비파형동검·동모·동촉, 마제석검·석촉과 같은 유물들을 '무기형 부장품'으로 규정하고, 그 성격과 사회적 의미에 대해 언급하였다. 이러한 '무기형 부장품'이 개인의 소유물이고, 무기가 가지는 상징성(문제해결 방법으로서의 무력)이 보다 강조되고, 청동기사회에서 생기는 여러 문제들(취락구성원 혹은 취락간의 불화, 갈등 등 긴장관계)을 해결해야 할 상황에서 위세를 상징하고, 그것을 가진 자가 문제해결자로서의 역할을 담당한 것으로 추정된다. 그리고 문제해결자로서의 리더로서의 지위를 표시하는 특권적인 장치·특별한 위신재로서도 비파형동검이나 그 대용물로서 마제석검이 사용된 것으로 추정된다.

또 공통된 유물을 사용한 부장행위·매장의례의 존재는 근거리·원거리를 막론하고, 복수 집단간의 교류·교섭 관계를 보여주는 것으로 생각된다. 그러한 지역간 교류 및 매장의례의 광범위한 확산에 대해 가지무늬토기와 유절병식검을 바탕으로 고찰하였다.

가지무늬토기의 경우 전기 후엽에 서부경남에서 나타나고, 후기에 전남 남해안과 경남 동부 및 경북쪽으로 확산하였다. 그것은 가지무늬토기의 단순한 전파가 아니라 가지무늬토기 제작집단과 재지의 토기제작집단과의 접촉에 의해 일어난 현상이라고 파악하였다. 즉 후기에는 전남 동남부 지역과 서부경남, 동부 경남 및 대구와 서부경남은 서로 정보교환이 가능한 관계가 형성 및 유지되고 있었던 것으로 생각된다.

유절병식검의 경우 대부분의 유절병식 석검이 지석묘 등의 분묘유구에서 출토되고, 피장자의 허리부근에서 출토되거나 인위적으로 석검을 破碎하는 등의 부장관습이 존재하였다. 이 같은 부장관습이 남한지역에 광범위하게 보인다는 측면에서 청동기시대에는 매장의례가 공유되고 있었던 것을 추정할 수 있다.

청동기시대 전기 말 이후 출현하는 유절병식 석검에 보이는 의례행위의 공유는 사회통합의 수단으로서 중요한 역할을 하였다. 유절병식 석검의 분포로 볼 때 각 집단은 상호작용망을 통해 유기적인 관계를 유지한 것으로 생각된다.

이와 같이 청동기시대 묘제에 대해 묘구와 부장유물에 대해 검토하였다. 신석기시대부터 시작된 정주생활에서 死者를 매장하고 葬儀를 지내는 행위가 본격적으로 나타나면서 사람들은 死者와 生者라는 두 가지 입장에서 밀접한 관계를 가지게 되었다. 청동기시대에 들어 벼농사가 시작되면서 토광묘뿐만 아니라 石材를 이용하여 매장주체부를 구축하고, 무덤에 비파형동검, 마제석검·석촉, 적색마연토기 등 신석기시대에는 보이지 않았던 새로운 부장유물을 매납하였다. 특히 비파형동검이나 마제석검과 같은 무기형 부장품의 등장은 신석기시대에 주요 부장품이 생업 관련 도구였던 점을 고려하면 부장유물에 보이는 변화는 농경사회의 형성 즉 수렵채집경제로부터 식량생산경제로의 이행이라는 생업형태의 변화와 관련된 것으로 생각된다.

청동기시대 농경사회가 형성·발전해가면서 취락구성원들이 정주생활을 경영하는 "集團領域" 개념이 발생했던 것으로 추정되는데, "集團領域"의 구체적인 표현 중 하나가 군집하는 묘구의 형성이었다고 생각된다.

청동기시대 전기 후반에 시작된 무덤 축조 특히 계획적 및 지속적으로 묘구를 구축하는 것을 전제로 한 군집a형의 출현은 청동기시대 농경사회가 안정화되면서 일어난 것으로 생각할 수 있다.

후기 이후 대규모 군집을 이루는 묘구가 보이게 되는 것은 農耕社會가 한층 發展해갔던 과정과 연동된 것으로 볼 수 있다.

또 후기에는 매장주체부의 지하화, 墓域의 巨大化 등으로 보아 特定個人에 대한 莫大한 勞動力의 투입이 가능했던 것을 알 수 있다. 巨大한 墓域을 築造하기 위해서는 많은 勞動力이 필요하고 많은 사람들이 묘역축조 작업에 참여했을 텐데, 地中 깊은 곳에서 이루어진 시신매장 장면을 목격할 수 있는 사람은 극소수의 사람밖에 없었을 것이다. 그러한 사람들이 被葬者과 어떤 관계가 있는지 알 방법은 없지만, 葬儀·매장에 있어 個人性이 점차 강해지는 모습을 찾아볼 수 있다.

참고문헌

1. 國文 單行本 및 圖錄

京畿道博物館, 2007a, 『경기도 고인돌』.

京畿道博物館, 2007b, 『경기도 고인돌 연구의 어제와 오늘』.

慶尙南道·東亞大學校博物館, 1999, 『南江流域文化遺蹟發掘圖錄』.

國立文化財研究所, 2002, 『韓國考古學事典』.

國立中央博物館, 1992, 『韓國의 靑銅器文化』.

國立中央博物館, 1993, 『韓國의 先·原史土器』.

國立晉州博物館, 2002, 『청동기시대의 대평·대평인』.

國立春川博物館, 2007, 『2003~2007 강원 발굴조사 성과』.

國史編纂委員會, 1997, 『한국사』 3.

金權九, 2005, 『청동기시대 영남지역의 농경사회』, 학연문화사.

金秉模, 1982, 『亞細亞 巨石文化 硏究』, 漢陽大學校 出版部.

金元龍, 1973·1986, 『韓國考古學槪說』, 一志社.

金元龍 編, 1973, 『韓國美術全集Ⅰ-原始美術-』, 동화출판공사.

金元龍 編, 1977, 『靑銅器時代와 그 文化』, 三星文庫.

金元龍, 1987, 『韓國考古學研究』, 一志社.

金載元・尹武炳, 1967,『韓國 支石墓 硏究』國立博物館古蹟調査報告 第6册, 國立博物館.

文化財管理局 文化財研究所, 1994,『東아시아의 靑銅器文化 -遺物을 通하여 본 社會相-』문화재연구 국제학술대회 발표논문 제3집.

文化財管理局 文化財研究所, 1995,『東아시아의 靑銅器文化 -墓制와 住居-』第4回 文化財研究 國際學術大會 發表論文集.

裵眞晟, 2007,『무문토기문화의 성립과 계층사회』, 서경문화사.

서울대학교 박물관・문화재청, 1999,『한국 지석묘(고인돌)유적 종합조사연구』 I・II.

석광준, 1998,『조선의 고인돌무덤 연구』, 사회과학출판사.

沈奉謹, 1999,『韓國에서 본 日本 彌生文化의 展開』, 學硏文化社.

延世大學校博物館, 1988,『延世大學校博物館 展示品圖錄』.

우장문, 2006,『경기지역의 고인돌 연구』, 學硏文化社.

尹武炳, 1987,『韓國 靑銅器文化 硏究』, 藝耕産業社.

李盛周, 2007,『靑銅器・鐵器時代 社會變動論』, 學硏文化社.

李榮文, 2001,『고인돌 이야기』, 多知里.

李榮文, 2002,『韓國 靑銅器時代 硏究』, 周留城.

李榮文, 2003,『韓國 支石墓 社會 硏究』, 學硏文化社.

李榮文・曹根佑, 1996,『全南의 支石墓』, 學硏文化社.

林炳泰, 1996,『韓國 靑銅器文化의 硏究』, 學硏文化社.

庄田愼矢, 2009,『청동기시대의 생간활동과 사회』, 學硏文化社.

(財)東北亞細亞支石墓研究所, 2005,『세계 거석문화와 고인돌』.

(財)東北亞細亞支石墓研究所, 2007,『아시아 거석문화와 고인돌』.

全榮來, 1990,『韓國 靑銅器時代 文化 硏究』, 新亞出版社.

中澤新一(김옥회 옮김), 2003,『사랑과 경제의 로고스 -물신 숭배의 허구와 대안-』, 동아시아.

崔夢龍・金仙宇 編著, 2000,『韓國 支石墓 硏究 理論과 方法 -階級社會의 發生-』周留城 考古學 叢書1, 周留城.

崔夢龍·李淸圭·李榮文·李盛周 編著, 1999,『한국 지석묘(고인돌)유적 종합조
　　사·연구(II) -분포·형식·기원·전파 및 사회복원-』, 文化財廳·서울大學
　　校 博物館.

河文植, 1999,『古朝鮮地域의 고인돌 硏究』, 白山資料院.

湖林美術館, 1985,『湖林美術館 所藏品 選集』.

Molly Raymond Mignon(김경택 역), 2006,『考古學의 理念과 方法論』, 주류성출판사,
　　pp.5-562.

Jarvie,I.C., 1984, Rationality and Relativism, In Search of a Philosophy and History of
　　Anthropology, p.3.

Tambiah,S.J., 1981, performative Approach to Ritual, Radcliffe-Brown Lecture, 1979,
　　The British Academy, Oxford Univ. Press.

Timothy K. Earle(김경택 역), 2009,『족장사회의 정치 권력』, 도서출판 고고.

2. 國文 論文

姜東錫, 2002,『江華 北部地域 支石墓社會의 聚落類型 硏究』, 成均館大學校 大學院
　　碩士學位論文.

姜仁求, 1980,「論山 新基里의 支石墓」,『考古美術』148, 韓國美術史學會

姜仁求, 1980,「達城 辰泉洞의 支石墓」,『韓國史硏究』28, 韓國史硏究會.

姜仁旭, 2003,「遼寧地方 太子河上流地域 新發見 彩文土器에 대하여」,『考古學』2-2
　　호, 서울京畿考古學會.

경상남도, 1999b,『남강선사문화 세미나 요지』.

高東淳, 1994,『嶺東地域의 支石墓에 대한 考察』, 關東大學校 碩士學位論文.

高東淳, 1995,「嶺東地域의 支石墓에 대한 考察」,『한국상고사학보』18.

高東淳, 1999,「가. 강원도」,『한국 지석묘(고인돌)유적 종합조사·연구(II) -분포·
　　형식·기원·전파 및 사회복원-』, 文化財廳·서울大學校 博物館.

金廣明, 2003,「嶺南地方의 支石墓社會 豫察 -大邱·慶山을 中心으로」,『嶺南考古學』
　　33, 嶺南考古學會.

金廣明, 2003,「경북지역의 지석묘」,『지석묘 조사의 새로운 성과』제30회 한국상고
    사학회 학술발표대회 발표요지.

金權九, 1999,「다. 경상북도」,『한국 지석묘(고인돌)유적 종합조사·연구(Ⅱ) -분
    포·형식·기원·전파 및 사회복원-』, 文化財廳·서울大學校 博物館.

金權九, 2001,「영남지방 청동기시대 마을의 특성과 지역별 전개 양상」,『한국 청동기
    시대 연구의 새로운 성과와 과제』충남대학교 박물관 학술회의 발표요지.

金權九, 2011,「무덤을 통해 본 청동기시대 사회구조의 변천」,『무덤을 통해 본 청동
    기시대 사회와 문화』제5회 한국청동기학회 학술대회 발표요지, 한국청동기
    학회.

金權中, 2007,「강원지역 청동기시대 묘제와 고인돌」,『아시아 거석문화와 고인돌』
    제2회 아시아권 문화유산(고인돌) 국제심포지엄 자료집, 동북아지석묘연구
    소.

金權中, 2008,「青銅器時代 周溝墓의 發生과 展開」,『韓國青銅器學報』第3號, 韓國青
    銅器學會.

金圭鎬, 2001,『北漢江 流域의 고인돌 研究』, 江原大學校 碩士學位論文.

金吉植, 1998,「부여 송국리 무문토기시대묘」,『고고학지』9, 한국고고미술연구소.

金東淑, 2008,「원시와 고대의 장송의례 연구」,『제51회 全國歷史學大會 考古學部 發
    表資料集』.

金秉模, 1981,「한국 거석문화 원류에 관한 연구」,『韓國考古學報』10·11.

金善基, 1995,「全北地方 支石墓의 傳播經路 -湖南地方 支石墓分布를 中心으로-」,
    『考古歷史學誌』10, 東亞大學校 博物館.

金善基, 1997,「고창지역 주형지석을 갖는 지석묘에 대하여」,『호남고고학보』5, 호남
    고고학회.

金善基, 1998,「湖南地方 支石墓遺蹟 地名表」,『考古歷史學誌』13·14, 東亞大學校
    博物館.

金善基, 2003,「「용담댐 무문토기시대 문화의 전개과정과 특징」에 대한 토론요지」,
    『용담댐 수몰지구의 고고학』제11회 호남고고학회 학술대회 발표요지.

金善基, 2003,「전북지방 지석묘의 현황과 고창 지석묘의 특징」,『지석묘 조사의 새로
    운 성과』제30회 한국상고사학회 학술발표대회 발표요지.

金承玉, 2001,「금강유역 송국리형 묘제의 연구 -석관묘·석개토광묘·옹관묘를 중심으로-」,『韓國考古學報』45.

金承玉, 2001,「「호남지역 청동기문화의 연구 성과」에 대한 토론요지」,『한국 청동기시대 연구의 새로운 성과와 과제』충남대학교 박물관 학술회의 발표요지.

金承玉, 2003,「금강 상류 무문토기시대 무덤의 형식과 변천」,『韓國考古學報』49.

金承玉, 2003,「용담댐 무문토기시대 문화의 전개과정과 특징」,『용담댐 수몰지구의 고고학』제11회 호남고고학회 학술대회 발표요지.

金承玉, 2003,「전북지방 지석묘의 현황과 고창 지석묘의 특징」,『지석묘 조사의 새로운 성과』제30회 한국상고사학회 학술대회 발표요지.

金承玉, 2003,「전북 동부 산악지대 지석묘의 분포와 전개과정 -용담댐의 지석묘를 중심으로-」,『동북아지석묘 기원과 전개』아시아사학회 제12회 한국대회.

金承玉, 2004,「용담댐 무문토기시대 문화의 사회조직과 변천과정」,『호남고고학보』19.

金承玉, 2006,「묘역식(용담식)지석묘의 전개과정과 성격」,『한국상고사학보』제53호, 한국상고사학회.

金承玉, 2007,「분묘자료를 통해 본 청동기시대 사회조직과 변천」,『계층사회와 지배자의 출현』, 한국고고학회.

金若秀, 1984,『琴湖江流域의 支石墓 硏究』, 嶺南大學校 碩士學位論文.

金永培·安承周, 1975,「扶餘 松菊里 遼寧式銅劍 出土 石棺墓」,『百濟文化』第7·8輯.

金鎔佑, 1989,『영일만 주변의 고인돌문화에 대한 연구 -홍환리 고인돌문화를 중심으로-』, 高麗大學校 碩士學位論文.

金元龍, 1960,「永同 楡田里 支石墓의 特異 構造와 副葬品」,『歷史學報』12, 歷史學會.

金元龍, 1963,「金海 茂溪里 支石墓의 出土品 -靑銅器를 伴出하는 新例-」,『東亞文化』1, 서울大學校 文理科大學 東亞文化硏究所.

金元龍, 1971,「韓國 磨製石劍 起源에 관한 一考察」,『白山學報』第10號.

金宰賢, 2002a,「人骨로 본 고대 한일관계사」,『고대 한일관계사의 새로운 조명』, 한국고대사연구 27.

金宰賢, 2002b,「인골로 본 남강 대평사람들」,『청동기시대의 大坪·大坪人』.

金宰賢, 2006,「나주 랑동유적 1호 묘실 인골 분석」,『羅州 郎洞遺蹟』, 全南文化財硏究院.

金宰賢, 2006,「平澤 土津里遺跡 石棺墓 및 積石遺構 出土 人骨의 分析」,『平澤 土津里遺跡』, 畿甸文化財硏究院.

金宰賢, 2008,「인골로 본 장송과 피장자」,『제51회 全國歷史學大會 考古學部 發表資料集』.

김정학, 1983,「김해 내동 지석묘 조사개보」,『부산 당감동고분군』, 부산대학교 박물관.

金貞姬, 1988,「東北아시아 支石墓의 硏究」,『崇實史學』5.

金載元·尹武炳, 1967,「新基里遺蹟」,『韓國支石墓硏究』, 國立博物館.

金鐘一, 2007,「"계층 사회와 지배자의 출현"을 넘어서」,『韓國考古學報』제63집.

金鎭, 2004,「전북지방 금강 상류 안자천일대 지석묘」,『연구논문집』4, (재)호남문화재연구원.

金鎭, 2005,『금강 상류 지역 청동기시대묘제의 형식과 구조에 대한 일고찰 -지석묘를 중심으로-』, 전북대학교 대학원 석사학위논문.

金鎭, 2006,「錦江上流 地域 靑銅器時代 墓制에 대한 硏究」,『古文化』67, 韓國大學博物館協會.

金鎭, 2007,「전북지역의 청동기시대 묘제와 고인돌」,『아시아 거석문화와 고인돌』제2회 아시아권 문화유산(고인돌)국제심포지엄, 동북아지석묘연구소.

金珍英, 2001,『麗水半島 支石墓 硏究』, 木浦大學校 碩士學位論文.

金珍英, 2005,「청동기시대 묘제의 공간구성에 대한 검토 -승주 우산리 내우 지석묘를 대상으로-」,『全南文化財』第11輯, 全羅南道.

金賢, 2003,「4. 泗川 梨琴洞 無文土器時代 木棺에 대한 檢討」,『泗川 梨琴洞』, 慶南考古學硏究所.

金賢, 2005,『慶南地域 無文土器時代 무덤에 대한 硏究』, 釜山大學校 碩士學位論文.

金賢, 2006,「慶南地域 靑銅器時代 무덤의 展開樣相에 대한 考察」,『嶺南考古學』39.

盧爀眞, 1986,「積石附加支石墓의 形式과 分布 -北漢江流域의 例를 中心으로-」,『翰林大學 論文集』4.

盧爀眞, 2002, 「江原地域 靑銅器時代 硏究의 現況과 課題」, 『江原考古學報』 創刊號, 江原考古學會.

盧爀眞, 2003, 「강원지방의 지석묘 조사연구 현황」, 『지석묘 조사의 새로운 성과』 제30회 한국상고사학회 학술발표대회 자료집, 한국상고사학회.

盧希淑, 1997, 『韓國 先史 玉에 대한 硏究』, 漢陽大學校 碩士學位論文.

도유호, 1959, 「조선 거석문화 연구」, 『문화유산』 1959-2.

董眞淑, 2003, 『嶺南地方 靑銅器時代 文化의 變遷』, 慶北大學校 碩士學位論文.

武末純一, 2002, 「遼寧式銅劍墓와 國의 形成 -積良洞遺蹟과 松菊里遺蹟을 中心으로 -」, 『淸溪史學』 16 · 17合輯, 韓國精神文化硏究院.

朴宣映, 2004, 『南韓 出土 有柄式石劍 硏究』, 慶北大學校 大學院 考古人類學科 碩士論文.

朴洋震, 1999, 「아. 충청남도」, 『한국 지석묘(고인돌)유적 종합조사 · 연구(II) -분포 · 형식 · 기원 · 전파 및 사회복원-』, 文化財廳 · 서울大學校 博物館.

朴洋震, 2001, 「韓國 靑銅器時代 社會的 性格의 再檢討」, 『한국 청동기시대 연구의 새로운 성과와 과제』 충남대학교 박물관 학술회의 발표요지.

朴賢洙, 1996, 『全北地方의 支石墓 硏究』, 全州大學校 碩士學位論文.

裵眞晟, 2006a, 「石劍 出現의 이데올로기」, 『石軒鄭澄元敎授停年退任記念論叢』, 釜山考古學硏究會論叢刊行委員會.

裵眞晟, 2006b, 「無文土器社會의 威勢品 副葬과 階層化」, 『계층사회와 지배자의 출현』 韓國考古學會 創立 30周年 記念 韓國考古學 全國大會 發表要旨.

裵眞晟, 2008, 「咸安式 赤色磨硏土器의 分析」, 『韓國民族文化』 第32輯, 釜山大學校 韓國民族文化硏究所.

裵眞晟, 2009, 「無文土器時代 前期의 墓制」, 『日韓先史時代の聚落硏究』, 國立歷史民俗博物館.

裵眞晟, 2011a, 「墳墓 築造 社會의 開始」, 『한국고고학보』 제80집, 한국고고학회.

裵眞晟, 2011b, 「청천강 이남지역 분묘의 출현에 대하여」, 『무덤을 통해 본 청동기시대 사회와 문화』 제5회 한국청동기학회 학술대회 발표요지, 한국청동기학회.

박양진, 2006, 「한국 지석묘사회 '족장사회론' 의 비판적 검토」, 『호서고고학』 제14집, 호서고고학회.

박천택, 2010,「광주 역동 e-편한세상아파트 신축부지내 유적(가・마지점)」,『移住의 고고학』제34회 한국고고학전국대회발표요지, 한국고고학회.

백종오・오대양, 2007,「경기도 고인돌의 현황과 특징」,『경기도 고인돌 연구의 어제와 오늘』, 경기도박물관.

석광준, 1979,「우리나라 서북지방 고인돌에 관한 연구」,『고고민속논문집』7.

宣在明, 2001,『榮山江流域의 支石墓 研究』, 木浦大學校 碩士學位論文.

成正庸, 1997,「大田 新岱洞・比來洞 靑銅器時代遺蹟」,『湖南考古學의 諸問題』第21回 韓國考古學 全國大會 發表要旨, 韓國考古學會.

孫晙鎬, 2002,「錦江流域 松菊里文化段階의 支石墓 檢討」,『古文化』第60輯.

孫晙鎬, 2006,『韓半島 靑銅器時代 磨製石器 研究』, 高麗大學校 博士學位論文.

孫晙鎬, 2009a,「湖西地域 磨製石劍의 變化相」,『湖西考古學』20, 湖西考古學會.

孫晙鎬, 2009b,「湖西地域 靑銅器時代 墓制의 性格」,『先史와 古代』31, 韓國古代學會.

孫晉泰, 1932,「朝鮮「돌멘」에 관한 調査研究」,『民俗學』5, 民俗學會.

孫晉泰, 1932,「朝鮮Dolmen考」,『開闢』1, 開闢社.

孫晉泰, 1934,「朝鮮 돌멘에 關한 調査 研究」,『開闢』新刊號, 開闢社.

孫晉泰, 1948,『朝鮮民族文化의 研究』, 乙酉文化社.

宋永鎭, 2007,「彩文土器 研究」,『東西文物』創刊號, (財)東西文物研究院.

신영애, 2011,「先史時代 葬制에 대한 약간의 고찰」,『경북대학교 고고인류학과 30주년 기념 고고학논총』, 경북대학교 고고인류학과 30주년 기념 고고학논총 간행위원회.

沈奉謹, 1979,「日本支石墓의 一考察」,『釜山史學』3.

沈奉謹, 1980,「慶南地方 出土 靑銅遺物의 新例」,『釜山史學』4.

沈奉謹, 1981,「韓日 支石墓의 關係 -形式과 年代論을 中心으로-」,『한국고고학보』10・11합.

沈奉謹, 1983,「墓制(Ⅰ)-支石墓」,『韓國史論』13, 國史編纂委員會.

沈奉謹, 1984,「密陽 南田里와 義昌 平城里 遺蹟 出土遺物」,『尹武炳博士回甲紀念論叢』.

沈奉謹, 1989,「日本 彌生文化 初期의 磨製石劍에 대한 硏究 -韓國 磨製石劍과 關聯하여-」,『嶺南考古學』6, 嶺南考古學會.

沈奉謹, 1990,「의령 석곡리 지석묘군」,『고고역사학지』5 · 6합집.

沈奉謹, 1994,「東北아시아에 있어서 磨製石劍의 分布와 그 性格」,『東아시아의 青銅器文化』, 文化財研究所.

安在晧, 1991,『南韓 前期無文土器의 編年 -嶺南地方의 資料를 中心으로-』, 慶北大學校 大學院 碩士學位論文.

安在晧, 1992,「松菊里類型의 檢討」,『嶺南考古學』11, 嶺南考古學會.

安在晧, 2002,「적색마연토기의 출현과 송국리식토기」,『한국 농경문화의 형성』, 한국고고학회.

安在晧, 2006,『青銅器時代 聚落 研究』, 釜山大學校 大學院 博士學位論文.

安在晧, 2009,「嶺南地域 青銅器時代 時期區分의 現況과 問題」,『한일 취락 연구』, 한일취락연구회.

安在晧, 2009,「南韓 青銅器時代 研究의 成果와 課題」,『동북아시아 청동기문화 조사연구의 성과와 과제』, 學研文化社.

安春培, 1977,「南江上流의 先史文化研究」,『白山學報』23.

安春培, 1982,「山清 江樓里 先史遺蹟」,『釜山直轄市博物館年報』第4輯.

吳江原, 2002,「요동~한반도지역 지석묘의 형식변천과 분포양상」,『선사와 고대』17.

吳圭珍, 2004,「中西部地域 青銅器時代 石棺墓 一考察」,『錦江考古』創刊號, (財)忠清文化財研究院.

禹枝南, 2002,「附錄1. 彩文土器의 研究現況」,『固城 頭湖里 遺蹟-大田-統營間 高速道路 建設에 따른 試發掘調查』, 慶南考古學研究所.

劉香美, 2005,『금강유역 청동기시대 마제석검에 대한 연구』, 全北大學校 碩士學位論文.

俞泰勇, 2003,「人骨分析을 통한 支石墓社會의 階層性 研究」,『京畿史學』7, 京畿史學會.

尹武炳, 1979,『世界陶磁全集』17 韓國古代, 小學館.

尹武炳, 1987,「公州郡 灘川面 南山里 先史墳墓群」,『三佛金元龍教授停年退任紀念論叢』I.

尹容鎭, 1978, 『永川 龍山洞 支石墓 發掘調査報告』, 永川郡.

尹容鎭 외, 1991, 『大邱 大鳳洞 支石墓 再發掘調査 報告』, 慶北大學校 博物館.

尹昊弼, 1999, 「사천 이금동유적 발굴조사 개요」, 『第42回 全國歷史學大會 發表要旨』.

尹昊弼, 2000, 『銅劍墓와 그 被葬者의 性格에 관한 研究』, 慶南大學校 大學院 碩士學位論文.

尹昊弼, 2005, 「青銅器時代 多重蓋石 무덤에 관한 연구」, 『함안 봉성리유적』, 경남발전연구원 역사문화센터.

尹昊弼, 2007, 「경기도 지석묘의 장송의례」, 『경기도 지석묘연구의 어제와 오늘』, 경기도박물관.

尹昊弼, 2009a, 「青銅器時代 墓域 支石墓에 관한 연구」, 『慶南研究』 創刊號, 慶南發展研究院 역사문화센터.

尹昊弼, 2009b, 「청동기시대의 분묘와 매장주체부의 재검토 -김해 율하리유적을 중심으로-」, 『한국청동기학보』 제5호, 한국청동기학회.

尹昊弼·張大勳, 2009a, 「석재가공기술을 통해 본 청동기시대 분묘의 축조과정연구」, 『한국고고학보』 제70집, 한국고고학회.

尹昊弼·張大勳, 2009b, 「청동기시대 묘역지석묘의 복원실험을 통해 축조과정의 연구」, 『야외고고학』 제7호, 한국문화재조사연구기관협회.

李健茂, 1986, 「彩文土器考」, 『嶺南考古學』 2, 嶺南考古學會.

李健茂, 1992, 「韓國式銅劍文化」, 『韓國의 青銅器文化』 特別展圖錄, 國立中央博物館.

李健茂, 1994, 「遼寧式銅矛에 대하여」, 『韓國史學論集』 (上).

李健茂 외, 1994, 「익산 석천리 옹관묘에 대하여」, 『고고학지』 6.

李健茂, 2001, 「한국 청동기시대의 신 연구성과와 과제」, 『한국 청동기시대 연구의 새로운 성과와 과제』 충남대학교 박물관 학술회의 발표요지.

李南奭, 1985, 「青銅器時代 韓半島 社會發展段階問題」, 『百濟研究』 第16輯, 公州師範大學校 百濟文化研究所.

李東熙, 2002, 「湖南地方 粘土帶土器文化期의 墓制와 地域性」, 『古文化』 第60輯.

李東熙, 2002, 「全南地方 支石墓社會와 發展段階 -全南 東部地域을 中心으로-」, 『湖南考古學報』 第15輯, 湖南考古學會.

李東熙, 2007,「支石墓 築造集團의 單位와 集團의 領域」,『湖南考古學報』第26輯, 湖南考古學會.

李白圭, 1991,「慶北大 博物館 所藏 磨製石劍·石鏃」,『嶺南考古學』9.

李相吉, 1994,「昌原 德川里遺蹟 發掘調査報告」,『九州考古學會·嶺南考古學會 第1回 合同考古學會 發表要旨』.

李相吉, 1994,「支石墓의 葬送儀禮」,『古文化』第45輯.

李相吉, 1996,「청동기시대 무덤에 대한 일시각」,『碩晤尹容鎭教授退任紀念論叢』, 碩晤 尹容鎭教授 退任紀念論叢 刊行委員會.

李相吉, 2000,『靑銅器時代 儀禮에 관한 考古學的 硏究』, 大邱曉星가톨릭大學校 大學院 博士學位論文.

李相吉, 2001,「매장과 의례에 관한 새로운 시도 -영남지역을 중심으로-」,『한국 청동기시대 연구의 새로운 성과와 과제』충남대학교 박물관 학술회의 발표요지.

李相吉, 2002,「裝身具로 본 細形銅劍文化期의 特徵」,『細形銅劍文化의 諸問題』, 嶺南考古學會·九州考古學會 第5會 合同考古學大會 發表資料.

李相吉, 2003,「경남의 지석묘」,『지석묘 조사의 새로운 성과』제30회 한국상고사학회 학술발표대회 발표요지.

李相吉, 2006,「區劃墓와 그 社會」,『금강: 송국리형 문화의 형성과 발전』호서·호남 고고학회 합동 학술대회 발표요지.

李相吉, 2006,「祭祀와 權力의 發生」,『한국고고학회 창립 30주년 기념 한국고고학전국대회』, 한국고고학회.

李相吉, 2009,「소위 '區劃墓'에 대한 몇 가지 견해」,『거제 대금리 유적 고찰편』, (재)경남고고학연구소.

李鮮馥, 1988,「제10장 고고학의 사회학」,『고고학개론』, 이론과 실천사.

李盛周, 1999,「라. 경상남도」,『한국 지석묘(고인돌)유적 종합조사·연구(II) -분포·형식·기원·전파 및 사회복원-』, 文化財廳·서울大學校 博物館

李盛周, 2000,「支石墓: 農耕社會의 記念物」,『韓國 支石墓 硏究 理論과 方法 -階級社會의 發生-』, 周留城.

李盛周, 2001,「「韓國 靑銅器時代 社會的 性格의 再檢討」에 대한 토론요지」,『한국 청동기시대 연구의 새로운 성과와 과제』충남대학교 박물관 학술회의 발표요지.

李盛周, 2006, 「韓國 靑銅器時代 '社會'考古學의 問題」, 『古文化』 68, 한국대학박물관협회.

李盛周・朴榮九, 2009, 「江原地域의 靑銅器時代 墓制」, 『거제 대금리 유적 고찰편』, (재)경남고고학연구소.

李松來, 1999, 「마. 전라북도」, 『한국 지석묘(고인돌)유적 종합조사・연구(Ⅱ) -분포・형식・기원・전파 및 사회복원-』, 文化財廳・서울大學校 博物館.

李秀鴻, 2005, 「검단리식토기의 시공간적 위치와 성격에 대한 일고찰」, 『영남고고학』 36, 영남고고학회.

李陽洙, 2011, 「2. 산청 매촌리유적 35호 석관묘 출토 동촉에 대하여」, 『山淸 梅村里 遺蹟』 學術調査報告 35冊, 우리문화재연구원.

李榮文, 1987, 「全南地方 支石墓의 性格」, 『韓國考古學報』 20輯, 韓國考古學會.

李榮文, 1987, 「昇州 九山里遺蹟과 出土遺物」, 『三佛金元龍敎授停年退任紀念論叢』, 一志社.

李榮文, 1989, 「全南地方의 支石墓文化」, 『全南文化財』 2, 全羅南道.

李榮文, 1990, 「湖南地方 支石墓 出土遺物에 대한 考察」, 『韓國考古學報』 25輯, 韓國考古學會.

李榮文, 1989, 「全南地方 支石墓 分布에 대한 分析的 考察」, 『全南文化財』 5, 全羅南道.

李榮文, 1993, 『全南地方 支石墓社會의 硏究』, 韓國敎員大 博士學位論文.

李榮文, 1994, 「支石墓의 機能的 性格에 대한 檢討」, 『裵鐘茂總長退任記念史學論叢』, 記念論集刊行會.

李榮文, 1995, 「韓國 靑銅器時代 硏究의 半世紀 -硏究成果와 課題-」, 『韓國考古學의 半世紀』 第19回 韓國考古學 全國大會 發表要旨, 韓國考古學會.

李榮文, 1997a, 「韓國 琵琶形銅劍文化에 대한 考察」, 『韓國考古學報』 第38號, 韓國考古學會.

李榮文, 1997b, 「全南地方 出土 磨製石劍에 대한 硏究」, 『韓國上古史學報』 第24號, 韓國上古史學會.

李榮文, 1999, 「바. 전라남도」, 『한국 지석묘(고인돌)유적 종합조사・연구(Ⅱ) -분포・형식・기원・전파 및 사회복원-』, 文化財廳・서울大學校 博物館.

李榮文, 2000a, 「韓國 支石墓 年代에 대한 檢討」, 『先史와 古代』第14輯.

李榮文, 2000b, 「全南地域 古代文化의 成立背景」, 『國史館論叢』91집.

李榮文, 2003, 「한국 지석묘 연구의 최근 성과와 과제」, 『지석묘 조사의 새로운 성과』 제30회 한국상고사학회 학술발표대회 발표요지.

李榮文, 2006a, 「韓國 支石墓의 調査成果와 研究傾向」, 『先史와 古代』第25輯, 韓國古 代學會.

李榮文, 2006b, 「'계층 사회와 지배자의 출현'에 대한 토론」, 『한국고고학회 창립 30 주년 기념 한국고고학전국대회』, 한국고고학회.

李榮文, 2007, 「소위 松菊里型 墓制의 形成과 그 特徵」, 『先史와 古代』第28輯, 韓國 古代學會.

李榮文, 2011a, 「韓國 青銅器時代 前期 墓制의 樣相」, 『文化史學』第35號, 韓國文化史 學會.

李榮文, 2011b, 「호남지역 지석묘의 형식과 구조에 대한 몇가지 문제 -가매장시설의 기능과 관련하여-」, 『韓國青銅器學報』第8號, 한국청동기학회.

李隆助, 1975, 「楊平 仰德里 고인돌 發掘報告」, 『韓國史研究』11.

李隆助, 1980, 「韓國 고인돌 社會와 그 儀式 -發掘結果를 通한 復元解釋의 한 試圖-」, 『東方學志』23·24, 연세대학교 국학연구원.

李隆助·申淑靜, 1987, 「제원 황석리유적 출토의 붉은간토기와 가지무늬토기의 고 찰」, 『三佛金元龍敎授停年退任紀念論叢』, 一志社.

李隆助·우종윤, 1988, 「黃石里 고인돌 文化의 묻기方法에 關한 一考察」, 『博物館紀 要』4, 檀國大學校 博物館.

李隆助·河文植, 1989, 「韓國 고인돌의 다른 類型에 관한 研究 -「祭壇 고인돌」形式을 中心으로-」, 『東方學志』63, 연세대학교 국학연구원.

李隆助·河文植, 1990, 「保寧地方의 고인돌文化 研究(Ⅰ) -새로이 찾은 遺蹟을 중심 으로-」, 『考古美術史論』1, 忠北大學校 考古美術史學科.

李隆助·河文植, 1990, 『和順 大田 先史文化-고인돌文化』, 韓國民俗村·忠北大學校 考古美術史學科.

李隆助·河文植, 1990, 「保寧地方의 고인돌文化 研究(Ⅱ) -새로이 찾은 遺蹟을 중심 으로-」, 『考古美術史論』1, 忠北大學校 考古美術史學科.

李隆助·河文植·윤용현, 1988,「中原地方에서 새로이 찾은 고인돌 遺蹟(Ⅰ)」,『湖西文化硏究』7, 충북대학교 호서문화연구소.

이융조·우종윤·길경태·하문식·윤용현, 1994,「청동기문화 -무덤-」,『우리의 선사문화』(Ⅰ).

李鍾宣, 1976,「韓國 石棺墓의 硏究」,『韓國考古學報』1.

李宗哲, 2003,「지석묘 상석운반에 대한 시론」,『한국고고학보』50.

李淸圭, 1988,「광복 후 남북한 청동기시대의 연구 성과」,『韓國考古學報』21, 韓國考古學會.

李淸圭, 1997,「嶺南地方 靑銅器文化의 展開」,『嶺南考古學』21, 嶺南考古學會.

李淸圭, 1999,「자. 제주도」,『한국 지석묘(고인돌)유적 종합조사·연구(Ⅱ) -분포·형식·기원·전파 및 사회복원-』, 文化財廳·서울大學校 博物館.

李淸圭, 2000,「요령 본계현 상보촌출토 동검과 토기에 대하여」,『고고역사학지』16, 동아대학교 박물관.

李淸圭, 2000,「국의 형성과 다뉴경부장묘」,『선사와 고대』14, 한국고대학회.

李淸圭, 2010a,「신석기 - 청동기시대의 요서지역 무덤의 부장유물과 그 변천」,『요하문명의 확산과 중국 동북지역의 청동기문화』동북아역사재단 기획연구 42, 동북아역사재단.

李淸圭, 2010b,「청동기시대 사회 성격에 대한 논의」,『考古學誌』第16輯.

李淸圭, 2011,「요동과 한반도 청동기시대 무덤 연구의 과제」,『무덤을 통해 본 청동기시대 사회와 문화』제5회 한국청동기학회 학술대회 발표요지, 한국청동기학회.

李亨源, 2007,「京畿地域 靑銅器時代 墓制 試論」,『고고학』6-2, 서울경기고고학회.

李亨源, 2007,「북한강유역의 고인돌문화」,『경기도 고인돌』, 경기도박물관.

이희준, 2011,「한반도 남부 청동기~원삼국시대 수장의 권력 기반과 그 변천」,『영남고고학』58, 영남고고학회.

林炳泰, 1964,「韓國 支石墓의 形式 및 年代問題」,『史叢』9, 高麗大學校 史學會.

林炳泰, 1995,「後期支石墓社會의 性格」,『東아시아의 靑銅器文化 -묘제와 주거-』, 제4회 문화재연구 국제학술대회 발표 논문집.

임효택 외, 1989,『대야리 주거지』Ⅱ, 동의대학교 박물관.

임효택 · 하인수, 1991, 「김해 내동 제2호 큰돌무덤」, 『부산직할시립박물관 연보』 13.

任世權, 1976, 「韓半島 고인돌의 綜合的 檢討」, 『白山學報』 20, 白山學會.

張龍俊 · 平郡達哉, 2009, 「有節柄式 石劍으로 본 無文土器時代 埋葬儀禮의 共有」, 『韓國考古學報』 72輯, 韓國考古學會.

庄田愼矢, 2005, 「湖西地域 出土 琵琶形銅劍과 彌生時代 開始年代」, 『湖西考古學』 12輯, 湖西考古學會.

庄田愼矢, 2007, 『남한지역 청동기시대의 생산활동과 사회』, 忠南大學校 大學院 博士學位論文.

張浩秀, 1999, 「2. 북한지역」, 『한국 지석묘(고인돌)유적 종합조사 · 연구(Ⅱ) -분포 · 형식 · 기원 · 전파 및 사회복원-』, 文化財廳 · 서울大學校 博物館.

張浩秀, 2003, 「북한지방의 지석묘」, 『지석묘 조사의 새로운 성과』 제30회 한국상고사학회 학술발표대회 발표요지.

全京秀, 1990, 「대략 짐작의 考古學的 경향을 駁함: 崔夢龍 교슈의 "호남지방의 지석묘사회"를 읽고」, 『韓國 支石墓의 諸問題』 14回 韓國考古學 全國大會發表要旨, 韓國考古學會.

全榮來, 1991, 「韓半島 支石墓의 型式學的 展開」, 『九州考古學』 第56號, 九州考古學會.

정백운, 1957, 「조산 고대 무덤에 관한 연구」, 『문화유산』 1957-2.

鄭聖喜, 1985, 「경남지방 출토 마제석검에 관한 연구」, 『고고역사학지』 1.

鄭聖喜, 1991, 「공주 남산리 · 송학리 출토유물」, 『송국리』 Ⅳ, 국립중앙박물관.

鄭然雨, 2001, 「北漢江流域 支石墓 研究」, 『史學志』 第34輯.

鄭然雨, 2004, 「강원지역 고인돌과 보존현황」, 『세세 거석문화와 고인돌 -그 보존과 활용-』, 동북아지석묘연구소.

鄭然雨, 2005, 「강원지역의 무덤과 제가」, 『강원지역의 청동기문화』, 강원고고학회 2005년도 추계학술대회 자료집, 강원고고학회.

鄭義道, 1999, 「진주 대평리 옥방 7지구 선사유적」, 『남강 선사문화 세미너 요지』, 경상남도.

鄭一, 2003, 「전남지방 채문토기에 대한 일소고 - 순천 중흥 -완지 유적을 중심으로-」, 『목포대학교 박물관 20주년 기념논총』, 목포대학교박물관.

鄭漢德, 1993, 「기원전 2천년기 후기 및 1천년기 초 요령 동부지방의 고고학」, 『선사와 고대』 5, 고대연구회.

鄭漢德·李在賢, 1998, 「남해안지방과 구주지방의 청동기시대 문화 연구」, 『한국민족문화연구』 12, 부산대학교 민족문화연구소.

趙榮濟, 1998, 「泗川 本村里遺蹟」, 『南江댐 水沒地區의 發掘成果』, 嶺南考古學會.

趙由典, 1979, 「嶺南地方의 先史文化研究」, 『考古學』 第5·6輯.

趙由典, 1987, 「남강유역의 선사문화연구(Ⅰ)」, 『한국고고학보』 20, 한국고고학회.

趙由典, 1992, 「第3章 青銅器時代」, 『韓國先史考古學史』, 圖書出版 까치.

趙鎭先, 1997, 「支石墓의 立地와 長軸方向 選定에 대한 考察」, 『湖南考古學報』 6, 湖南考古學會.

趙鎭先, 1999, 「湖南地域 青銅器文化의 展開過程에 대한 考察」, 『湖南考古學報』 9, 湖南考古學會.

趙鎭先, 2003, 「전남지역 지석묘 조사·연구 현황」, 『지석묘 조사의 새로운 성과』 제30회 한국상고사학회 학술발표대회 발표요지.

趙鎭先, 2004, 「全南地域 支石墓의 研究 現況과 形式變遷 試論」, 『韓國上古史學報』 第43號, 韓國上古史學會.

趙鎭先, 2006, 「無文土器社會의 威勢品 副葬과 階層化에 대한 토론」, 『한국고고학회 창립 30주년 기념 한국고고학전국대회』.

池健吉, 1977, 「大德 內洞里 支石墓遺蹟 發掘概報」, 『百濟研究』 8, 忠南大學校 百濟研究所.

池健吉, 1978, 「論山 圓峰里 支石墓와 出土遺物」, 『考古美術』 136·137合, 樹默秦弘燮博士華甲紀念論文集, 韓國美術史學會.

池健吉, 1982, 「東北아시아 支石墓의 型式學的 考察」, 『韓國考古學報』 12輯, 韓國考古學會.

池健吉, 1983, 「支石墓社會의 復元에 대한 一考察 -築造技術과 葬制를 中心으로-」, 『梨花史學研究』 13·14輯, 梨花史學研究所.

池健吉, 1987, 「巨石文化의 東과 西」, 『三佛金元龍教授停年退任紀念論叢(Ⅰ)』, 一志社.

池健吉, 1990, 「湖南地方 고인돌의 型式과 構造」, 『韓國考古學報』 25輯, 韓國考古學
會.

崔夢龍, 1973, 「原始採石 問題에 對한 小考」, 『考古美術』 119, 考古美術同人會.

崔夢龍, 1978, 「全南地方 所在 支石墓의 形式과 分類」, 『歷史學報』 78輯, 歷史學會.

崔夢龍, 1981, 「全南地方 支石墓社會와 階級의 發生」, 『韓國史研究』 35輯, 韓國史研
究會.

崔夢龍, 1982, 「全南地方 支石墓社會의 編年: 出土遺物을 中心으로 하여」, 『震檀學
報』 53·54合輯.

崔夢龍, 1990, 「湖南地方의 支石墓社會」, 『韓國考古學報』 25, 韓國考古學會.

崔福奎 외, 1983, 「春川 中島 先史遺蹟 發掘調査 研究 -고인돌을 中心으로-」, 『江原文
化研究』 3, 江原大學校 江原文化研究所.

崔盛洛, 1982, 「韓國 磨製石鏃의 考察」, 『韓國考古學報』 12, 韓國考古學會.

崔盛洛, 1997, 「全南地方에서 複合社會의 出現」, 『韓國古代國家形成論』, 서울大學校
出版部.

崔盛洛, 2001, 「호남지역 청동기문화의 연구 성과」, 『한국 청동기시대 연구의 새로운
성과와 과제』 충남대학교 박물관 학술회의 발표요지.

崔盛洛·韓盛旭, 1989, 「支石墓復元의 一例」, 『全南文化財』 2.

崔鍾圭, 1995, 「墓制를 통하여 본 三韓社會의 構造」, 『三韓考古學研究』, 書景文化社.

崔鍾圭, 2002, 「두호리 출토 天河石製 球玉에서」, 『固城 頭湖里 遺蹟-大田-統營間 高
速道路 建設에 따른 試發掘調査』, 慶南考古學研究所.

崔鍾圭, 2010a, 「14. 龜山洞 A2-1號 支石墓에서의 聯想」, 『金海 龜山洞遺蹟X -考察
編-』, (財)慶南考古學研究所.

崔鍾圭, 2010b, 「松菊里文化의 禮制 -慶南을 中心으로-」, 『考古學探究』 第7號, 考古學
探究會.

崔鍾圭·安在晧, 1983, 「新村里墳墓群」, 『中島IV 진전보고』, 國立中央博物館.

平郡達哉, 2004, 『全南地域 支石墓 社會 展開過程에 대한 一考察』, 木浦大學校 碩士
學位論文.

平郡達哉, 2006, 「慶南地域 無文土器時代 棺外副葬行爲에 관한 一考」, 『石軒鄭澄元
教授停年退任記念論叢』, 釜山考古學研究會論叢刊行委員會.

平郡達哉, 2008,「영남지역 '검형 마제석기' 부장의 의미에 대한 고찰」,『COGITO』 64, 釜山大學校 人文學研究所.

平郡達哉, 2011,「南韓地域 出土 가지무늬토기에 대한 基礎的 研究」,『영남고고학』 57, 嶺南考古學會.

河文植, 1985,『우리나라 고인돌 文化의 研究 -錦江과 南漢江流域을 中心으로-』, 延世 大學校 碩士學位論文.

河文植, 1990,「韓國 靑銅器時代 墓制에 관한 研究 -고인돌과 돌칸무덤을 中心으로-」, 『博物館紀要』6, 檀國大學校 博物館.

河文植, 1997,『東北亞細亞 고인돌文化의 研究 -中國 東北地方과 南北韓地域을 中心 으로-』, 崇實大學校 博士學位論文.

河文植, 1998,「고인돌의 葬制에 대한 研究(1) -火葬을 中心으로-」,『白山學報』51.

河文植, 1998,「북한지역 고인돌의 특이 구조에 대한 연구」,『先史와 古代』10.

河文植, 1999,「사. 충청북도」,『한국 지석묘(고인돌)유적 종합조사・연구(II) -분 포・형식・기원・전파 및 사회복원-』, 文化財廳・서울大學校 博物館.

河文植, 2003,「1990년대 이후 고인돌의 조사와 연구성과 -경기・충청지역을 중심으 로-」,『지석묘 조사의 새로운 성과』제30회 한국상고사학회 학술발표대회 발 표요지.

河仁秀, 1987,「支石墓의 型式과 構造」,『합천 저포리 E지구 유적』.

河仁秀, 1992,「嶺南地域 支石墓의 型式과 構造」,『伽倻考古學論叢』1, 駕洛國史蹟開 發研究院.

河仁秀, 1992,「嶺南地方 丹塗磨研土器의 編年」,『嶺南考古學』10, 嶺南考古學會.

河仁秀, 1995,「彩文土器의 編年 檢討」,『博物館研究論集』4, 釜山廣域市立博物館.

河仁秀, 2000,「南江流域 無文土器時代의 墓制」,『晉州 南江遺蹟과 古代日本』.

韓國考古學會, 1990,『韓國 支石墓의 諸問題』第14回 韓國考古學 全國大會 發表要 旨.

韓國考古學會, 2006,『계층사회와 지배자의 출현』, 韓國考古學會 創立 30周年 記念 韓國考古學 全國大會 發表要旨.

韓國上古史學會, 2003,『지석묘 조사의 새로운 성과』第30回 韓國上古史學會 學術發 表大會要旨.

韓永熙, 1986,「國立晉州博物館 新收品(1984-85) 紹介 -慶南地方 出土 靑銅器時代 遺物-」,『嶺南考古學』1, 嶺南考古學會.

韓永熙, 1987,「晉陽 新塘・德梧里의 先史遺蹟」,『三佛金元龍教授停年退任紀念論叢』, 一志社.

韓興洙, 1935,「朝鮮의 巨石文化 硏究」,『震檀學報』3, 震檀學會.

洪亨雨, 1999,「나. 경기도(서울, 인천 포함)」,『한국 지석묘(고인돌)유적 종합조사・연구(II) -분포・형식・기원・전파 및 사회복원-』, 文化財廳・서울大學校 博物館.

黃在焄, 2006,「전남지역 지석묘의 형식분류와 변천」,『韓國上古史學報』第53號, 韓國上古史學會.

3. 外國語 單行本 및 圖錄

日語

內堀基光・山下晋司, 1986,『死の人類學』, 弘文堂.

藤田亮策, 1948,『朝鮮考古學硏究』, 高桐書院.

梅原末治, 1947,『朝鮮古代の墓制』, 國書刊行會.

福永伸哉, 2005,『三角緣神獸鏡の硏究』, 大阪大學出版會.

西田正規, 1986,『定住革命 -遊動と定住の人類史-』, 新曜社.

西田正規, 2007,『人類史のなかの定住革命』, 講談社.

小泉顯夫, 1986,『朝鮮古代遺跡の遍歷 -發掘調査三十年の回想-』, 六興出版.

西谷正 編, 1997,『東アジアにおける支石墓の總合的硏究』, 科學硏究費補助金硏究成果報告書, 九州大學考古學硏究室.

三上次男, 1961,『滿鮮原始墳墓の硏究』, 吉川弘文館.

竹澤尙一郞, 1987,『象徵と權力 -儀礼の一般理論-』, 勁草書房.

八幡一郎・田村晃一 編, 1990,『アジアの巨石文化 -ドルメン・支石墓考-』, 六興出版.

後藤直, 2006,『朝鮮半島初期農耕社會の硏究』, 同成社.

中國語

許玉林, 1994, 『遼東半島石棚』, 遼寧科學技術出版社.

4. 外國語 論文

日語

甲元眞之, 1973, 「西朝鮮の支石墓(上) -沈村里支石墓群の檢討-」, 『古代文化』25-9.

甲元眞之, 1973, 「西朝鮮の支石墓(下) -沈村里支石墓群の檢討-」, 『古代文化』25-12.

甲元眞之, 1973, 「朝鮮支石墓の編年」, 『朝鮮學報』66號, 朝鮮學會.

甲元眞之, 1980, 「朝鮮支石墓の再檢討」, 『鏡山猛先生古稀記念古文化論攷』.

甲元眞之, 1982, 「中國東北地方の支石墓」, 『森貞次郎先生古稀記念 古文化論集』上卷.

甲元眞之, 1996, 「東北アジアの支石墓」, 『福岡から東アジアへ』4, 西日本新聞社.

甲元眞之, 1997, 「朝鮮半島の支石墓」, 『東アジアにおける支石墓の總合的硏究』, 九
　　　　州大學考古學硏究室.

高橋龍三郎, 2004, 「第7章 階層化過程に關する理論的硏究」, 『繩文文化硏究の最前
　　　　線』, 早稻田大學 文學部.

宮本一夫, 2002, 「朝鮮半島における遼寧式銅劍の展開」, 『韓半島考古學論叢』.

金貞姬, 1990, 「韓半島における支石墓硏究の最近動向とその成果」, 『アジアの巨石文
　　　　化 -ドルメン・支石墓考-』.

內堀基光, 1987, 「し 死 death」, 『文化人類學事典』, 石川榮吉 외 編, 弘文堂.

大林太良, 1984, 「葬送儀禮」, 『生と死』東京大學教養講座 10, 東京大學出版會.

藤田亮策, 1937, 「第五 大邱大鳳町支石墓調査」, 『昭和十一年度古蹟調査報告』, 朝鮮
　　　　古蹟硏究會.

藤田亮策, 1940, 「第七 大邱大鳳洞支石墓調査(第二回)」, 『昭和13年度古蹟調査報告』,
　　　　朝鮮古蹟硏究會.

藤田亮策, 1943, 「大邱町の支石墓調査」, 『大邱府史』, 第三特殊編 三, 大邱府.

藤田亮策, 1956, 「朝鮮滿州のドルメン」, 『志登支石墓群』.

梅原末治, 1940, 「日鮮滿史前末期の墓制に就いて」, 『東洋史硏究』5-5.

梅原末治, 1947, 『朝鮮古代の墓制』, 座右寶刊行會.

榧本杜人, 1937,「大邱に於けるドルメンの調査」,『歷史公論』6-8.

榧本杜人, 1952,「大邱大鳳町支石墓群について」,『考古學雜誌』第38卷 第4號.

榧本杜人, 1957,「金海貝塚の甕棺と箱式石棺 - 金海貝塚の再檢討」,『考古學雜誌』第
　　43卷 1號, 日本考古學會.

榧本杜人, 1957,「朝鮮先史墳墓の變化過程とその編年」,『考古學雜誌』第43卷 第2號,
　　日本考古學會.

山田康弘, 2007,「繩文時代の葬制」,『繩文時代の考古學9 死と弔い・葬制』, 同成社.

森貞次郎, 1969,「日本における初期の支石墓」,『金載元博士回甲記念論叢』, 乙酉文
　　化社.

徐光輝, 2008,「集落から都市へ」,『東北アジア古代文化論叢』, 北九州中國書店.

小田省吾, 1924,「平南龍岡郡石泉山ドルメンに就いて」,『朝鮮』1-4, 朝鮮總督府.

小泉顯夫, 1986,『朝鮮古代遺蹟の遍歷』, 六興出版.

有光敎一, 1941a,「平安南道江界郡漁雷面發見の一箱式石棺とその副葬品」,『考古學
　　雜誌』第31號 第3號, 日本考古學會.

有光敎一, 1941b,「黃海道鳳山郡楚臥面に於ける磨製石劍及び石鏃副葬の箱式石棺」,
　　『考古學雜誌』第31號 第9號, 日本考古學會.

有光敎一, 1953,「朝鮮石器時代のドルメン」,『史林』35-4.

有光敎一, 1959,『朝鮮磨製石劍の硏究』京都大學文學部考古學叢書 第二冊.

有光敎一, 1968,「朝鮮支石墓硏究を讀んで」,『朝鮮學報』48, 朝鮮學會.

有光敎一, 1969,「朝鮮支石墓の系譜に關する一考察」,『古代學』16-2・3・4合倂號,
　　古代學協會.

柳田康雄, 2004,「日本・朝鮮半島の中國式銅劍と實年代論」,『九州歷史資料館硏究
　　論集』29, 九州歷史資料館.

庄田愼矢, 2010,「朝鮮半島南部靑銅器時代の編年」,『考古學雜誌誌』第93卷 第1號,
　　日本考古學會.

全榮來, 1991,「韓半島支石墓の型式學的展開」,『九州考古學』66.

田中良之, 1999,「南江地域出土人骨について」,『남강 선사문화 세미나요지』.

田村晃一, 1985,「その後の支石墓硏究(1) -朝鮮民主主義人民共和國の場合-」,『三上
　　次男博士喜壽紀年論文集(考古編)』, 平凡社.

田村晃一, 1988, 「朝鮮半島出土の磨製石劍について」, 『MUSEUM』452.

田村晃一, 1990, 「東北アジアの支石墓」, 『アジアの巨石文化 -ドルメン・支石墓考-』, 六興出版.

田村晃一, 2003, 「東北アジア支石墓研究概觀」, 『東北亞支石墓의 起源과 展開』, 發表 要旨.

鳥居龍藏, 1917, 「平安南道黃海道古蹟調査報告書」, 『朝鮮總督府大正五年度古蹟調査報告』.

鳥居龍藏, 1923, 「朝鮮慶尙南道金海に存するドルメン」, 『人類學雜誌』第39卷 1號.

鳥居龍藏, 1926, 「朝鮮のドルメン(Les Dolmens de la coree)」, 『東洋文庫歐文紀要』第1卷.

鳥居龍藏, 1953, 「ある老學徒の手記 -考古學とともに六十年-」, 朝日新聞社.

中村大介, 2005, 「無文土器時代前期における石鏃の變遷」, 『待兼考古學論集 -都出比呂志先生退任記念-』, 大阪大學考古學研究室.

千葉基次, 1992, 「支石墓の起源」, 『青山史學』, 青山學院大學文學部史學研究室.

千葉基次, 1999a, 「支石墓研究 -卓子形支石墓-」, 『日本考古學』第7號, 日本考古學協會.

千葉基次, 1999b, 「支石墓研究 -卓子形支石墓一覽-」, 『青山考古』第16號, 青山考古學會.

千葉基次, 2001, 「支石墓研究 -沈村型支石墓-」, 『青山考古』第18號, 青山考古學會.

千葉基次, 2003, 「支石墓研究 -撑石墓-」, 『日本考古學』第13號, 日本考古學協會.

千葉基次, 2005, 「支石墓研究 -青銅器と無文土器-」, 『駒澤考古』第30號, 駒澤大學考古學研究室.

千葉基次, 2006, 「支石墓研究 -支石墓と撑石墓-」, 『釜大史學』第三十輯, 釜山大學校史學會.

千葉基次, 2009, 「支石墓研究 -コマ形土器と支石墓と青銅器-」, 『青山考古 -扶桑 田村晃一先生喜壽記念論文集-』第25・26號合併號, 青山考古學會田村晃一先生喜壽記念論文集刊行會.

後藤直, 1984, 「韓半島の青銅器副葬墓 -銅劍とその社會-」, 『尹武炳博士回甲紀念論叢』, 尹武炳博士回甲紀念論叢刊行委員會.

後藤直, 1985, 「朝鮮半島靑銅器文化の地域性」, 『三上次男博士喜壽紀念論文集 考古編』, 平凡社.

後藤直, 2000, 「朝鮮靑銅器時代」, 『季刊考古學』 第70號, 雄山閣.

英語

Brian Hayden, 1995, "Pathways to Power: Principles for Creating Socioeconomic Inequalities" in T.Douglas Prince and Gary M. Feinman(eds.), Foundations of Social Inequality, New York: Plenum Press.

W.Gowlamd, "The Dolmens and other Antiquities of Korea" (稻本忠雄 譯, 1981, 『日本古墳文化論』, 創元社).

中國語

撫順市博物館 新賓滿族自治區文物管理所, 2002, 「遼寧新賓滿族自治縣東升洞穴古文化遺存發掘整理報告」, 『北方文物』 第1期.

佛語

R. Torii, 1915, 「populations prehistoriques de la Mandchourie meridionale」, 『Journal of the College of Science, Imperial University of Tokyo』.

5. 發掘調査報告書

江原考古文化研究所, 2010, 『高城 猪津里 聚落』 I.

江原大學校 博物館, 1984, 『中島 支石墓 發掘調査報告』 江原大學校博物館 遺蹟調査報告2.

江原大學校 博物館·楊口郡, 1992, 『양구 고인돌』 江原大學校博物館 遺蹟調査報告11.

江原文化財研究所, 2004, 「1. 春川 鉢山里 支石墓群 發掘調査 報告書」, 『春川地域 支石墓群 發掘調査 報告書』 江原文化財研究所 學術叢書 17冊.

江原文化財研究所, 2004,「2. 春川 泉田里 支石墓群 發掘調査 報告書」,『春川地域 支石墓群 發掘調査 報告書』江原文化財研究所 學術叢書 17冊.

江原文化財研究所, 2004,「3. 春川 牛頭洞 支石墓群 發掘調査 報告書」,『春川地域 支石墓群 發掘調査 報告書』江原文化財研究所 學術叢書 17冊.

江原文化財研究所, 2005,『정선 아우라지유적; 정선 아우라지 관광단지 조성부지 시굴조사 약보고서』.

江原文化財研究所, 2007a,『龍岩里』學術叢書 第60冊.

江原文化財研究所, 2007b,『高城 松峴里 遺蹟』學術叢書 第63冊.

江原文化財研究所, 2007c,『江陵 芳洞里遺蹟』學術叢書 第73冊.

江原文化財研究所, 2007,『新梅里 373-6番地 遺蹟』學術叢書 第74冊.

江原文化財研究所, 2007,『강릉 방내리 가축위생처리장 신축부지 내 유적 발굴조사 지도위원회의자료』.

江原文化財研究所, 2007,『洪川 哲亭里II遺蹟: 홍천 구성포-두촌간 도로 확·포장공사내 유적 발굴조사 4차 지도위원회의 자료』.

江原文化財研究所, 2008,『泉田里』學術叢書 第80冊.

江原文化財研究所, 2008,『정선 아우라지 유적 IV지역 고인돌 발굴조사 약보고서』.

江原文化財研究所, 2009,『洪川 外三浦里 遺蹟』學術叢書 第92冊.

江原文化財研究所, 2010,『江陵地域 文化遺蹟 發掘調査 報告書』學術叢書 第 冊.

江原文化財研究所, 2010,『高城 草島里II·花浦里 遺蹟』學術叢書 第 冊.

강인구 외, 1979,『송국리』I, 국립중앙박물관.

姜振表, 2010,「여수 GS칼텍스공장 확장예정부지 내 여수 월내동 상촌·적량동 상적 지석묘군」,『이주의 고고학』제34회 한국고고학 전국대회, 한국고고학회.

姜振表, 2011,「호남지역 청동기시대 무덤 최근 조사성과」,『무덤을 통해 본 청동기시대 사회와 문화』제5회 한국청동기학회 학술대회 발표요지, 한국청동기학회.

建國大學校 博物館, 2001,『晉州 上村里 3-8號 支石墓 및 先史遺蹟』.

慶南考古學研究所, 2002a,『固城 頭湖里 遺蹟-大田-統營間 高速道路 建設에 따른 試發掘調査』.

慶南考古學研究所, 2002b,『晉州 大坪 玉房 1·9地區 無文土器 聚落』.

慶南考古學研究所, 2003,『泗川 梨琴洞 遺蹟』.

慶南考古學研究所, 2007,『巨濟 農所 遺蹟』.

경남고고학연구소, 2009,『거제 대금리유적』.

慶南考古學研究所, 2010,『金海 龜山洞 遺蹟 IX -無文時代 集落-』.

慶南發展研究院 歷史文化센터, 2002,『함안 군북동 촌리 지석묘 발굴조사결과보고서』.

慶南發展研究院 歷史文化센터, 2006,『밀양 신안유적』.

慶南發展研究院 歷史文化센터, 2007,『함양 화산리유적』.

慶南發展研究院 歷史文化센터, 2008,『馬山 鎭東 遺蹟』 I.

慶南發展研究院 歷史文化센터, 2009a,『金海 栗下里遺蹟』 II.

慶南發展研究院 歷史文化센터, 2009b,『마산 진북 망곡리유적』 I.

慶南發展研究院 歷史文化센터, 2009c,『김해 율하리유적』 II.

慶南發展研究院 歷史文化센터, 2011,『진주 평거 3지구 유적』.

경북대학교 박물관, 1991,『대구 대봉동 지석묘』.

경북대학교 박물관, 2000,『진천동·월성동 선사유적』.

경상대학교 박물관, 1999,『진주 대평리 옥방 2지구 선사유적』.

경상대학교 박물관, 2001,『진주 대평리 옥방 3지구 선사유적』.

慶尙北道文化財研究院, 2002,『上洞遺蹟發掘調査報告書(本文)·(寫眞)』.

慶尙北道文化財研究院, 2006,『경주 갑산리유적』, 학술조사보고 제 책.

慶尙北道文化財研究院, 2008,『大邱 月城洞 777-2番地 遺蹟(II)』.

慶尙北道文化財研究院, 2010,『달성 평촌리·예현리 유적』, 학술조사보고 제147책.

계명대학교 박물관, 1989,『임하댐 수몰지구 문화유적 발굴조사 보고서』(III).

계명대학교 행소박물관, 2006,『김천 송죽리 유적 1』계명대 행소박물관 유적조사보고 15집.

계명대학교 행소박물관, 2007,『김천 송죽리 유적 2』계명대 행소박물관 유적조사보고 17집.

高麗大學校 埋藏文化財研究所, 2001,『黃灘里遺蹟』.

高麗大學校 埋藏文化財研究所, 2001,『寬倉里遺蹟』.

高麗大學校 埋藏文化財研究所, 2002a,『蓮芝里遺蹟』.

高麗大學校 埋藏文化財研究所, 2002b,『大井洞遺蹟』.

高麗大學校 埋藏文化財研究所, 2004,『麻田里遺蹟』.

高麗大學校 埋藏文化財研究所, 2004,『舟橋里遺蹟』.

高敞郡・全州大學校 博物館, 1999,『高敞 支石墓群 上石採掘址 地表調査 報告書』.

公州大學校博物館, 1996,『烏石里遺蹟』.

公州大學校博物館, 1997,『汾江・楮石里 古墳群』.

公州大學校博物館, 1999,『公州 山儀里遺蹟』.

국립경주문화재연구소 편, 1994,『경주 다산리・영일 달전리 지석묘』.

國立公州博物館, 2001,『公州 南山里 墳墓群』.

국립문화재연구소, 1994,『진양 대평리유적』.

국립문화재연구소, 1995,『선사유적 발굴조사 보고서 -산청 강누리・청원 내수리-』.

國立扶餘文化財研究所, 1993,『扶餘 山直里 고인돌』學術研究叢書6.

國立中央博物館, 1982,『中島』III.

國立中央博物館, 1983,『中島』IV.

國立中央博物館, 1984,『中島』V.

國立全州博物館, 1997,「谷城 蓮花里 支石墓」,『湖南高速道路 擴張區間(古西~順天間) 文化遺蹟 發掘調査報告書』I , 全南大學校博物館・全羅南道・韓國道路公社.

국립전주박물관, 2002,『益山 華山里 新德遺蹟』국립전주박물관 학술조사보고 제10집.

國立晉州博物館, 2001,『晉州 大坪里 玉房 1地區 遺蹟』II.

國立昌原文化財研究所, 1991,「함안 도항리 도동 무문토기시대 유적발굴조사」,『영남고고학』9, 영남고고학회.

國立昌原文化財研究所, 1991,『함안 도항리 암각화고분 발굴조사 지도회의자료』.

國立昌原文化財研究所, 1996,『함안 암각화고분』.

國立昌原文化財研究所, 1999,『창원 상남 지석묘군』.

國立昌原文化財研究所, 2001,『晉州 大坪里 漁隱 2地區 先史遺蹟』I .

國立昌原文化財研究所, 2002,『晉州 大坪里 漁隱 2地區 先史遺蹟』II.

國立昌原文化財研究所, 2003,『진주 대평리 옥방 8지구 선사유적』.

권학수·하문식·박연서·오경화, 2001, 「영동 각계리유적」, 『경부고속철도 대전Ⅱ 충청권 문화유적 발굴조사보고서』 Ⅱ, 충북대학교 중원문화연구소.

畿甸文化財硏究院, 2006, 『平澤 土津里 遺蹟』.

기전문화재연구원, 2006, 『파주 당하리 유적』.

김병모·김명진, 1984, 「堤原 眞木里 A·B地區 遺蹟發掘調査報告」, 『忠州댐 水沒地區文化遺蹟發掘調査綜合報告書 -考古·古墳-(Ⅰ)』, 忠北大學校 博物館.

김병모·최호림·김명진·심광주, 1984, 「中原 荷川里 D地區 遺蹟發掘調査報告」, 『忠州댐 水沒地區文化遺蹟發掘調査綜合報告書 -考古·古墳-(Ⅱ)』, 忠北大學校 博物館.

金秉模·李鮮馥, 1988, 「月山里 반월 支石墓」, 『住岩댐 水沒地域 文化遺蹟 發掘調査 報告書』 Ⅱ, 全南大學校博物館·全羅南道.

金秉模·李海日, 1988, 「節山里 장선 고인돌」, 『住岩댐 水沒地域 文化遺蹟 發掘調査 報告書』 Ⅳ, 全南大學校博物館·全羅南道.

金承玉·李宗哲, 2001, 「如意谷遺蹟」, 『鎭安 龍潭댐 水沒地區內 文化遺蹟 發掘調査 報告書』 Ⅷ, 全北大學校 博物館·鎭安郡·韓國水資源公社.

金承玉·李宗哲·김은정, 2001, 「顔子洞遺蹟」, 『鎭安 龍潭댐 水沒地區內 文化遺蹟 發掘調査 報告書』 Ⅱ, 全北大學校 博物館·鎭安郡·韓國水資源公社.

金承玉·李宗哲·조희진, 2001, 「豊岩遺蹟」, 『鎭安 龍潭댐 水沒地區內 文化遺蹟 發掘調査 報告書』 Ⅹ, 全北大學校 博物館·鎭安郡·韓國水資源公社.

金承玉·李宗哲·조희진, 2001, 「慕谷遺蹟」, 『鎭安 龍潭댐 水沒地區內 文化遺蹟 發掘調査 報告書』 Ⅱ, 全北大學校 博物館·鎭安郡·韓國水資源公社.

金載元·尹武炳, 1957, 『韓國 西海島嶼』, 國立博物館.

金載元·尹武炳, 1967, 「上甲里遺蹟」, 『韓國支石墓硏究』, 國立博物館.

나건주, 2003, 『公州 安永里 새터·신매 遺蹟』 문화유적 조사보고 제30집, (재)충청문화재연구원.

盧爀眞·崔恩珠, 1982, 「中島 支石墓 發掘報告」, 『中島發掘調査報告書』, 中島先史遺蹟發掘調査團.

단국대학교 박물관, 1988, 『소곡리 신월의 청동기시대 무덤』.

檀國大學校 中央博物館, 1993,『旌善 德川里 소골遺蹟(1) -고인돌 發掘報告-』, 古蹟調
　　　査報告 第17册.

단국대학교 중앙박물관, 1998,『양평 앙덕리유적』.

대전보건대학교 박물관, 1998,『상촌리 9-13호 지석묘 및 선사시대 발굴조사 개보』.

대전보건대학교 박물관, 1998,『발굴유물특별전시도록』.

동아대학교 박물관, 1981,『김해 부원동유적』.

동아대학교 박물관, 1986,『합천 봉계리 고분군』.

동아대학교, 1998,『거제 아주동유적』.

동아대학교박물관, 2001,『진주 내촌리유적』.

東亞細亞文化財研究院, 2007,『晉州 耳谷里 先史遺蹟』I.

東亞細亞文化財研究院, 2007,『진주 이곡리 선사유적』I.

東亞細亞文化財研究院, 2008,「마산 진북 신촌. 망곡리유적」.

東亞細亞文化財研究院, 2008,『밀양 금포리유적』.

東亞細亞文化財研究院, 2009,「진주 혁신도시 건설부지내 문화유적 발굴조사 현장설
　　　명회 자료집」.

東亞細亞文化財研究院, 2010,『晉州 耳谷里 先史遺蹟』II.

東義大學校 博物館, 1987,『거창 · 합천 큰돌무덤』.

東義大學校 博物館, 1999,『산청 사월리유적』.

東義大學校 博物館, 2002,『上村里 遺蹟』.

東義大學校 博物館, 2008,『晉州 大坪里 玉房 4地區 先史遺蹟』I.

류기정 · 유창선 · 박대순 · 양미옥 · 전일용, 2005,『扶餘 井洞里 遺蹟』, 문화유적 조
　　　사보고 제39집, (재)충청문화재연구원.

목포대 · 순천대 · 국립광주박물관, 1999,『국도 27호선(고흥-벌교간)발굴조사 현장
　　　설명회 자료』.

명지대학교 박물관, 1991,『안산 선부동 지석묘 발굴조사보고서』.

文化財管理局, 1974,「안동군 도곡동 지석묘 발굴조사 보고서」,『1973년도 안동수몰
　　　지구발굴조사 보고』.

文化財管理局, 1974,『八堂 · 昭陽댐 水沒地區 遺蹟發掘調査綜合調査報告』.

釜山大學校 博物館, 1987,『陜川 苧浦里 E地區 遺蹟』.

부산시립박물관 복천분관, 1998, 『진주 귀곡동 대촌 유적』.

徐聲勳·李榮文, 1983, 『康津 永福里 支石墓 發掘調査報告書』, 國立光州博物館·康津郡.

徐聲勳·成洛俊, 1984, 『高興 長水堤 支石墓調査』光州博物館 學術叢書 第6輯, 國立光州博物館·高興郡.

서울대학교 인문학연구소, 1999, 『강화도 고인돌군』.

鮮文大學校 博物館·慶尙南道, 2001, 『晉州 大坪里 玉房 5地區 先史遺蹟』 남강댐 수몰지구유적발굴조사보고서 6.

세종대학교 박물관, 2003, 『여주 신접리 고인돌 발굴조사 약보고서』.

세종대학교 박물관·강화군, 2005, 『강화지역 고인돌 실측보고서』.

세종대학교 박물관·연천군, 2001, 『연천지역 고인돌 조사보고서』.

세종대학교 박물관·연천군, 2003, 『연천지역 고인돌 유적』.

세종대학교 박물관·이천시, 2000, 『이천지역 고인돌 연구』.

세종대학교 박물관·하남시, 1998, 『하남시 광암동 지석묘』, 세종대학교 박물관 연구보고서 제5책.

세종대학교 박물관, 1999, 『귀곡동 지석묘 및 무문토기 산포지』.

성림문화재연구원, 2006, 『경주 화곡리유적』.

孫秉憲·李一容, 1988, 「月山里 사비 支石墓」, 『住岩댐 水沒地域 文化遺蹟 發掘調査報告書』II, 全南大學校博物館·全羅南道.

孫秉憲·韓鳳奎, 1988, 「竹山里 '나' 群 支石墓」, 『住岩댐 水沒地域 文化遺蹟 發掘調査報告書』III, 全南大學校博物館·全羅南道.

宋義政·殷和秀·崔相宗·尹孝男, 2003, 『寶城 東村里遺蹟』, 國立光州博物館·寶城郡.

宋正鉉·李榮文, 1988, 「牛山里 내우 支石墓」, 『住岩댐 水沒地域 文化遺蹟 發掘調査報告書』II, 全南大學校博物館·全羅南道.

宋正鉉·李榮文, 1988, 「竹山里 '다' 群 支石墓」, 『住岩댐 水沒地域 文化遺蹟 發掘調査報告書』III, 全南大學校博物館·全羅南道.

宋正鉉·李榮文·鄭基鎭, 1990, 「竹山里·복교리 유적」, 『住岩댐 水沒地域 文化遺蹟 發掘調査報告書』VII, 全南大學校博物館·全羅南道.

順天大學校 博物館, 2001, 『麗水 禾長洞 遺蹟』 I .

申大坤・金圭東, 2001, 『鎭安 龍潭댐 水沒地區內 文化遺蹟發掘調査報告書』Ⅲ, 國立
    全州博物館.

申千湜・嚴翼成, 1991, 『안산 선부동 지석묘 발굴조사보고서』, 명지대학교박물관.

亞洲大學校博物館, 1999, 『寬倉里遺蹟』.

영남대학교 박물관, 1999, 『시지의 문화유석』 I .

영남대학교 박물관, 2007, 『대구 월성동 585유적』 학술조사보고 제55책.

嶺南文化財研究院, 2001, 『칠곡 복성리 지석묘군』.

嶺南文化財研究院, 2003, 『대구 진천동 유적』.

嶺南文化財研究院, 2004, 『대구 욱수동 134 유적』.

嶺南文化財研究院, 2005, 『경산 삼성리 유적』.

嶺南文化財研究院, 2005, 『청도 진라리 유적』.

嶺南文化財研究院, 2006, 『대구 상인동 171-1번지 유적』.

嶺南文化財研究院, 2008, 『대구 상인동 87번지 유적』.

嶺南文化財研究院, 2008, 「慶州 德泉里遺蹟」 I .

嶺南文化財研究院, 2009, 『대구 대천동 511-2번지 유적』 I .

우리문화재연구원, 2009, 『창녕 사창리 유적』.

우리문화재연구원, 2011, 『산청 매촌리유적』 학술조사보고 35.

울산문화재연구원, 2007, 『울산 교동리 수남유적』.

울산문화재연구원, 2006, 『울산 동천리유적』.

울산문화재연구원, 2009, 『울산 천곡동가재골유적』.

尹德香, 1987, 「梧峰里 '다' 群 支石墓」, 『住岩댐 水沒地域 文化遺蹟 發掘調查報告書』
    I , 全南大學校博物館・全羅南道.

尹德香, 1988, 「德峙里 신기 支石墓」, 『住岩댐 水沒地域 文化遺蹟 發掘調查報告書』
    Ⅲ, 全南大學校博物館・全羅南道.

尹德香, 1997, 「谷城 柳亭里 유평 유적」, 『湖南高速道路 擴張區間(古西~順天間) 文化
    遺蹟 發掘調查報告書』 II, 全南大學校博物館・全羅南道・韓國道路公社.

尹德香・이민석・장지현, 2001, 「Ⅲ. 원포리 지석묘」, 『鎭安 龍潭댐 水沒地區內 文化
    遺蹟 發掘調查 報告書』IV, 全北大學校 博物館・鎭安郡・韓國水資源公社.

尹武炳, 1988,「鳳甲里 고수월 支石墓」,『住岩댐 水沒地域 文化遺蹟 發掘調査報告書』Ⅲ, 全南大學校博物館·全羅南道.

殷和秀·崔相宗, 2002,『靈光 嶺陽里 支石墓』國立光州博物館 學術叢書 第42冊, 國立光州博物館·韓國道路公社.

李健茂·徐聲勳, 1988,『咸平 草浦里 遺蹟』國立光州博物館 學術叢書 第14冊, 國立中央博物館.

李南奭, 1996,『烏石里遺蹟』, 公州大學校博物館.

李南奭, 1997,『汾江·楮石里 古墳群』, 公州大學校博物館.

李南奭, 1999,『公州 山儀里遺蹟』, 公州大學校博物館.

이동복, 1984,「堤原 咸岩里地區 遺蹟發掘調査報告」,『忠州댐 水沒地區 文化遺蹟發掘調査綜合報告書 -考古·古墳-(Ⅱ)』, 忠北大學校 博物館.

李東熙, 1997,『順天 龍堂洞 竹林 지석묘』順天大博物館 學術資料叢書 第12, 順天大學校博物館·順天市.

李東熙, 2000,「麗水 禾長洞 支石墓」,『鶴山 金廷鶴 博士 頌壽紀念論叢 -韓國 古代史와 考古學-』, 學研文化社.

李相吉, 1994,「昌原 德川里遺蹟 發掘調査報告」,『九州考古學會·嶺南考古學會 第1回 合同考古學會』, 九州考古學會·嶺南考古學會 合同考古學會 實行委員會.

李鮮馥·姜賢淑·李敎東·金容河·成春澤, 1990,「신평리 금평·德山里 죽산 후기 구석기유적」,『住岩댐 水沒地域 文化遺蹟 發掘調査報告書』Ⅶ, 全南大學校博物館·全羅南道.

李榮文, 1990,『麗川市 鳳溪洞 支石墓』, 全南大學校博物館·麗川市.

李榮文·鄭基鎭, 1992,『麗水 五林洞 支石墓』, 全南大學校博物館·麗水市.

李榮文·崔仁善·鄭基鎭, 1993,『麗川 平呂洞 산본 支石墓』, 全南大學校博物館·麗川市.

李榮文·鄭基鎭, 1993,『麗川 積良洞 상적 支石墓』, 全南大學校博物館·麗川市.

李榮文·曺根佑, 1996,『靈岩 望山里·彩枝里 支石墓』木浦大學校博物館 學術叢書 第42冊, 木浦大學校博物館·靈岩郡.

李榮文·丁英姬·韓玉珉, 1997,『務安 城東里 안골 支石墓』木浦大學校博物館 學術叢書 第44冊, 木浦大學校博物館·務安郡·韓國道路公社.

李榮文・李正鎬, 1998,『해남 고현리 지석묘』木浦大學校博物館 學術叢書 第52冊, 木浦大學校博物館.

李榮文・金承根, 1999,『和順 支石墓群』木浦大學校博物館 學術叢書 第61冊, 木浦大學校博物館・和順郡.

李榮文・金承根, 2000,『靈岩 南海神祠址』木浦大學校博物館 學術叢書 第68冊, 木浦大學校 博物館・靈巖郡.

李榮文・金承根・朴德裁・姜振表, 2000,『咸平 上谷里 松山 支石墓』木浦大學校博物館 學術叢書 第69冊, 木浦大學校博物館・榮山江 農地改良組合.

李榮文・金珍英, 2001,『麗水 禾長洞 약물고개・대방리 지석묘』木浦大學校博物館 學術叢書 第81冊, 木浦大學校博物館・麗水市.

李榮文・金承根・朴德裁・姜振表, 2002,『和順 大薪里 支石墓』木浦大學校博物館 學術叢書 第95冊, 木浦大學校博物館・和順郡.

李榮文・金珍英・姜振表, 2003,『高興 掌德・雲橋 支石墓』木浦大學校博物館 學術叢書 第107冊, 木浦大學校博物館・益山地方國土管理廳.

李榮文・姜振表・扈溶秀, 2002,『영암의 고인돌』木浦大學校博物館 學術叢書 第102冊, 木浦大學校博物館・靈岩郡.

李榮文・姜振表, 2003,「장흥 송정 가군 지석묘 발굴조사 보고」,『박물관 연보』제12호.

李隆助, 1975,「양평 앙덕리 고인돌 발굴보고」,『韓國史研究』11.

李隆助, 1979,「大淸댐 水沒地區 遺蹟發掘調査報告書」, 忠北大學校 博物館.

李隆助, 1986,「陰城 良德里 遺蹟發掘調査報告書」,『中部高速道路文化遺蹟發掘調査報告書』, 忠北大學校 博物館.

李隆助・申淑靜・이종윤, 1984,「堤原 黃石里 B地區遺蹟 發掘調査報告」,『忠州댐 水沒地區文化遺蹟發掘調査綜合報告書-考古・古墳分野(Ⅰ)』, 忠北大學校 博物館.

李隆助・禹鐘允・河文植, 1988,「牛山里 곡천 선사유적」,『住岩댐 水沒地域 文化遺蹟 發掘調査報告書』V, 全南大學校博物館・全羅南道.

李隆助・李錫麟・河文植・禹鍾允, 1988,「牛山里 곡천 고인돌」,『住岩댐 水沒地域 文化遺蹟 發掘調査報告書』Ⅱ, 全南大學校博物館・全羅南道.

李隆助・이융석, 1991,「堤原 明道里 고인돌 發掘調查報告」,『中央高速道路文化遺蹟 發掘調查報告書(忠北地域)』, 忠北大學校 博物館.

李隆助・이융석, 1991,「堤原 鶴山里 고인돌 發掘調查報告」,『中央高速道路文化遺蹟 發掘調查報告書(忠北地域)』, 忠北大學校 博物館.

李隆助・河文植・趙詳紀, 1988,「泗洙里 대전 고인돌」,『住岩댐 水沒地域 文化遺蹟 發掘調查報告書』IV, 全南大學校博物館・全羅南道.

李清圭, 1987,「大光里 신기 고인돌」,『住岩댐 水沒地域 文化遺蹟 發掘調查報告書』 I, 全南大學校博物館・全羅南道.

李清圭, 1988,「柳坪里 유천 고인돌」,『住岩댐 水沒地域 文化遺蹟 發掘調查報告書』 IV, 全南大學校博物館・全羅南道.

이형구, 1992,『江華島 고인돌무덤(支石墓)調查研究』, 韓國精神文化院.

李弘鍾・姜元杓, 2001,『黃灘里遺蹟』, 고려대학교 매장문화재연구소.

李弘鍾・朴性姬・李僖珍, 2004,『麻田里遺蹟』, 高麗大學校埋藏文化財研究所.

인제대 가야문화연구소, 1999,『진주 귀곡동 귀동유적』.

林炳泰, 1987,「新坪里 금평 支石墓」,『住岩댐 水沒地域 文化遺蹟 發掘調查報告書』 I, 全南大學校博物館・全羅南道.

林永珍, 1991,『昇州 大峙里 支石墓群』, 全南大學校博物館・昇州郡.

林永珍・崔仁善, 1994,『光陽 元月里 支石墓群』, 全南大學校博物館・光陽郡.

林永珍・趙鎭先, 1995,『會津土城 I -1993年度 發掘調查-』, 百濟文化開發研究院・全 南大學校博物館.

林永珍・趙鎭先, 1997,「谷城 農所里 대명・敬岳里 복룡 고인돌」,『湖南高速道路 擴 張區間(古西~順天間) 文化遺蹟 發掘調查報告書』I, 全南大學校博物館・全 羅南道・韓國道路公社.

林永珍・徐賢珠, 1997,「順天 西平里 고인돌」,『湖南高速道路 擴張區間(古西~順天 間) 文化遺蹟 發掘調查報告書』II, 全南大學校博物館・全羅南道・韓國道路 公社.

林永珍・趙鎭先・梁海雄, 2002,『光州 梅月洞 동산 支石墓群』, 全南大學校博物館・ 鐵道建設本部.

林永珍 · 趙鎭先 · 崔榮柱, 2002,『和順 雲月里 운포 遺蹟』, 全南大學校博物館 · 和順郡.

林永珍 · 趙鎭先 · 梁海雄 · 宋恭善, 2002,『和順 二十谷里 支石墓 · 蓮陽里 甕棺墓』, 全南大學校博物館 · 益山地方國土管理廳.

林永珍 · 趙鎭先 · 崔榮柱, 2003,『寶城 松谷里 支石墓群』, 全南大學校博物館 · 益山地方國土管理廳.

林永珍 · 趙鎭先 · 崔榮柱, 2003,『和順 茶智里 월징 支石墓群』, 全南大學校博物館 · 益山地方國土管理廳.

全南大學校博物館 · 全羅南道, 1992,『湖南高速道路 光州~順天間 擴張豫定地域 文化遺蹟 地表調査報告』.

全南文化財研究院, 2003,『순천 조례 · 상비 지석묘』.

全南文化財研究院, 2006,『羅州 郎洞遺蹟』.

全羅南道, 1976,『榮山江水沒地區 遺蹟發掘調査報告書』.

全北文化財研究院. 2007,『고창 남산리유적 -분묘-』유적조사보고 제16책.

全北文化財研究院. 2007,『전주 효자 4유적』유적조사보고 제14책.

全北文化財研究院. 2006,『정읍 상평동유적』유적조사보고 제6책.

全榮來, 1979,「完州 德川里 支石墓」,『全北遺蹟調査報告』10, 全州市立博物館.

全榮來, 1979,「長水 三峰里 北方式 支石墓」,『全北遺蹟調査報告』10, 全州市立博物館.

全榮來, 1980,『古沙夫里 -古阜地方古代文化圈調査報告書-』.

全榮來, 1983,「茂朱 斜川里 支石墓 調査」,『全北遺蹟調査報告』14.

全榮來, 1983,「高敞 · 牙山地區 支石墓發掘調査槪略」,『全北遺蹟調査報告』14.

全榮來, 1983,「高敞地方 北方式 支石墓 3例」,『全北遺蹟調査報告』14.

全榮來, 1984,『高敞 · 牙山地區 支石墓 發掘調査報告書』, 全州市立博物館.

全榮來, 1992,『高敞 竹林里 一帶 支石墓群』, 圓光大學校 馬韓百濟文化研究所.

全榮來, 1993,『高敞 竹林里 支石墓群 發掘報告書』, 圓光大學校 馬韓百濟文化研究所.

鄭永鎬, 1987,「大谷里 도롱 支石墓」,『住岩댐 水沒地域 文化遺蹟 發掘調査報告書』Ⅰ, 全南大學校博物館 · 全羅南道.

鄭永鎬, 1988,「福橋里 복교 支石墓」,『住岩댐 水沒地域 文化遺蹟 發掘調査報告書』
　　　IV, 全南大學校博物館·全羅南道.

趙現鐘·申相孝·張濟根, 1997,「谷城 玄亭里·蓮盤里 遺蹟」,『湖南高速道路 擴張區
　　　間(古西~順天間) 文化遺蹟 發掘調査報告書』Ⅰ, 全南大學校博物館·全羅南
　　　道·韓國道路公社.

趙現鐘·申相孝·宣在明·尹孝男, 2003,『高興 雲垈·安峙 支石墓』國立光州博物館
　　　學術叢書 第46冊, 國立光州博物館·益山地方國土管理廳.

中央文化財研究院, 2001,『論山 院北里遺蹟』.

中央文化財研究院, 2004,『報恩 富壽里 古墳群』.

中央文化財研究院, 2006,『淸原 雙淸里遺蹟』.

中央文化財研究院, 2006,『報恩 長新里 遺蹟』.

中原文化財研究院, 2006,『淸州 飛下洞遺蹟』.

中央文化財研究院, 2006,『淸州 佳景洞 遺蹟』.

中原文化財研究院, 2008,『淸州 飛下洞遺蹟』Ⅱ.

中央文化財研究院, 2008,『陰城 柳村里·道晴里·覺悔里遺蹟』.

池健吉·李榮勳, 1983,『中島IV』, 國立中央博物館.

池健吉·趙現鍾, 1992,『麗川 月內洞 支石墓』, 國立光州博物館·麗川市.

池東植, 1987,「梧峰里 '라' 群 支石墓」,『住岩댐 水沒地域 文化遺蹟 發掘調査報告書』
　　　Ⅰ, 全南大學校博物館·全羅南道.

池東植·朴鍾國, 1988,「德山里 죽산 支石墓」,『住岩댐 水沒地域 文化遺蹟 發掘調査
　　　報告書』Ⅲ, 全南大學校博物館·全羅南道.

中央文化財研究院, 2004,『報恩 富壽里 古墳群』.

中央文化財研究院, 2006,『淸原 雙淸里遺蹟』.

中原文化財研究院, 2006,『淸州 飛下洞遺蹟』.

中原文化財研究院. 2007,『安城 盤諸里遺蹟』.

中原文化財研究院, 2008,『淸州 飛下洞遺蹟』Ⅱ.

池健吉, 1977,「大德 內洞里 支石墓遺蹟 發掘槪報」,『百濟研究』8, 忠南大學校 百濟研
　　　究所.

池健吉, 1978,「論山 圓峰里 支石墓와 出土遺物」,『考古美術』136 · 137合, 樹默秦弘燮博士華甲紀念論文集, 韓國美術史學會.

秦弘燮 · 崔淑卿, 1974,「楊平郡 上紫浦里 支石墓 發掘調査 報告」,『八堂 · 昭陽댐 水沒地區 遺蹟報告』, 文化財管理局.

차용걸 · 박중균 · 노병식 · 한선경, 2004,『淸州 鳳鳴洞遺蹟Ⅲ』, 忠北大學校博物館.

崔茂藏, 1988,「詩川里 살치 '가' 群 고인돌」,『住岩댐 水沒地域 文化遺蹟 發掘調査報告書』Ⅳ, 全南大學校博物館 · 全羅南道.

崔夢龍, 1977,「羅州 寶山里 支石墓 發掘調査 報告書」,『韓國文化人類學』9, 韓國文化人類學會.

崔夢龍, 1978,「光州 忠孝洞 支石墓 發掘調査 報告書」,『光州 松岩洞 住居跡 · 忠孝洞 支石墓』全南大學校博物館 古蹟調査報告 第1册, 全南大學校博物館.

崔夢龍 · 李榮文 · 趙現鍾, 1982,『同福댐 水沒地區 支石墓發掘調査報告書』, 光州市 · 全南大學校 博物館.

崔夢龍, 1987,「梧峰里 '아' 群 支石墓」,『住岩댐 水沒地域 文化遺蹟 發掘調査報告書』Ⅰ, 全南大學校博物館 · 全羅南道.

崔夢龍 · 李熙濬 · 朴洋振, 1984,「堤原 陽平里 D地區遺蹟 發掘調査報告」,『忠州댐 綜合報告書(Ⅰ)』, 忠北大學校 博物館.

崔盛洛, 1988,「詩川里 살치 '나' 群 고인돌」,『住岩댐 水沒地域 文化遺蹟 發掘調査報告書』Ⅳ, 全南大學校博物館 · 全羅南道.

崔盛洛 · 李榮文 · 李英澈, 1997,「곡성 연반리 지석묘」,『湖南高速道路 擴張區間(古西~順天間) 文化遺蹟 發掘調査報告書』Ⅰ, 全南大學校博物館 · 全羅南道 · 韓國道路公社.

崔盛洛 · 李榮文 · 李英澈, 1997,「순천 요곡리 유적」,『湖南高速道路 擴張區間(古西~順天間) 文化遺蹟 發掘調査報告書』Ⅱ, 全南大學校博物館 · 全羅南道 · 韓國道路公社.

崔盛洛 · 李榮文 · 李英澈, 1997,「순천 봉덕리 학구 지석묘」,『湖南高速道路 擴張區間(古西~順天間) 文化遺蹟 發掘調査報告書』Ⅱ, 全南大學校博物館 · 全羅南道 · 韓國道路公社.

崔盛洛, 1984, 『靈岩 靑龍里·長川里 支石墓群』木浦大學校博物館 學術叢書 第1册, 木浦大學校博物館·靈岩郡.

崔盛洛·曺根佑·朴喆元, 1992, 『務安 月巖里 支石墓』木浦大學校 博物館 學術叢書 第24册, 木浦大學校博物館·務安郡.

崔盛洛·李正鎬·李英澈, 1993, 「靈岩 山湖里 고인돌 發掘調査 報告」, 『靈岩 山湖 里·麗川 上巖洞 고인돌』木浦大學校博物館 學術叢書 第29册, 木浦大學校博 物館·麗川市·靈岩郡.

崔盛洛·李正鎬, 1993, 「麗川 上巖洞 고인돌 發掘調査 報告」, 『靈岩 山湖里·麗川 上 巖洞 고인돌』木浦大學校博物館 學術叢書 第29册, 木浦大學校博物館·麗川 市·靈岩郡.

崔盛洛·高龍圭·安裁澈, 1993, 『승주 우산리 고인돌』木浦大學校博物館 學術叢書 第31册, 木浦大學校 博物館·全羅南道.

崔盛洛·丁英姬·金永勳, 2003, 『耽津多目的댐 水沒地域 文化遺蹟Ⅲ 長興 상방촌· 오복동 支石墓』木浦大學校博物館 學術叢書 第96册, 木浦大學校博物館·韓 國水資原公社.

崔永禧·盧爀眞, 1986, 『新梅里 支石墓 住居址 發掘報告書』, 翰林大學校 博物館.

崔仁善·李東熙, 1997, 『順天 照禮洞 신월 遺蹟』順天大博物館 學術資料叢書 第11, 順天大學校博物館·順天市.

崔仁善·曺根佑·李順葉, 1999, 『順天 蓮香洞 大石 遺蹟』順天大博物館 學術資料叢 書 第22, 順天大學校博物館·韓國水資源公社.

崔仁善·李東熙, 2000, 『麗水 禾長洞 禾山·月下洞 支石墓』順天大博物館 學術資料 叢書 第27, 順天大學校博物館·韓國水資源公社.

최절필·하문식·황보경, 2001, 『제천 능강리』, 세종대학교 박물관.

충북대학교 박물관, 1988, 『판교~구리·신갈~반월간 고속도로 문화유적 발굴조사보 고서』.

忠北大學校 博物館, 1979, 『大淸댐 水沒地區 遺蹟發掘調査報告書』.

忠北大學校 博物館, 1984, 『忠州댐 水沒地區 遺蹟發掘調査報告書』1·2.

忠北大學校 博物館, 1984, 「堤原 黃石里B地區 遺蹟發掘調査報告」, 『忠州댐水沒地區 文化遺蹟發掘調査綜合報告書─考古·古墳分野(Ⅰ)』.

忠北大學校 博物館, 1996, 『평라리 선사유적』.

忠北大學校 博物館, 2004, 『淸州 鳳鳴洞遺蹟』 III.

忠南大學校博物館, 1978, 『大淸댐 水沒地區 遺蹟 發掘調査報告書』.

忠南大學校博物館, 2006, 『弓洞』.

忠南發展硏究院, 2003, 『公州 長善里 土室遺蹟』.

忠南發展硏究院, 2004, 『扶餘 遮集管路 埋設區間 遺蹟調査報告書』.

忠淸南道歷史文化院, 2004a, 『扶餘 羅福里遺蹟』.

忠淸南道歷史文化院, 2004b, 『錦山 衙仁里遺蹟』.

忠淸南道歷史文化院, 2005, 『舒川 鳳仙里遺蹟』.

忠淸南道歷史文化院, 2006a, 『靑陽 鶴岩里·分香里遺蹟』.

忠淸南道歷史文化院, 2006b, 『大田 場垈洞遺蹟』.

忠淸南道歷史文化院, 2007, 『公州 濟川里遺蹟』.

忠淸埋藏文化財硏究院, 1999, 『保寧 花山洞遺蹟』.

忠淸埋藏文化財硏究院, 2003, 『公州安永里 새터·신매遺蹟』.

忠淸文化財硏究院, 2004, 『大田 自雲洞·秋木洞遺蹟』.

忠淸文化財硏究院, 2004, 『天安 云田里遺蹟』.

忠淸文化財硏究院, 2004, 『靑陽 長承里古墳群』.

忠淸文化財硏究院, 2005, 『扶餘 井洞里遺蹟』.

忠淸文化財硏究院, 2006, 『唐津 自開里遺蹟』 I.

忠淸文化財硏究院, 2006, 『舒川 烏石里 烏石山遺蹟』, 現場說明會資料.

忠淸文化財硏究院, 2006, 『舒川 楸洞里遺蹟 I 地域』.

忠淸文化財硏究院, 2006, 『舒川 楸洞里遺蹟 II 地域』.

忠淸文化財硏究院, 2008a, 『舒川 玉南里遺蹟』.

忠淸文化財硏究院, 2008b, 『舒川 楸洞里遺蹟 III地域』.

忠淸文化財硏究院, 2008, 『天安 龍井里遺蹟』.

忠淸文化財硏究院, 2008, 『舒川 烏石里 遺蹟』 발굴조사보고 제74집.

忠淸文化財硏究院, 2009, 『保寧 蟻坪里 가느실골 古墳群』.

韓國文化財保護財團, 2000a, 『西海岸高速道路(藍浦~熊川)建設區間內 文化遺蹟 發掘
調査報告書』.

韓國文化財保護財團, 2000b, 『保寧 冠堂里遺蹟』.

한국정신문화연구원, 1992, 『강화도 고인돌무덤(지석묘) 조사연구』.

韓南大學校博物館, 1997, 「청원 황탄리지역 시굴조사보고」, 『京釜高速鐵道 大田·忠清圈文化遺蹟 發掘豫備調查報告書』.

翰林大學校 博物館, 1986, 『新梅里 支石墓 住居址 發掘調查報告書』.

翰林大學校 博物館, 1997, 『寧越 外龍里 住居址 支石墓 發掘調查報告書』 翰林大學校 博物館 研究叢書 12.

翰林大學校 博物館, 1998, 『寧越 外龍里 住居址 支石墓 發掘 報告書』 제12책.

翰林大學校 博物館, 2003, 『春川 新梅大橋敷地 文化遺蹟 發掘調查報告書』.

翰林大學校 博物館, 2008, 『춘천 천전리 121-16번지 유적』 제40책.

韓炳三·李浩官·趙由典·池健吉·崔夢龍, 1974, 「昭陽댐水沒地區 遺蹟發掘調查」, 『八堂昭陽댐水沒地區 遺蹟發掘綜合調查報告』, 文化財管理局.

한양대학교 박물관, 1985, 『광명 철산동 지석묘』.

한양대학교 박물관, 1994, 『다율리, 당하리 지석묘 및 주서지』.

한양대학교 박물관, 1997, 『광명 가학동 지석묘』 제27집.

한양대학교 박물관, 1999, 『시흥시 조남동 지석묘-발굴조사보고서』 제38집.

한양대학교 박물관, 1999, 『시흥시 계수동 지석묘』 제41집.

한양대학교 박물관, 1999, 『진주 내촌리 주거지 및 구석기유적』.

한양대학교 박물관, 1999, 『진주 상촌리 2호 지석묘 및 선사유적』.

許義行·姜秉權, 2004, 『天安 云田里 遺蹟』, (財)忠淸文化財研究院 文化遺蹟 調查報告 第38輯.

湖南文化財研究院, 2001, 『고창 고인돌유적 지표조사보고』 學術調查報告 第2冊.

湖南文化財研究院, 2002, 『망덕유적』 鎭安 龍潭댐 水沒地區內 文化遺蹟 發掘調查 報告書 II, 全北大學校 博物館·鎭安郡·韓國水資源公社.

湖南文化財研究院, 2006, 『高敞 芙谷里遺蹟』 學術調查報告 第68冊.

湖南文化財研究院, 2006, 『長興 葛頭遺蹟』 II 學術調查報告 第62冊.

湖南文化財研究院, 2007, 『淳昌 內洞里 支石墓』 學術調查報告 第89冊.

湖南文化財研究院, 2010, 『井邑 萬壽里 支石墓群』 學術調查報告 第139冊.

湖南文化財研究院·韓國水資源公社, 2002, 『장흥 외검·하방촌 지석묘』.

黃龍渾, 1972,「楊州 琴南里 支石墓調査 報告」,『慶熙史學』3, 慶熙大學校 史學會.

黃龍渾, 1984,「堤原 鷄山里地區 支石墓 發掘調査報告」,『忠州댐 水沒地區文化遺蹟 發掘調査綜合報告書-考古·古墳分野(Ⅰ)』, 忠北大學校 博物館.

黃龍渾, 1988,「竹山里 '가' 群 支石墓」,『住岩댐 水沒地域 文化遺蹟 發掘調査報告書』 Ⅲ, 全南大學校博物館·全羅南道.

찾아보기